und wichtigen Einzelprojekten

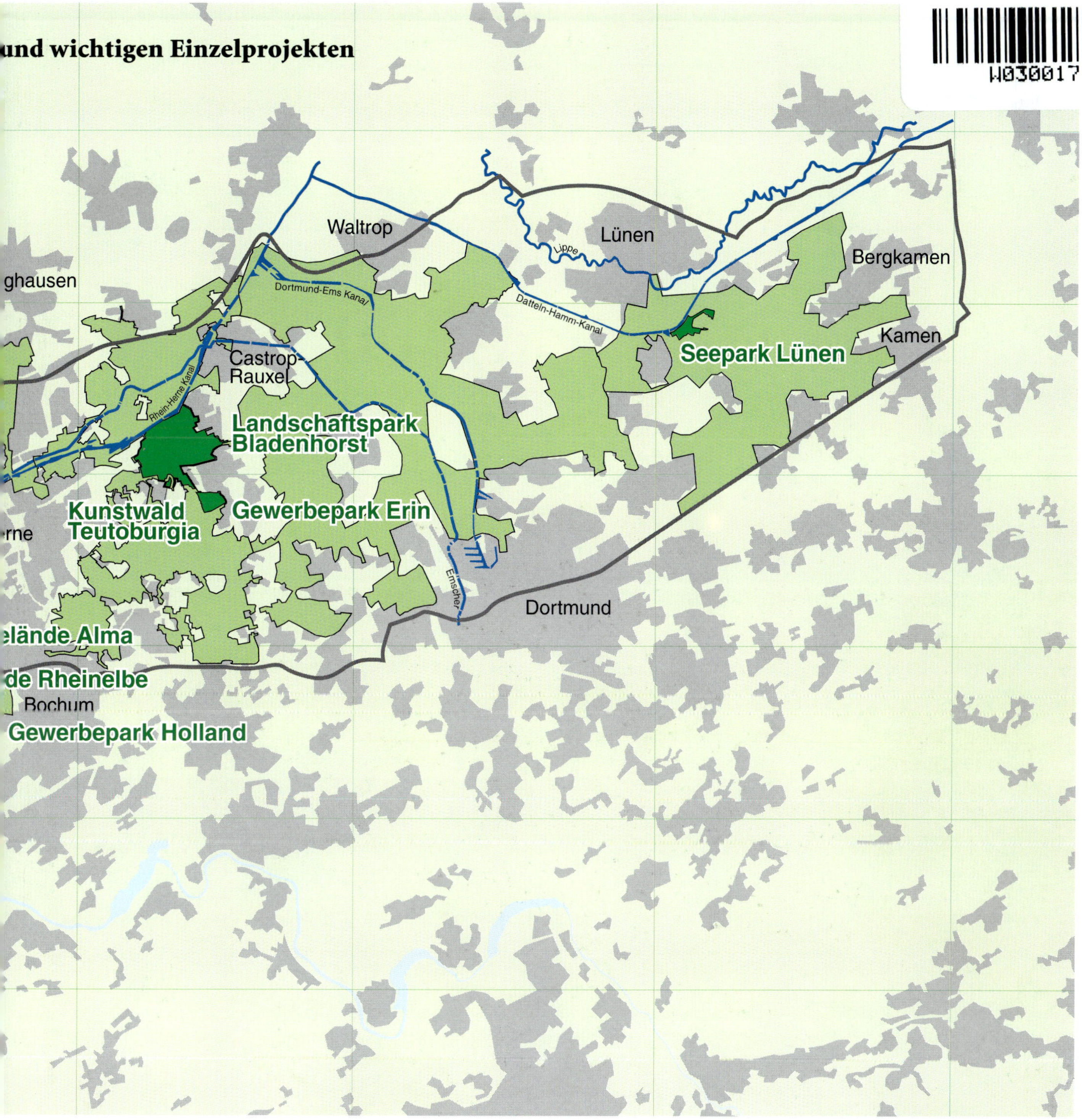

IndustrieNatur – Ökologie und Gartenkunst im Emscher Park

IndustrieNatur – Ökologie und Gartenkunst im Emscher Park

Herausgegeben von
Jörg Dettmar und Karl Ganser

Mit Beiträgen von Peter Latz, Thomas Neiss,
Arno Sighart Schmid, Michael Schwarze-Rodrian,
Marion Taube, Donata Valentien

148 Farbfotos
18 farbige Karten und Grafiken
14 Schwarzweißabbildungen

Verlag Eugen Ulmer

Vorwort

Wo stehen Landschaftsarchitektur und Gartenkunst am Ende dieses Jahrtausends, was meinen wir mit Ökologie und Natur wirklich? Ist Natur das, was in einem Naturschutzgebiet heranwächst, in Landschaftsplänen gesichert und geschützt wird, oder ist dies nur ein eingefrorenes Stadium einer vergangenen Kultur und Wirtschaftsform? An welcher Stelle hat die Vielzahl der Bundes- und Landesgartenschauen wirklich Landschaftsarchitektur mit unverwechselbarem Charakter geschaffen, der Gartenkunst neue Dimensionen eröffnet? Man hat den Eindruck, daß wir die bewährten Kategorien von Parkarchitektur aus der vorindustriellen Zeit ebenso mit uns herumtragen wie ein Naturverständnis, das einer Kulturlandschaft zu Beginn des vorigen Jahrhunderts entspricht.

Mit diesen diffusen und verschwommenen Leitbildern aus vergangener Zeit hat auch die IBA Emscher Park angefangen, als es darum ging, den Emscher Landschaftspark formal und inhaltlich zu bestimmen. Dies kam immer dann wieder auf den Plan, wenn es um Genehmigungsverfahren mit den Naturschutzbehörden ging oder die Entwürfe aus Wettbewerben zu jurieren waren. Aber das genaue Betrachten der natürlichen und kulturellen Voraussetzungen auf ehemaligen Industrieflächen und auf die benutzten Flächen in der Industrielandschaft war eine gute Lehre, am besten dann, wenn man sich zurückhielt und möglichst wenig veränderte. Dann spürte man, daß die Natur mit solchen Standorten anders umgeht und eine Arten- und Formenvielfalt hervorbringt, die man mit dem Begriff „IndustrieNatur“ belegen könnte. Natürlich ist auch dies eine kulturell hervorgebrachte und letztlich auch kulturell weitergetragene Form von Natur. Durch ihre Andersartigkeit aber stellt sie eine Bereicherung im Kanon der bereits vorhandenen Kulturlandschaften dar.

Die Gartenkunst im Emscher Park bewegte sich auf Neuland immer dann, wenn vor allen Dingen unvoreingenommene bildende Künstler mit Industriearealen befaßt wurden, kleine Installationen machten, temporärer oder dauerhafter Art oder sich großspurig mit den riesigen Landmarken auseinandersetzten. Daraus formt sich IndustrieNatur – aus Respekt vor der geschichtlichen Vergangenheit und aus dem Mut, Künstlern und Architekten neue Spielräume zu eröffnen.

So entwickelt sich der Emscher Landschaftspark allmählich und immer noch äußerst unscharf zu einem neuen Typus von Kulturlandschaft zwischen IndustrieNatur und IndustrieKultur. Dieses Buch ist ein Werkstattbericht, der helfen soll, eine Standortbestimmung vorzunehmen.

Gelsenkirchen, Februar 1999

Karl Ganser

Inhaltsverzeichnis

Vorwort 5

Autoren 8

Die Industrielandschaft an der Emscher
(Jörg Dettmar) 10

Einführung 10
Was sind Industrielandschaften? 11
Naturraum/Kulturraum Ruhrgebiet 15
Die vorindustrielle Landschaft in der Emscherzone 16
Veränderungen durch die Industrialisierung 16
Die Weltkriege – Hochrüstung, Zerstörung und Wiederaufbau 20
Strukturwandel 21
Die weitere Entwicklung bis heute 23
Dimensionen einer „künstlichen Landschaft“ 24
Landschaft im Kopf 30

Natur hat Geschichte – Geschichte wird Natur: Die Industrielandschaft als Kulturlandschaft
(Thomas Neiss) 32

Der Emscher Landschaftspark – Ansätze und Strategien zur Gestaltung der Industrielandschaft
(Michael Schwarze-Rodrian) 38

Die Ausgangspunkte des Regionalparks: Realismus und Vision 38
  Die Vision vom Regionalpark – eine Vision mit Tradition 38
Räumlicher Zuschnitt und Projektmanagement – die drei Ebenen des Regionalparks 39
  Der Regionalpark 39
  Die Regionalen Grünzüge 41
  Die Einzelprojekte 41
Zusammenarbeit – just in time 42
Vielfalt in der Gestalt – ein Qualitätsmaßstab für die Umsetzung 42
Park- und Freiflächentypen sowie Infrastruktur im Emscher Landschaftspark 42
(Jörg Dettmar)
  Industriell geprägter Landschaftspark 43
  Stadtpark in der Industrielandschaft 43
  Wilder Industriewald 45
  Halden/Deponien/Landmarken 45
  Park der vorindustriellen Kulturlandschaft 45

Kleiner Bilderbogen durch das Spektrum der Einzelprojekte 47
(Michael Schwarz-Rodrian)
Die fünf Aufgaben 49
Etappen der Parkentwicklung – eine Chronologie der Erfahrungen 51
Nächste Schritte: Eine regionale Parkträgerschaft für die Zeit nach der IBA 53
Rahmenbedingungen für die Regionalparkstrategie im Ruhrgebiet – ein Neuanfang zur richtigen Zeit 53
Singularität und Übertragbarkeit der Erfahrungen 54

Neue Gartenkunst 57
(Arno Sighart Schmid)

Die industriell geprägten Landschaftsparks 58
Der Landschaftspark Duisburg Nord 58
Der Gewerbe- und Landschaftspark Nordstern in Gelsenkirchen 74
Seepark Lünen 88

Stadtparks in der Industrielandschaft 96
(Karl Ganser)
Der Altstadtpark in Duisburg 96
Erinpark 98
Wohn- und Gewerbestandort Holland 102

Parkanlagen der vorindustriellen Kulturlandschaft 106
(Michael Schwarze-Rodrian)
Landschaftspark Mechtenberg 106
Gehölzgarten Ripshorst 115
Landschaftspark Bladenhorst/Kunstwald Teutoburgia 122

Illuminierte Hochöfen im Landschaftspark Duisburg Nord.

Ist das Gartenkunst? 130
(Donata Valentin)
Kunstwald Teutoburgia (Duft- und Klanggarten Bladenhorst) 130
Zeche Zollverein 131
Landschaftspark Duisburg-Nord 131
Nordsternpark Gelsenkirchen 131

Neue „Wildnis" 134
(Jörg Dettmar)

Einleitung 134
Der Blick des Biologen 134
Ergebnisse der vegetationskundlichen Untersuchung 139
Faunistische Ergänzungen 140
Die Schönheit der Industrienatur 141
Prinzip Hoffnung 145
Route der Industrienatur 146
Der Wilde Industriewald – Beispiele für neue Erlebnisräume in der Industrielandschaft 146
Fazit 152

Das Emschertal, die Kunst und wie sich ein Bild von Landschaft formt 154
(Marion Taube)

Ein Spiegel für das Emschertal 154
Erst die Planung, dann die Kunst 154
Die Kunst-Schichtungen 156
Sinnlichkeit der Industrielandschaft 157
So laßt uns denn ein Landschaftsbild malen 159
Das Koordinatensystem 163
Die Landmarken als Zukunftsaufgabe 166
Das System der Landmarken 167

Der Blick hinaus … 168
(Peter Latz)

Was fasziniert uns an den verlassenen Produktionsstätten noch? 172

Der Emscher Landschaftspark – Bilanz und Ausblick 174
(Karl Ganser)

Bildquellen 179

Autoren

Dipl.-Ing. Michael Schwarze-Rodian

Jahrgang 1955, Studium der Landschaftsplanung an der TU Berlin, 1980–1985, wissenschaftlicher Mitarbeiter am Institut für Landschaftsökonomie der TU Berlin, anschließend wissenschaftlicher Mitarbeiter im Institut für Stadtforschung und Strukturplanung GmbH (Ifs-Berlin). Nach langjähriger Mitarbeit in der Abteilung Planung ist Michael Schwarze-Rodian heute Leiter des Fachbereichs Regionalentwicklung und Leiter des Fachbereichs Emscher Landschaftspark beim Kommunalverband Ruhrgebiet (KVR)

Arbeitsschwerpunkte: Forschung und Lehre in den Bereichen Umweltrecht, Bodenschutz, Regionalentwicklung und Landschaftsplanung. Freiraumsicherung und Stadtökologie im Ruhrgebiet.

Verbindung zur IBA Emscher Park: Bearbeitung und dann Leitung der Planungstätigkeiten des KVR zum Emscher Landschaftspark von Beginn an. IBA-Beauftragter des Kommunalverband Ruhrgebiet (KVR).

Professor Dipl.-Ing. Arno Sighart Schmid,

freier Landschaftsarchitekt BDLA, ASLA, IFLA. Jahrgang 1937, Lehre im Garten- und Landschaftsbau, dann Studium der Landschaftsgestaltung in München-Weihenstephan. 12 Jahre Berufsausübung im Ausland. Seit 1974 freischaffend mit eigenem Büro (Partnerschaften) in Leonberg. Das Büro erhielt zahlreiche Auszeichnungen für realisierte Planungen, u.a. von der Architektenkammer, dem Internationalen Arbeitskreis Sportanlangen IAKS, der Deutschen Freizeitgesellschaft.

Prof. Schmid ist Honorarprofessor an der Hochschule für Technik, FB Architektur, in Stuttgart.

Präsident des BDLA 1983–1989, Vize-Präsident der ASLA 1989–1992, Präsident der IFLA 1998, Mitglied der Deutschen Akademie für Städtebau und Landschaftsplanung, wissenschaftlicher Direktor der IBA Emscher Park für den Bereich „Landschaft" von 1989–1996, „Korrespondent" der IBA Emscher Park 1997–1999.

Donata Valentien

Dipl.-Gärtner, Landschaftsarchitektin, seit 1971 freiberuflich tätig zusammen mit Christoph Valentien. Honorarprofessorin der TU München, Fachbereich Architektur, Mitglied der Akademie der Künste Berlin, seit 1990 Mitarbeit an verschiedenen Workshops zum Thema Landschaft und Preisrichterin in mehreren IBA-Wettbewerben. Mitglied im Lenkungsausschuß der IBA.

Thomas Neiss

Jahrgang 1946, seit 1992 Abteilungsleiter Forsten, Naturschutz, Agrarordnung im Umweltministerium NRW. Beziehung zur IBA:

Im Umweltprogramm 1983 legt die Landesregierung erstmals Qualitätsziele für die ökologische Erneuerung alter Industrieregionen in NRW fest. Dies führt 1985 bundesweit zum ersten Fachförderprogramm des Naturschutzes in industriellen Ballungsräumen (Naturschutzprogramm Ruhrgebiet). Das Programm geht 1990 in dem umfassenden Freiraumförderprogramm des Landes für die Emscher-Lippe-Zone (Ökologieprogramm Emscher-Lippe) auf. Dieses Programm wird auch Förderprogramm für die Umsetzung der IBA-Konzeption zum Emscher Landschaftspark.

Mitwirkung in IBA-Gremien:

Mitglied im Lenkungsausschuß der IBA, Mitglied der Interministeriellen Arbeitsgruppe IBA Emscher Park der Landesregierung, Vorsitzender des Interministeriellen Arbeitskreises zur Projektbewilligung im Rahmen des Ökologieprogramms Emscher-Lippe, stellv. Vorsitzender des Sachverständigenrates zum IBA-Projekt „Restflächen in der Industrielandschaft" als Projekt der Landesforstverwaltung NRW in Zusammenarbeit mit der Landesentwicklungsgesellschaft (LEG) NRW und der IBA.

Marion Taube

M.A., Jahrgang 1963, 1984–1989 Studium der Kunstgeschichte, Politologie und Sinologie an der Universität Hamburg. Arbeit als freie Journalistin, seit 1990 Referentin der IBA Emscher Park, seit 1995 Bereichsleiterin für Kunst und Kultur bei der IBA Emscher Park .

Dr. Ing. Jörg Dettmar

Jahrgang 1958, Studium der Landespflege/Landschaftsplanung an der Gesamthochschule Paderborn, Abteilung Höxter und der Universität Hannover. Anschließend wissenschaftlicher Assistent an der Universität Hannover–Institut für Landschaftspflege und Naturschutz.

1992 Promotion zum Dr. Ing. mit einer vegetationskundlichen Untersuchung über Industrieflächen und -brachen im Ruhrgebiet.

1983 bis1987 selbständige Tätigkeit als Landschaftsplaner, 1991 als Angestellter tätig in verschiedenen Naturschutz- und Planungsverwaltungen in Schleswig-Hostein, Niedersachsen und Hamburg.

Seit 1995 Bereichsleiter bei der Internationalen Bauaustellung Emscher Park, zuständig für die Bereiche Emscher Landschaftspark und Umbau des Emschersystems.

Prof. Dr. Karl Ganser

Jahrgang 1937, Studien der Chemie, Biologie, Geologie und Geographie an der Univversität München. Nach dem Studium Einarbeitung in die Fachgebiete Städtebau und Stadtsoziologie. 1964 Promotion zum Doktor rer. nat. an der TU München mit einer Arbeit zur sozialräumlichen Analyse der Stadt München, errechnet aus den Ergebnissen zu politischen Wahlen. Habilitation und außerplanmäßige Professur an der TU in München. 1967 befaßt mit dem Aufbau der Stadtentwicklung bei der Landeshauptstadt München. 1971 Leitung der Bundesforschungsanstalt für Landeskunde und Raumordnung in Bonn, eine wissenschaftliche Einrichtung mit etwa 150 Beschäftigten, die für den Bundesminister für Raumordnung, Bauwesen und Städtebau anwendungsorientierte Forschung organisiert. 1980 Abteilungsleiter im Städtebauministerium des Landes Nordrhein-Westfalen mit Zuständigkeiten für Stadterneuerung, Denkmalschutz, kommunalen Straßenbau und Bauleitplanung.

Seit Mai 1989 Geschäftsführer der Gesellschaft Internationale Bauausstellung Emscher Park mbH mit dem Auftrag, eine Internationale Bauausstellung zur ökologischen und sozialen Erneuerung eines alten Industriereviers vorzubereiten.

Prof. Peter Latz

Jahrgang 1939, 1964 Diplom in Landschaftsarchitektur an der Techn. Universität München-Weihenstephan, bis 1968 städtebauliche Ausbildung am Institut für Städtebau u. Landesplanung der RWTH Aachen, seit 1968 selbständiger Landschaftsarchitekt und Stadtplaner.

Hochschullaufbahn: 1968–1973 Dozent an den Akademien für Baukunst in Maastricht und Amsterdam, 1973–1983 Professur für Landschaftsarchitektur an der Gesamthochschule Kassel, 1983 Professur für Landschaftsarchitektur und Planung an der TU. München-Weihenstephan.

Selbständige Tätigkeit: 1965–1968 Mitarbeit im Büro Prof. Kühn-Mauer in Aachen für städtebauliche Projekte, 1968 Gründung des eigenen Büros für Landschaftsarchitektur in Aachen und Saarbrücken sowie für Stadtplanung, Landschafts- und Systemplanung in Aachen in Partnerschaft, 1974 Verlagerung des Bürostandortes nach Kassel, seither Beschäftigung in Forschung und Projekten mit neuen Technologien zwischen Freiraum und Architektur, seit 1989 Büro für Landschaftsarchitektur und Planung Latz und Partner zusammen mit seiner Frau, der Landschaftsarchitektin Anneliese Latz, in Kranzberg bei Freising.

Das Werk enthält neben Projekten des Städtebaus und der Stadtgestaltung großräumige Entwicklungsplanungen, Landschaftsarchitektur und ökologisches Bauen bis hin zu Forschungsarbeiten im Bereich der passiven Solarenergie, für Dachbegrünung und Regenwassersysteme.

Teilnahme an verschiedenen Wettbewerben, Workshops und Arbeitskreisen. Planung und Realisierung des Landschaftsparks Dusiburg-Nord.

Die Industrielandschaft an der Emscher

Einführung

Ein Beitrag von Jörg Dettmar

In diesem Buch wird versucht, Verständnis für eine andere Art von Kulturlandschaft im zentralen Ruhrgebiet zu wecken. Verständnis für eine gemeinhin verkannte, nicht leicht zugängliche Landschaft, die allen Vorstellungen von romantischer, schöner Landschaft zu widersprechen scheint: Eine Industrielandschaft, in der sich in den letzten Jahren viel getan hat, wo mit viel Kreativität, Energie, Liebe und Geld versucht wurde, an ökologischen Defiziten zu arbeiten und neue Freiflächen, Parks und Wälder zu gestalten.

„Industrielandschaft" schon in der Bezeichnung scheint ein Widerspruch zu stecken. In unseren Köpfen ist das Wissen um „industrielle Landschaftszerstörungen" in der Phase der stärksten Industrialisierung Europas von 1850 bis 1950 fest verankert. Industrielandschaft läßt uns wohl deshalb automatisch an häßliche Landschaften denken. Fragt man nach Beispielen für Industrielandschaften, werden viele wohl ebenso automatisch das Ruhrgebiet nennen.

Im folgenden werden wir uns näher mit dem Ruhrgebiet auseinandersetzen. Der Schwerpunkt der Betrachtung liegt dabei auf der Emscherzone, dem sogenannten „Hinterhof" des Ruhrgebietes. Dies ist der am stärksten besiedelte und am nachhaltigsten durch die Industrialisierung überformte Teil des Ruhrgebietes. Nicht ohne Grund wurde für die Internationale Bauausstellung Emscher Park 1989 genau dieser Bereich ausgewählt. Hier sind sowohl die ökologischen als auch die sozialen Probleme im Vergleich mit dem restlichen Ruhrgebiet am größten.

Im Rahmen der IBA wurde in einem 10jährigen Prozeß in fünf zentralen Arbeitsfeldern versucht, die Umstrukturierung dieser Problemzone voranzubringen. Die Grundpfeiler dieser Umstrukturierung sind:

- der Aufbau ökologischer und landschaftlicher Qualität mit dem Emscher Landschaftspark,
- der ökologische Umbau des Emschersystems,
- die Entwicklung neuer Gewerbestandorte und Technologiezentren auf Industriebrachen,

Industrielandschaft Ruhrgebiet in der Vergangenheit.

- die Sanierung städtebaulich und historisch wertvoller alter Arbeitersiedlungen und der Bau neuer Wohnquartiere auf Industriebrachen
- die Erhaltung und sinnvolle Neunutzung von Industriedenkmälern als wichtigste Basis der Industriekultur.

Der wichtigste Ansatz der IBA im Rahmen der Umstrukturierung ist die Qualifizierung der Industrielandschaft an der Emscher zu einer ansprechenden Kulturlandschaft. Das Instrument dafür heißt Emscher Landschaftspark (siehe S. 38ff.). In diesem Rahmen wurden in den letzten Jahren viele neue Parkanlagen und Freiflächen entwickelt, von denen die wichtigsten hier vorgestellt werden (siehe S. 57ff.).

Was sind Industrielandschaften?

Bevor wir aber in das Ruhrgebiet oder genauer gesagt in die sogenannte Emscherzone eintauchen, hier einige einordnende Worte zur Industrielandschaft als Landschaftstyp. Die industrielle Ausbeutung und Nutzung natürlicher Ressourcen ist die bislang größte Dimension menschlicher Eingriffe in die Ökosysteme der Erde. Im Industriezeitalter wurden viele Naturräume auf der Erde grundlegend beeinflußt und in geologischen Dimensionen umgeformt.

Natürlich hatte auch schon der Mensch der Urzeit Einfluß auf den jeweiligen Naturraum. Die Jäger und Sammler veränderten ihren Lebensraum aber meist nur sehr geringfügig. Dies änderte sich mit dem Übergang zur Landwirtschaft, hier erreichte die Intensität der Beeinflussung eine wesentlich größere Dimension. Massive Brandrodungen, Übernutzungen und Verkarstungen wie beispielsweise in der Lüneburger Heide sind ein Beleg dafür. Allerdings mußte sich die bäuerliche Nutzung über die Jahrhunderte zwangsläufig sehr genau auf die naturräumlichen Bedingungen einstellen. Landwirtschaft war dauerhaft nur mit den natürlichen Vorgaben möglich, nicht gegen sie. So entstanden die in ihrem Nutzungsgefüge sehr fein austarierten, unterschiedlichen traditionellen **Kulturlandschaften**.

Die rasante technische Entwicklung der Industrialisierung eröffnete den Menschen dann in sehr kurzer Zeit immer mehr Möglichkeiten, wesentlich stärker in natürliche Kreisläufe einzugreifen. In der Frühphase der Industrialisierung – bis etwa zur Mitte des 19. Jahrhunderts – paßten sich die Industrieanlagen durchaus noch in die bestehenden Kulturlandschaften ein. Mit dem Fortschritt der Technik und dem Übergang zum großindustriellen Maßstab kam es jedoch zur massiven Überformung der vorhandenen Landschaft. Die landschaftlichen Strukturen wurden den Bedürfnissen der industriellen Nutzung angepaßt, und es entstanden **Industrielandschaften**. Hier dominieren die industriell bedingten Strukturen über die naturräumlichen Gegebenheiten. Dabei lassen sich zwei Grundtypen unterscheiden:

Zum einen gibt es die direkte Verbindung von Industrie und dichter Besiedlung. Urban-industrielle Ballungsräume wie z. B. das Ruhrgebiet entstanden bei einer direkten Verbindung von Rohstoffförderung und -verarbeitung. Im Ruhrgebiet war es die Kombination von Bergbau und Stahlindustrie. Durch den Untertageabbau der Steinkohle war die oberirdische Ansiedlung von weiteren Industrieanlagen in unmittelbarer Nähe der Förderanlagen möglich. Die Konzentration der Industrieanlagen erzeugte in kurzer Zeit einen riesigen Bedarf an Arbeitskräften. Die notwendigen Siedlungen wurden ebenfalls in direkter Nachbarschaft zu den Förder- und Produktionsstätten errichtet.

Bei dem zweiten Grundtyp kommt es dagegen eher zu einer Entsiedelung von Landschaftsräumen. Dies ist vor allem beim großindustriellen Übertagebergbau von Braunkohle der Fall. Auf riesigen Flächen werden zwangsläufig alle gewachsenen Strukturen und jegliche Spuren der vorherigen Kulturlandschaft vollständig zerstört. In den großen Abbaugebieten in Deutschland, Tschechien oder Polen mußten bereits viele Dörfer weichen. Große Teile dieser Landschaften wurden entsiedelt und blieben auch nach der industriellen Ausbeutung meist menschenleer. Die vertriebenen Menschen hat man an geeigneteren Stellen konzentriert. Am Rand der Abbaugebiete gibt es, losgelöst von Siedlungen, einzelne industrielle Anlagen. Nur an wenigen Stellen entstanden in Verbindung mit Städten urban-industrielle Komplexe wie z. B. in Raum Halle/Bitterfeld.

Ob es sich bei den alten Industrielandschaften überhaupt um Kulturlandschaften handelt, ist eine interessante Frage. Zweifellos gibt es Zeugnisse einer eigenständigen industriellen Baukultur. Auch

der Aufbau der industriellen Infrastruktur – von den Transportwegen bis zu den Deponien und Halden – erzeugte eine charakteristische „Landschaft". Auf die Spitze getrieben, gilt dies selbst noch für die völlige Devastation in den Braunkohlegruben. Im Gegensatz zu den alten Kulturlandschaften wurde aber in dieser industriellen Kulturlandschaft bis in die 60er Jahre dieses Jahrhunderts keinerlei Wert auf die Beachtung des Naturhaushaltes gelegt. Von „kultiviertem" Umgang mit der Landschaft kann insofern keine Rede sein. So liegen die fundamentalsten Unterschiede zu den vorindustriellen Landschaften in der weitaus größeren ökologischen Instabilität und der dauerhaften Wirkung der eingetretenen Veränderungen in den Bodenprofilen oder im Wasserhaushalt.

Die Industrielandschaft Ruhrgebiet heute.

Durch den Zusammenbruch der alten Industriestrukturen in Mitteleuropa und die Geschwindigkeit der Umstrukturierung der unmittelbaren Industrielandschaften drohen in den letzten zwanzig Jahren immer mehr bedeutende Zeugnisse der „industriellen Kultur" verloren zu gehen. Hierfür gibt es viele Beispiele in allen alten Industrieregionen Europas. Extrem beschleunigt findet dies derzeit durch die Deindustrialisierung seit der Wende in den industriellen Zentren Ostdeutschlands statt. Leider entstehen dabei oft eintönige, uniforme Landschaftsbilder ohne Wiedererkennungswert.

So sind z. B. aus einigen der alten Industriegebiete Englands die baulichen Zeugnisse der alten Industrie bereits fast spurlos verschwunden. Diese Regionen sind auf der Suche nach einem neuen Gesicht, wobei versucht wird, möglichst viel industrielle Vergangenheit auch im Umgang mit der Landschaft zu beseitigen. Die Industrielandschaft wird „rekultiviert" – meist nach einem zusammengestückelten Leitbild aus vorindustrieller Vergangenheit und dem jeweiligen Zeitgeist (siehe S. 14).

Auch das Ruhrgebiet ist auf dem Weg in die nachindustrielle Zeit. Der Strukturwandel dauert hier nun schon Jahrzehnte. Seit einigen Jahren – und verstärkt im Rahmen der IBA – versucht man hier, wichtige bauliche Zeugnisse der Industriekultur zu erhalten. Isolierte Industriedenkmale allein genügen aber nicht, um den Charakter dieser Landschaft wirklich zu verdeutlichen und verständlich zu machen.

Dabei braucht diese Landschaft sehr viel Verständnis, Liebe und einen persönlichen Bezug sei-

Allein der visuelle Vergleich einer unbehandelten Braunkohlengrube mit einem rekultivierten Tagebau macht deutlich, was bei der Rekultivierung verlorengeht.

Naturräumliche Einordnung

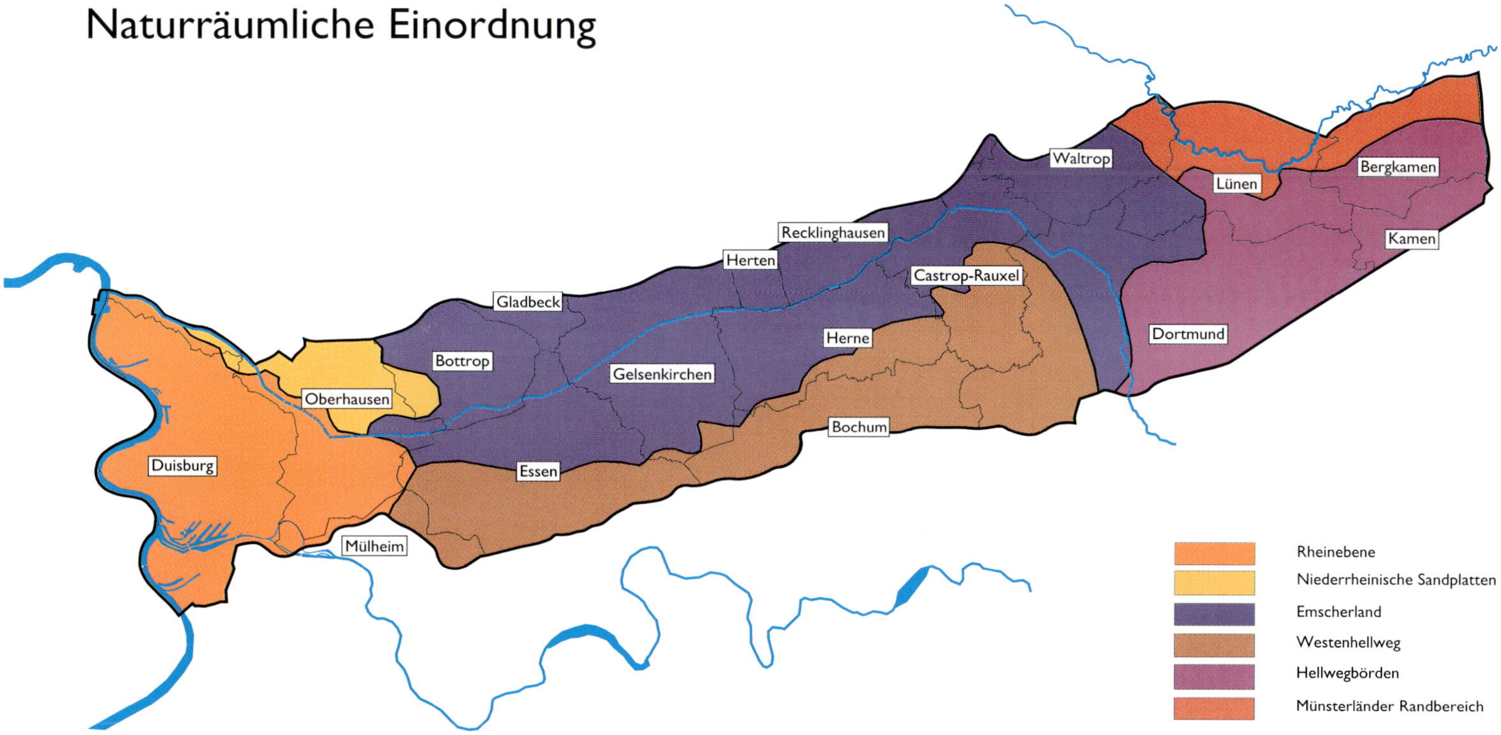

Naturräumliche Einheiten im IBA-Planungsraum.

ner Bewohner zu ihr, um sich auf dem industriell geprägten Fundament zu einer wirklich reizvollen, erlebnisreichen Landschaft zu entwickeln. Dies war einer der wesentlichsten Grundgedanken bei dem Versuch, im Rahmen der Internationalen Bauausstellung Emscher Park neue Gestaltungsideen für die Landschaft des zentralen Ruhrgebiets zu entwickeln und umzusetzen (siehe S. 38ff.).

Es gibt keine Zukunft ohne Vergangenheit. Um die Industrielandschaft des Ruhrgebietes wirklich verstehen und richtig empfinden zu können, muß man die Geschichte dieser Region kurz rekapitulieren.

Naturraum/Kulturraum Ruhrgebiet

Das Land zwischen der Ruhr im Süden und der Lippe im Norden mit der Emscher in der Mitte ist ursprünglich weder landschaftlich noch historisch-politisch, allenfalls wirtschaftsgeographisch eine Einheit. Die alte Grenze zwischen dem Rheinland und Westfalen zieht sich quer durchs Ruhrgebiet, und auch heute noch ist das Ruhrgebiet in die Zuständigkeit von drei Bezirksregierungen aufgeteilt. Der Kommunalverband Ruhrgebiet (KVR) ist seit 1920 das einzige räumliche und kommunale Bindeglied.

Naturräumlich hat man es hier mit drei verschiedenen Landschaftstypen zu tun. Im Süden erreicht das Ruhrgebiet im Ruhrtal noch ein kleines Stück des Süderberglandes, einer im wesentlichen durch Härtlingsrücken über Sandsteinen geprägten Landschaft, an deren Nordrand sich die Ruhr tief eingeschnitten hat.

Nördlich des Ruhrtals schließt sich die westfälische Tieflandsbucht mit dem Hellweggebiet an. Die weithin ebene, nach Norden leicht abfallende Landschaft zeichnet sich durch mächtige Lößdecken aus. Weiter nördlich erstreckt sich in Ost-West-Richtung die Emscherniederung. Dieses stellenweise bis zu 10 km breite Tal entstand durch eiszeitliche Schmelzwasser, die sich in den anstehenden Emschermergel gruben. Über eiszeitlichen Sandablagerungen liegen bis zu zwei Meter starke lehmige und tonige Ablagerungen der Emscher und ihrer Nebenbäche.

Die westliche Grenze des Ruhrgebietes reicht bis in die mittlere Niederrheinebene des Niederrheinischen Tieflandes. Beiderseits der breiten, durch nacheiszeitliche Ablagerungen geprägten Talaue des Rheins stehen die unterschiedlichen eiszeitbedingten Terrassen an.

Die vorindustrielle Landschaft in der Emscherzone

Anfang des 19. Jahrhunderts war das nördliche Ruhrgebiet noch kaum besiedelt. Es gab vereinzelte Dörfer, Streusiedlungen und Bauernhöfe neben einige Burgen und Wasserschlössern. Städte gab es nur im Süden entlang des Hellwegs. Aber auch die bedeutendsten Städte wie Dortmund, Bochum, Wattenscheid, Essen, Mülheim und Duisburg hatten zu dieser Zeit jeweils nur wenige tausend Bewohner.

Reisebeschreibungen aus jener Zeit vermitteln den Eindruck einer sehr öden und armen Gegend. Das Emschertal war eine große Überschwemmungslandschaft mit ausgeprägten Bruchwäldern. Bis 1850 bildete diese noch urwüchsige Landschaft ein weites Rückzugsgebiet für Wildpferde. Das nördliche Emscherland bis in den Bereich der Lippe war durch ausgedehnte Wald- oder Heidegebiete gekennzeichnet. Nördlich der Lippe im Übergang zum Münsterland gab es kleinere Ackerbürgerstädte wie z. B. Dorsten oder Werne.

Demgegenüber war der südlich angrenzende Westenhellweg mit seinen reicheren Lößböden zu Beginn des 19. Jahrhunderts völlig vom Ackerbau geprägt. Wald und Grünland war nur vereinzelt eingestreut vorhanden. Kleine Siedlungen gab es in der Ackerlandschaft vor allem entlang der kleinen Täler.

Veränderungen durch die Industrialisierung

Basis der Industrialisierung, die in wenigen Jahrzehnten aus dem dünn besiedelten, eher verschlafenen Gebiet das größte Industriegebiet Europas

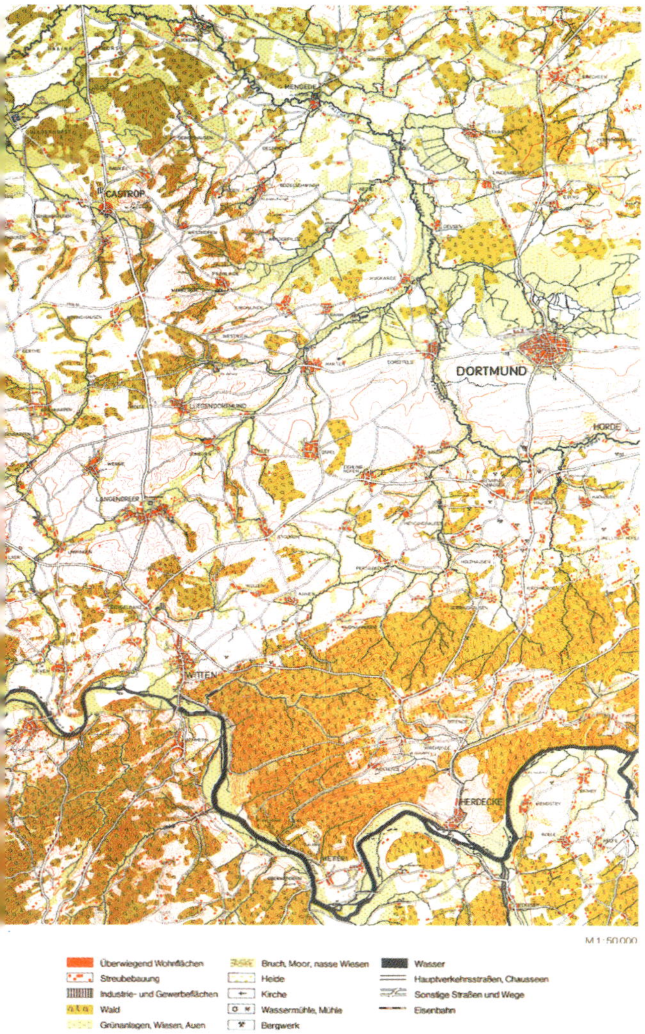

Das Ruhrgebiet, Kernzone um 1840. Zum Vergleich siehe Karte auf Seite 20/21, die den Zustand um 1970 wiedergibt.

werden ließ, waren die Steinkohlevorkommen. Während die kohlehaltigen Schichten des Karbon im Ruhrtal noch offen zu Tage treten, nimmt die Mächtigkeit der sogenannten Deckschichten nach Norden hin erheblich zu. Im Lippetal beginnen die Kohleflöze erst in einigen hundert Meter Tiefe.

Bereits im frühen Mittelalter wurden die im Ruhrtal ausstreichenden Kohleschichten abgebaut. Der Stollenbau begann zwar bereits im 15. Jahrhundert, doch der Vorstoß in tiefere Schichten wurde erst durch den Einsatz der Dampfmaschine (nach 1800) möglich. Mit ihrer Hilfe gelang es, die Stollen wasserfrei zu halten. Durch diese technische Weiterentwicklung konnte der Bergbau nördlich in die Zone zwischen Hellweg und Emscher vorstoßen. Hier ließ sich die zur Verkokung besonders geeignete „Fettkohle" fördern – erstmals gelang dies 1837 in Essen. Die Herstellung von Koks war wiederum die Voraussetzung für die Steigerung der Eisenproduktion, und entsprechend schnell wuchs die Zahl von Kokereien. Bis dahin war in den Hochöfen im wesentlichen Holzkohle verwendet worden.

Der große Bedarf an Kohle konnte nur durch das Anlegen immer tieferer Schächte befriedigt werden. Mit dem Entstehen der Tiefbauzechen erfolgte der Übergang zur großindustriellen Förderung mit wesentlich größeren Betriebseinheiten. Gehörten 1850 im Durchschnitt noch ca. 60 Personen zu einem Bergwerk, waren es 1870 bereits 230.

Der immer größer werdende Bedarf an Arbeitskräften führte zu einem rasanten Anwachsen der Bevölkerung. Die Städte in der Hellwegzone waren bis 1890 bereits zu einer urbanen Verdichtungszone zusammengewachsen. Die geförderten Kohlemengen und die Eisen- und Stahlproduktion setzten auch neue Transportmöglichkeiten voraus. Der zuvor übliche Massentransport über die Ruhr wurde ab 1850 durch die immer leistungsfähigeren Eisenbahnen ersetzt. Mit dem Bau der Köln-Mindener-Bahn wurde 1847 die wesentlichste Voraussetzung für die Erschließung der Emscherzone geschaffen.

In der Emscherzone fand man zu dieser Zeit immer noch weite agrarisch geprägte Gebiete, Heiden und Waldbestände. In der zweiten Hälfte des 19. Jahrhunderts brach nun über diesen Raum mit brachialer Gewalt die Industrialisierung herein. Die Zechen und Stahlwerke gestalteten in ihrer Umgebung eine leere, wirtschaftlich völlig unbedeutende Landschaft nach ihren, allein an der Produktion und am Profit orientierten Bedürfnissen. Typisch für diese unkontrollierte Inbesitznahme von Flächen wurde in der Emscherzone das dichte, städtebaulich ungeordnete Nebeneinander von Industrie- und Wohngebieten. Es entstanden die sogenannten „Industriedörfer", deren Keimzellen die jeweiligen Werke waren.

Daneben gab es aber bis zum Beginn des 20. Jahrhunderts im nördlichen Ruhrgebiet immer noch große unbebaute Areale. Die Bergwerke und Arbeitersiedlungen waren hier oft umgeben von einer Agrarlandschaft. Durch den massiven Bevölkerungszuwachs kam es aufgrund des gestiegenen Nahrungsmittelbedarfes auch zu einer starken Intensivierung der landwirtschaftlichen Produktion.

Die massive industrielle Förderung und Produktion in Kombination mit dem rasanten Siedlungswachstum führte bald zu erheblichen Umweltproblemen. Trinkwasserversorgung und Abwasserab-

Überflutungen der Emscher, historisches Foto der Emschergenossenschaft.

leitung bereiteten ab 1870 immer größere Schwierigkeiten. Massive Verschmutzungen der Ruhr, die im wesentlichen zur Trinkwasserversorgung der Städte diente, in Kombination mit immer größeren Wasserentnahmen für die Industrie, führten zu regelrechter Trinkwassernot.

Bei der Emscher entwickelte sich die Situation noch dramatischer. Ein Großteil der Industrie- und Siedlungsabwässer wurde ungeklärt in die Emscher geleitet. Da die Emscher vor allem im Mittel- und Unterlauf kaum Gefälle hatte, stand das Abwasser oft in den sumpfigen Niederungen. Die massiven Bergsenkungen, ausgelöst durch den Kohleabbau, vergrößerten dieses Problem noch erheblich. Es kam zu massiven Überschwemmungen auch in besiedelten Bereichen. Das verschmutzte Wasser war die Ursache für Seuchen und Epidemien, die von 1870 bis 1905 an der Tagesordnung waren. Malaria war endemisch, die Thyphussterblichkeit lag 1887 bis 1900 doppelt so hoch wie der preußische Durchschnitt.

Letztlich bedrohten diese Verhältnisse die Produktivität der Industrie und den Profit. 1899 forderten Industrie und Städte daher gemeinsam die Einrichtung eines Abwasserverbandes zur Regelung der Probleme. Im Jahr 1904 wurde ein entsprechendes Gesetz verabschiedet und die Emschergenossenschaft, als erste große Abwassergenossenschaft im Deutschen Reich gegründet. Die Unternehmen hatten die Stimmenmehrheit, und vorrangiges Ziel war die schadlose Ableitung des Abwassers, um so die wirtschaftliche Nutzung des Emscherraumes zu sichern. 1906 begannen die Arbeiten zum Umbau des Emscherhauptlaufes zu einem betonierten Abwasserkanal. Da der Mündungsbereich der Emscher in Duisburg durch die Bergsenkungen bereits massiv abgesunken war, hätte man zum Schutz vor dem Rheinhochwasser massive Dämme bauen müssen. Man entschied sich deshalb dafür, den Emscherhauptlauf von Oberhausen bis Dinslaken umzulegen, und baute ein komplett neues, 10 km langes Fluß- bzw. Abwasserkanalbett. Bis Mitte der 50er Jahre hatte man das komplette Emschersystem mit rund 80 km Hauptlauf und 300 km Bachläufen begradigt und mit Beton ausgebaut.

Obwohl es bereits Anfang des Jahrhunderts Möglichkeiten zur Reinigung des Abwassers gab, ließ man es aus Kostengründen völlig ungeklärt durch das gesamte Ruhrgebiet und dann in den Rhein laufen. Für die Abwasserreinigung, so die Einstellung der Verantwortlichen damals, sei in erster Linie die Selbstreinigungskraft des Rheins maßgebend. Über Jahrzehnte hinweg gab es nur mechani-

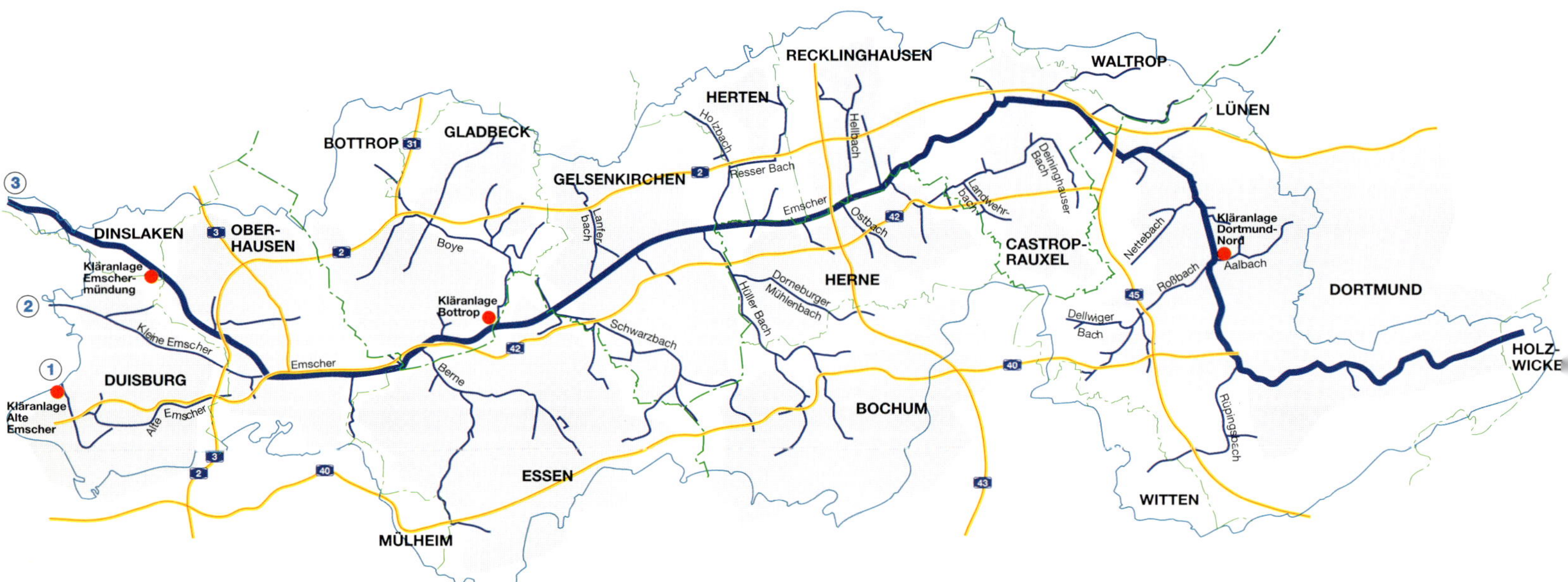

Überblick über das gesamte Emschersystem mit alten Zuläufen.
① Ursprünglicher Lauf der Emscher bis 1904.
② Erste Verlegung im Jahre 1904.
③ Zweite Verlegung im Jahre 1949 und heutiger Verlauf. (© Emschergenossenschaft Essen).

Die Emscher als Abwasserfluß.

sche Kläranlagen an der Emscher. Erst 1976 wurde mit Bundeszuschüssen die erste biologische Reinigungstufe an der Mündung der Emscher in den Rhein gebaut. Für den Emscherraum bedeutete dies, daß für nahezu ein Jahrhundert stinkende, biologisch tote und aus Sicherheitsgründen völlig abgezäunte Fließgewässer die Regel waren. Es gab keine Gewässerlebensräume für Pflanzen und Tiere, keine Spielmöglichkeiten an Bächen für Kinder und keinen Naturgenuss. Die Natur wurde vollständig für die Industrie funktionalisiert, man betrachtete „Landschaft als Teil der Fabrik-Struktur" (Günter 1994).

Massive Luftverschmutzungen durch Rauch und Ruß im Umfeld der Fabriken waren eine andere Folge der Industrialisierung. Das Ausmaß der Belastungen war stellenweise so hoch, daß keine Feldfrüchte mehr wuchsen und es zu massivem Baumsterben kam. Mitte des 19. Jahrhunderts war man mit vielen Fabrikgründungen ja gerade wegen der bekannten Probleme der Luftverschmutzung in die wenig besiedelte Emscherzone gegangen. Der rasante Siedlungszuwachs im Umfeld der Werke machte diesen vermeintlichen Vorteil aber schnell wieder zunichte. Proteste von Landwirten, Waldeigentümern und Hausbesitzern, die sich geschädigt fühlten, löste die Industrie oft durch Ankauf der Flächen und Immobilien, oder sie zahlte Entschädigungen.

Aus einer agrarisch geprägten Einöde war innerhalb weniger Jahre eine Industrieregion geworden. Lebten 1818 gerade 150.000 Menschen im gesamten Ruhrgebiet, so waren es 1905 bereits 1,7 Millionen. Die Fabriken und Städte expandierten immer weiter und bildeten ein riesiges industrielles Konglomerat, in dem massive Umweltbelastungen die Normalität waren. Lärm, Gestank, Rauch, Ruß und Kohlenstaub füllten die Luft, belästigten die Bewohner, schädigten deren Gesundheit und prägten den Charakter der Region bis heute. Der Begriff „Kohlenpott" ist immer noch in den Köpfen vieler Menschen tief verankert.

Die Weltkriege – Hochrüstung, Zerstörung und Wiederaufbau

Die Aufrüstung vor dem ersten Weltkrieg beschleunigte das industrielle Wachstum erneut, bis der verlorene Krieg und zahlreiche Bergarbeiterstreiks dieses Wachstum deutlich abbremsten. Doch mit Beginn der 20er Jahre erreichten Kohleförderung und Stahlproduktion neue Rekordmarken. Über 150.000 Bergarbeiterfamilien mußten angesiedelt werden, um den wachsenden Arbeiterbedarf zu decken. Mit nahezu 550.000 Beschäftigten erreichte der Ruhrbergbau 1922 den Zenit der Beschäftigungszahlen.

Die immer stärkere Zersiedelung des Ruhrgebietes, das offensichtliche städtebauliche Chaos, der Mangel an nutzbaren Freiflächen, die anhaltenden und zunehmenden Umweltprobleme – dies alles führte schließlich 1920 zur Gründung des Siedlungsverbandes Ruhrkohlenbezirk (SVR) unter Leitung von Robert Schmidt. Es ist der erste ernstzunehmende Versuch, die weitere Entwicklung des Reviers planerisch zu steuern. Vordringlichste Aufgabe war der Schutz der Landschaft und die Sicherung überörtlich bedeutender Freiräume sowie die Schaffung von regionalen Grünzügen (siehe S. 41). Robert Schmidt entwickelte hierzu ein Leitbild und bemühte sich um die Umsetzung. Der Ansatz dieses ersten Regionalverbandes war wegweisend für viele Agglomerationen in der ganzen Welt.

Weltwirtschaftskrise und Inflation führten bereits wenige Jahre später zum ersten großen Zechensterben an der Ruhr. Im Jahr 1932 waren bereits 120.000 Bergleute arbeitslos. Mit der Machtübernahme der Nationalsozialisten stieg das Ruhrgebiet jedoch erneut zur Rüstungsschmiede des Reiches auf. Viele Errungenschaften der Weimarer Zeit wurden schnell beiseite gelegt – unter anderem verkommt der so hoffnungsvoll gestartete SVR zu völliger Bedeutungslosigkeit. Die Autonomiepläne der Nationalsozialisten und ihre Hochrüstungspolitik ließen die Produktionszahlen stark steigen. In diese Zeit fallen auch weitere Gründungen von großen chemischen Werken, die – angelehnt an den Bergbau – vor allem die Bezingewinnung aus Kohle zur Aufgabe hatten. Die Stahlindustrie profitierte von der Aufrüstung in besonderer Weise: der Höhepunkt der Beschäftigtenzahlen wird hier mit 335.000 im Jahr 1943 erreicht.

Die gewaltigen Zerstörungen des II. Weltkrieges und die anschließende Demontage ließen die Indu-

Gegenüberstellung des Grundrisses der Innenstadt Dortmunds vor und nach dem Krieg (aus GÜNTER 1984).

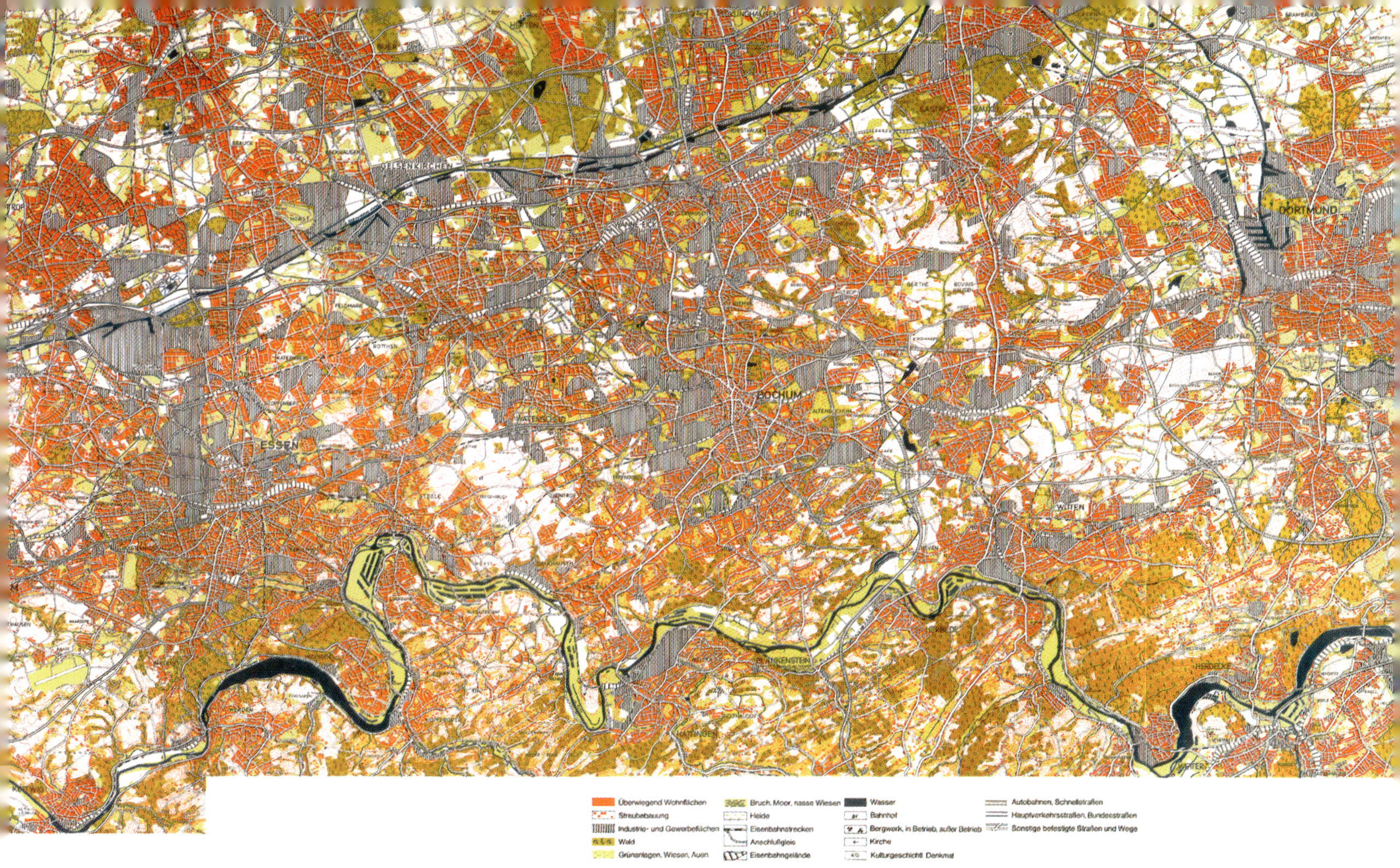

strie im Ruhrgebiet nach 1945 von den Produktionszahlen her auf den Stand vor der Jahrhundertwende zurückfallen. Der einsetzende rasche Wiederaufbau der stark zerstörten Städte nahm kaum Rücksicht auf die noch verbliebene historische Substanz. Er folgte überwiegend der Idee, die Zerstörungen als Anlaß und Chance einer dringend notwendigen, grundlegenden Sanierung zu begreifen. Es führte zur Aufgabe kleinteiliger Strukturen und zu einem gewaltigen Ausbau des Straßennetzes (siehe das Beispiel Dortmund auf Seite 20).

Der Wiederaufbau im ganzen Land brauchte dringend Stahl und Kohle, und so erholte sich die Schwerindustrie ab 1950 zusehends. Für den Bergbau dauerte dieser Aufschwung allerdings nur kurze Zeit. Der Höchststand der Beschäftigung nach dem Krieg wurde 1955 mit insgesamt 390.000 Bergleuten erreicht. Die Einfuhr billiger Importkohle und das zunehmend an Attraktivität gewinnende Erdöl führten bereits 1955, in der ersten Kohlekrise der Nachkriegszeit, zu erneutem Zechensterben. Die Stahlindustrie blieb davon allerdings zunächst unberührt und steigerte ihre Produktion kontinuierlich weiter.

Strukturwandel

Strukturwandel ist also ein immanentes Element des Industriezeitalters. Durch den technologischen Fortschritt verschwanden fortlaufend unwirtschaftlich gewordene Produktions- und Fördereinheiten, oder sie wurden ständig um- und ausgebaut. Hunderte von Zechen und Schächten waren bereits in den 20er Jahre dieses Jahrhunderts wieder geschlossen worden. Besondere Aufmerksamkeit schenkte man diesen Prozessen immer dann, wenn schlagartig große Mengen an Arbeitskräften entlassen wurden.

Erst in den 50er Jahren begannen tiefgreifende Entwicklungs- und Strukturplanungen für das Ruhrgebiet mit dem Ziel, die Infrastruktur stark auszubauen und die notwendigen Rahmenbedingungen für die Ansiedlung weiterer Industrien zu schaffen. Hier wurde der Grundstein gelegt für die höchste Autobahnkonzentration Europas. Die propagierte Nordwanderung des Bergbaus über das Lippetal hinaus führte nun auch hier zum massiven Ausbau der Siedlungsstruktur bis hin zum Aufbau

Das Ruhrgebiet, Kernzone um 1970. Zum Vergleich siehe Karte Seite 17, die den Zustand um 1840 wiedergibt.

Flächennutzung im Ruhrgebiet 1893–1989 in % (Gesamtfläche 4432,77 km²)

	1893	1927	1952	1960	1970	1980	1985	1989
Besiedelte Flächen	6,9	14,0	19,8	23,2	27,1	32,2	34,1	34,7
Landwirtschaftliche Flächen	67,5	61,5	59,2	58,7	53,7	47,4	45,3	44,1
Wald, Forste	20,3	18,6	15,5	15,0	15,9	16,9	17,0	17,1
Wasserflächen	1,4	2,0	2,2	2,4	2,5	2,7	2,9	
Sonstiges	3,9	3,9	3,3	0,7	0,8	0,8	0,7	

Quellen: Harenberg 1987, KVR 1990

völlig neuer Städte, wie z. B. Marl. Der Ballungsraum dehnte sich erneut massiv aus in der trügerischen Hoffnung auf dauerndes industrielles Wachstum.

Im zentralen Ruhrgebiet wütete dagegen im Zeichen der neuen Zeit die Stadtsanierung. Sie zerstörte in den 60er und 70er in vielen Städten, den letzten Rest von dem was der Krieg und der Wiederaufbau unversehrt gelassen hatte. Vielerorts entstanden Hochhaussiedlungen und „überalterte Stadtstrukturen" wurden abgerissen. Dazu zählten dann vielfach auch die alten Arbeitersiedlungen.

1965 erreichte das Ruhrgebiet mit rund 5,6 Millionen Einwohnern den Höchststand seiner Besiedlungsdichte. Gleichzeitig hatten die Umweltbelastungen ein Ausmaß angenommen, bei dem schwere gesundheitliche Beeinträchtigungen der Bevölkerung erkennbar wurden. Bereits in den 50er Jahre hatte man festgestellt: „Kinder im Ruhrgebiet waren kleiner, entwickelten häufiger Rachitis und wogen weniger als Vergleichsgruppen vom Lande, ihre Väter hatten ein höheres Risiko, an Lungenkrebs zu sterben" (Brüggemeier & Rommelspacher 1992). Sofortmaßnahmen zur Luftreinhaltung waren notwendig und wurden dann unter dem Leitspruch „Blauer Himmel an der Ruhr" auch umgehend durchgesetzt. Die Staubemissionen nahmen in der Folge beispielsweise von 1964 bis 1984 um die Hälfte ab.

Mit der ersten großen Stahlkrise Mitte der 70er Jahre begannen auch bei diesem Industriezweig die Stillegungen und Entlassungen. Massive Rationalisierungen und Modernisierungen der Produktion führten aber dazu, das trotz rapide sinkender Beschäftigtenzahlen aufgrund immer neuer Werksstillegungen die produzierte Menge an Roheisen weiter gesteigert wurde. Spätestens in den 70er Jahren wurde so deutlich, daß es ein Fehler war, im Ruhrgebiet ausschließlich auf die Schwerindustrie zu setzen. Das Ruhrgebiet war nur durch die Großindustrie gewachsen und so bildeten sich auch kaum nennenswerte mittelständische Strukturen. Die großen Konzerne hatten über Jahrzehnte hinweg jede Lohnkonkurrenz und Beschäftigungsabwerbung verhindert sowie fast alle kreativen Potentiale geschluckt. Entsprechend mühsam war es nun, im Rahmen der wirtschaftlichen Umstrukturierung neue Strukturen aufzubauen.

Starke Wanderungsverluste, vor allem durch den Arbeitsplatzrückgang in der Industrie und seit 1967 auch durchsinkende Geburtenraten, führten zu einer rückläufigen Bevölkerungsentwicklung. Ende der 80er Jahre gab es vorübergehend zuwan-

Bevölkerungsentwicklung im Ruhrgebiet

1820	274 204
1858	474 416
1871	723 867
1905	2 613 897
1939	4 407 277
1965	5 715 690
1974	5 688 166
1976	5 500 041
1980	5 396 144
1984	5 215 692
1989	5 337 118
1995	5 472 200
2015	5 082 300 *

Quellen: SVR 1975, KVR 1987a, KVR 1987b, KVR 1990, Günter 1994, LDS 1996
* Prognose LDS NRW 1996

derungsbedingte Anstiege. Nach der Prognose des Statistischen Landesamtes wird die Abnahme aber weiter anhalten und die Bevölkerung im Ruhrgebiet bis zum Jahr 2015 auf rund 5 Mio. Einwohner zurückgehen.

Die weitere Entwicklung bis heute

Der Strukturwandel hält unvermindert an, die Beschäftigungszahlen in Bergbau und Eisen- und Stahlindustrie gehen kontinuierlich weiter nach unten. Daran haben auch die riesigen Demonstrationen und symbolhaften Aktionen wie etwa der Kampf um das Krupp-Hüttenwerk in Duisburg-Rheinhausen 1989 und 1992 oder die Menschenkette der Bergarbeiter 1997 nichts zu ändern vermocht. Ende des Jahrtausends wird die Zahl der Beschäftigten im Ruhrbergbau die 50.000-Grenze (Stand 1996: 70.000) bereits deutlich unterschreiten. Im zentralen Ruhrgebiet gibt es zur Zeit nur noch sieben Bergwerke, und es ist sicher, daß die Zahl weiter schrumpfen wird.

Die Arbeitslosenzahlen im Ruhrgebiet liegen in den letzten Jahren nahezu unverändert um 15%, wobei der Schwerpunkt der Arbeitslosigkeit in der Emscherzone zu finden ist. Städte wie Gelsenkirchen erreichen Ende der 90er Jahre fast die 20-%-Marke. Dies ist eine länger anhaltende Konsequenz der besonders starken Monopolisierung der Wirtschaft durch Kohle und Stahl in der Emscherzone, die eine rechtzeitige Diversifizierung der Wirtschaft und den Aufbau größerer mittelständischer Strukturen bis in die 80er Jahre hinein verhindert hat.

Als Reaktion auf den Strukturwandel werden immer wieder die tradtionellen Instrumente der Wirtschaftsförderung bemüht. So werden unisono in allen betroffenen Kommunen und den für Teilregionen installierten Entwicklungsagenturen immer neue Industrie- und Gewerbeflächen inklusive verbesserter Infrastruktur gefordert und zum Teil auch realisiert, ohne daß dies allerdings irgendeinen spürbaren positiven Effekt auf die Arbeitslosenzahlen hat. Stellenweise werden verfügbare Flächen für wenig qualifiziertes Gewerbe mit sehr geringer Wertschöpfung und geringen Beschäftigungszahlen regelrecht verschleudert. All dies ist

Bevölkerungsentwicklung in ausgewählten Städten und Kreisen des Ruhrgebietes 1996–2015 (aus der Prognose des LDS 1996)

	Bevölkerung 1995 (in Tausend)	Natürlicher Saldo (in %) 1995–2015	Wanderungs-saldo (in %) 1995–2015	Bevölkerung 2015 (in Tausend)
Duisburg	536,1	– 6,9	–5,1	508,8
Essen	617,9	–11,4	–5,6	538,6
Gelsenkirchen	293,5	–10,0	–3,5	271,6
Kreis Wesel	462,6	– 6,4	+5,4	472,5
Kreis Unna	417,9	– 5,6	+4,3	428,2

ein Ausdruck großer Hilflosigkeit in der Politik und den Verwaltungen in der Emscherzone.

In einer solchen Situation werden Kommunen leicht erpreßbar. Eine Steuerung des Bodenverbrauches oder auch nur die Umsetzung von ökologischen und gestalterischen Qualitätsstandards in neuen Gewerbegebieten wird unmöglich, wenn die Investoren nicht selber daran Interesse haben. Die Grundstückspreise werden in der interkommunalen Konkurrenz nach unten gedrückt mit der Folge, daß oft nur der Umzug eines Betriebes aus der Region erreicht wird. Dabei rationalisiert der Betrieb auch noch Arbeitsplätze weg, bekommt den Umzug steuerlich gefördert und hinterläßt an seinem alten Standort meist eine Industriebrache.

Gleichzeitig dehnt sich der Ballungsraum Ruhrgebiet an seinen Rändern immer weiter aus. Dies wird unter anderem an den aktuellen Wanderungsbewegungen der Bevölkerung im Ruhrgebiet deutlich, wo insbesondere die Städte des zentralen Ruhrgebietes an der Emscher starke Wanderungsverluste hinnehmen müssen, während sich die kleineren Gemeinden am Rand in den Kreisen Wesel, Recklinghausen, Unna und Ennepe-Ruhr durch die Entwicklung immer neuer Wohnbaugebiete auf Zuwanderung einrichten. Neben der größeren Verfügbarkeit von Grundstücken für Einfamilienhäuser vermarktet diese Tendenz auch die diffuse individuelle Einschätzung der höheren Lebensqualität durch „mehr Natur" in diesen Randlagen. Eine Prognose des Statistischen Landesamtes von 1995 sagt voraus, daß dieser Trend anhalten wird. Die ökonomischen Folgen für das zentrale Ruhrgebiet, allein in dem Bereich der Schlüsselzuweisungen von Landesmitteln, die sich an den Bevölkerungszahlen orientieren, sind erheblich.

Haldenlandschaft Hoppenbruch/Hohe Ward in Herten-Süd.

Im Grundsatz war dies alles auch schon Ende der 80er Jahr erkennbar und mit Ursache für die Entstehung der IBA Emscher Park als einer Art integriertem strukturpolitischem Ansatz auf regionaler Ebene. Dabei wurde die ökologische Erneuerung der Emscherzone als zentrale Voraussetzung für eine künftige ökonomische Entwicklung des gesamten Ruhrgebietes begriffen. Die zentralen Basiselemente dieser ökologischen Strategie sind (siehe GANSER 1996):

- Kein weiterer Flächenverbrauch, sondern Übergang zur Kreislaufwirtschaft in der Flächennutzung (Beispiel Neunutzung von Industriebrachen);
- Die Verlängerung der Nutzungsdauer von Gebäuden und Produktionsanlagen durch Instandhaltung, Modernisierung und Umnutzung; falls doch neugebaut wird, nur nach den Prinzipien des ökologischen Bauens;
- Transformation der Produktionsstruktur in der Region hin zu ökologisch verträglichen Produkten und Produktionsverfahren (Beispiel Photovoltaik);

Dem Aufbau einer qualitätvollen Landschaft zur Verbesserung der ökologischen Qualität und der Lebensqualität der rund 2,5 Mio. Einwohner der Emscherzone kommt dabei ein zentrale Bedeutung zu. Das wichtigste Leitprojekt der IBA Emscher Park ist deshalb auch der Aufbau des Emscher Landschaftsparks geworden (siehe S. 38ff.). Im Kern geht es dabei um die Entwicklung eines neuen Kulturlandschaftstyps, der die Ursachen seiner Entstehung und auch die Dimension der „Künstlichkeit" nicht verleugnet, sondern sie unter den geänderten Rahmenbedingungen der nachindustriellen Zeit weiterzuentwickeln sucht.

Dimensionen einer „künstlichen Landschaft"

Kommt man zum ersten Mal in die Emscherzone, so findet man nicht die Bilder, die man erwartet, wenn man Industrielandschaft hört. Längst sind die Fördertürme und Kokereien, Stahlwerke, Hochöfen und sonstige „rauchende Schlote" nicht mehr prägend, sondern eine Ausnahme. Nur noch vereinzelt – z. B. in Duisburg an der „Thyssen-Skyline" entlang des Rheins – findet man sie noch. Was einem aber neben dem immer beschworenen vie-

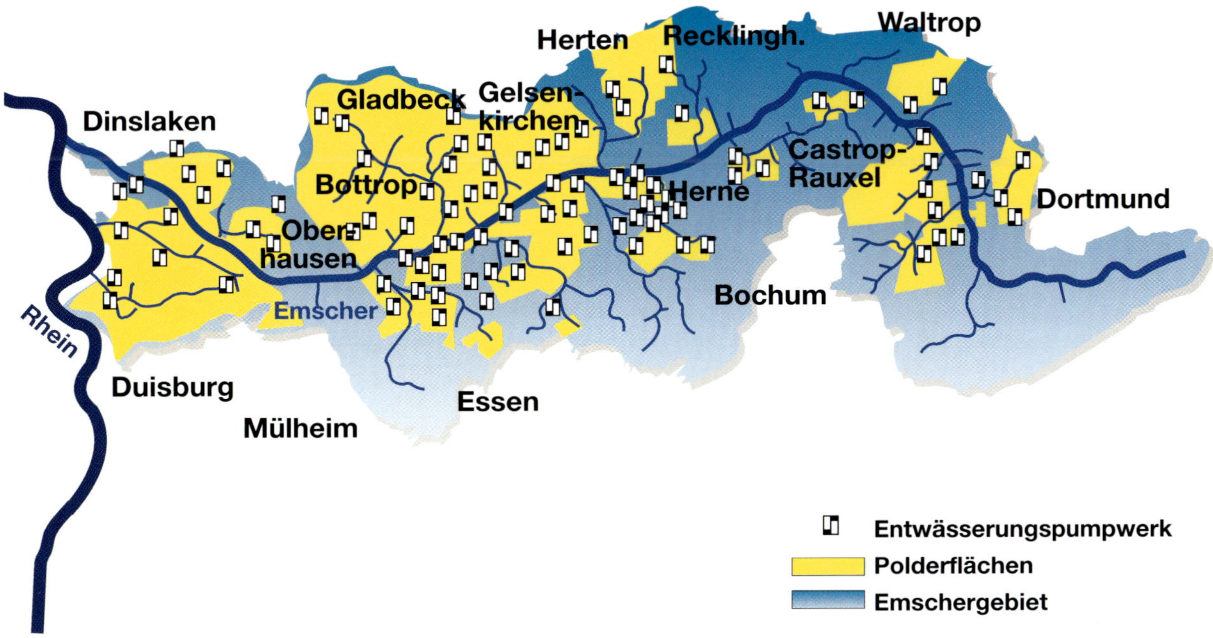

Poldergebiete in der Emscherzone (© Emschergenossenschaft Essen).

len „Grün" vor allem auffällt, ist das städtebauliche Wirrwarr und der Einheitsbrei an meist gesichtsloser Bebauung zwischen den vielen Straßen, aus dem nur hier und dort einmal ein Highlight z. B. in Form eines Industriedenkmals oder einer alten Arbeitersiedlung heraussticht.

Um die typischen Elemente dieser Industrielandschaft wahrzunehmen, muß man genauer hinschauen. Dann wird deutlich, daß an der Topographie etwas nicht stimmt. Was auf den ersten Blick wie Berge oder Hügel wirkt, sind gar keine Berge, sondern Halden und Deponien. Die ganze Hügellandschaft ist künstlich. Besonders in der einstmals flachen Emscherzone wirkt sie wie aufgesetzt. Die höchsten Halden – wie z. B. die Halde Scholven in Gelsenkirchen – steigen hier mehr als 100 Meter über das benachbarte Gelände an. Die größte Haldenlandschaft in Herten mit den Halden Hoppenbruch und Hohe Ward nimmt über 150 ha Fläche ein. Über 400 dieser künstlichen Berge sind im gesamten Ruhrgebiet seit Beginn der Industrialisierung aufgeschüttet worden. Viele hundert Millionen Tonnen von Bergematerial hat man aus der Tiefe nach oben befördert – das Innere wurde im wahrsten Sinne des Wortes nach außen gekehrt.

Viele der alten Halden sind rekultiviert und für die Bevölkerung als Naherholungsraum erschlossen. Die Rekultivierungstechnologie hat sich seit den 60er Jahren, als dies zur Verpflichtung wurde, immer weiter entwickelt. Aus den schroffen, vegetationsfreien Schüttkegeln zu Beginn des industriellen Bergbaus sind heute „Landschaftsbauwerke" geworden. Sie bieten organisch modellierte Böschungen, Feuchtbiotope auf jeder Höhenstufe und eine wild gemischte Bepflanzung, bei der auch gewährleistet ist, daß es im Winter ausreichend grün ist. Neben der Österreichischen Schwarzkiefer wächst der norddeutsche Sanddorn. Grün als Konfektionsware aus dem Baumschulsortiment, soweit es auf diesen schwierigen Standorten wächst, wird nach einem Standardkatalog für Haldenbegrünung verwendet. Deshalb sehen die neueren großen Bergehalden auch fast alle gleich aus.

Einerseits wurde die Erde ausgestülpt, andererseits ist sie in wahrhaft geologischen Maßstäben abgesackt. Die Bergsenkungen nimmt man allenfalls wahr, wenn man im Ruhrgebiet wohnt und davon betroffen ist, weil z. B. das eigene Haus Risse zeigt. Aber selbst die Einheimischen wissen kaum um die wirklichen Dimensionen.

Nahezu 1/4 der Emscherzone ist zum Poldergebiet geworden. An die hundert Pumpwerke der Emschergenossenschaft arbeiten rund um die Uhr und pumpen das austretende Grundwasser in die Emscher. Würde man sie alle abstellen, so würden im Laufe von einigen Jahrzehnten riesige Seen mit einer Gesamtwasserfläche von über 300 km² entstehen. Dabei wären nicht wenige Stellen mehr als 10 m hoch überflutet, d. h. selbst im dritten Stock würden die Einwohner noch nasse Füße bekommen. Hunderttausende von Menschen hätten keine bewohnbaren Wohnungen mehr. Das bedeutet, so

Bergsenkungsgewässer Naturschutzgebiet Hallerey in Dortmund.

lange in diesen Bereichen Menschen wohnen, wird dies eine künstlich stabilisierte, technisch kontrollierte Landschaft bleiben.

An einigen Stellen, z. B. im Duisburger Norden, liegt das Gelände heute um mehr als 20 m tiefer als vor 150 Jahren. Es ist mitsamt allen Gebäuden und Straßen abgesunken. Wo Kohle untertage abgebaut wird, erfolgen die Senkungen kontinuierlich, und sie dauern bis etwa 15 Jahre nach dem Abbauende an.

An einigen Stellen verzichtete man darauf, das austretende Grundwasser abzupumpen, da „nur" Wald oder landwirtschaftliche Flächen überflutet wurden. So entstanden die zahlreichen Bergsenkungsgewässer, die heute überwiegend Naturschutzbedeutung haben. Besonders bemerkenswert sind der auf diese Weise wieder vernäßte Emscherbruch in Gelsenkirchen und das mit rund 50 ha größte Bergsenkungsgewässer Hallerey in Dortmund.

Wenn man um diese Veränderungen weiß, wird einem schnell klar, daß bei den Grundwasserverhältnissen in der Emscherzone an vielen Stellen nichts mehr ist, wie es einmal war. Bergsenkungen, Aufschüttungen, Abgrabungen, Pumpwerke, alte Schächte und vieles mehr haben die Grundwasserverhältnisse völlig durcheinander gebracht. Oft wissen auch die Experten nicht mehr, wie die Situation genau ist. Eine Simulation der Verhältnisse, wie sonst üblich, ist hier oft genug sinnlos.

Die Bergsenkungen sind auch der Grund für die im Laufe der Zeit immer höher gewordenen Emscher-Deiche. Der Abwasserfluß mußte in den Bereichen mit Senkungen kontinuierlich angehoben werden, um den Abfluß weiter zu gewährleisten. Zwischen Oberhausen und Duisburg war das Land bereits Anfang des Jahrhunderts so weit abgesunken, daß man den Fluß gleich um drei Kilometer nach Norden in ein komplett neues Bett verlegte.

Der Umbau des kompletten Gewässersystems der Emscher zu einem Abwassersystem wurde bereits beschrieben. Deshalb gibt es heute in der Emscherzone fast keine halbwegs naturnah anmutenden Bäche mehr. Die Regel sind immer noch mehr oder minder stinkende offene Abwassersammler. Aufgrund der Bergsenkungen hat sich teilweise ihr Lauf geändert, stellenweise sind sie verrohrt unter Halden und Aufschüttungen verschwunden, gelegentlich müssen sie auch gepumpt werden, damit sie nicht in die verkehrte Richtung zurückfließen. Der Einlauf in die Emscher funktioniert aufgrund der Höhenlage der Emscher vielfach nur über Pumpen.

All dies sind die Rahmenbedingungen, unter denen Anfang der 90er Jahre der erneute Umbau des Emschersystem ansetzte. Ziel ist es, in den nächsten Jahrzehnten die ökologische und ästhetische Qualität dieses Gewässersystems stark zu verbessern. Das bedeutet eine gewaltige Anstrengung und kostet viele Milliarden. Die Emschergenossenschaft hat hierzu in Zusammenarbeit mit vielen Beteiligten ein Umbauprogramm vorgelegt.

Neben vielen technischen Problemen, die bei dem Umbau zu lösen sind, gibt es auch ein gestalterisches Problem bei der Frage, welches Leitbild die neuen umgebauten Gewässer haben sollen. Aufgrund der völligen Veränderung dieser Landschaft im Zuge der Industrialisierung und durch die ge-

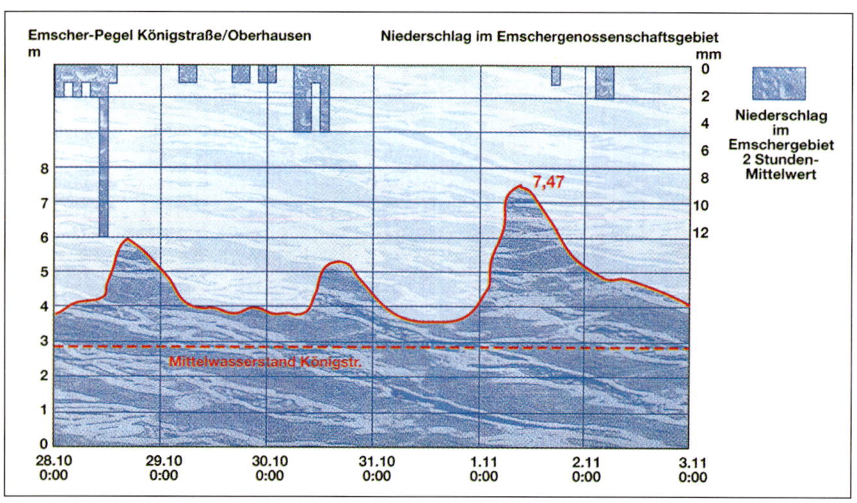

Verteilung der Abflußmengen in der Emscher im Normalzustand und nach einem Starkregen.

Der Deininghauser Bach vor (links) und nach (rechts) dem Rückbau.

schilderten technischen Rahmenbedingungen einer künstlich stabilisierten Polderlandschaft ist die Anlehnung der Gestaltung an den vorindustriellen Zustand letztlich eine Illusion. Abgesehen davon steht vielfach nicht genügend Platz zur Verfügung, um alles zurückzubauen. Die bislang vorliegenden Konzepte enthalten immer noch eine Menge Rückgriffe auf die vorindustrielle Situation. Auch bereits umgebaute Gewässer wie etwa der Deininghauser Bach in Castrop-Rauxel liefern hierfür Beispiele.

Eines der größeren Probleme beim Umbau des Emschersystems ist die schadlose Ableitung der gewaltigen Niederschlagsmengen. Dazu muß man wissen, wie stark die Emscherzone versiegelt ist. Von den rund 800 km² sind etwa 300 km² dichter besiedelt. Geht man davon aus, das rund 1/3 der besiedelten Fläche durch Bauwerke und Verkehrsflächen vollständig versiegelt ist, ergibt dies ca. 100 km². Diese Flächen sind entwässerungstechnisch fast alle an das Emschersystem (inklusive Gewässer des Lippeverbandes) angeschlossen. Es läßt sich leicht vorstellen, was es bedeutet, wenn auf diese 100 Mio. m² ein Starkregen niedergeht! Regelrechte Flutwellen durchlaufen dann die Vorfluter und den Emscher-Hauptlauf.

Industrielandschaft an der Emscher bedeutet auch: zerrissene Landschaft mit isolierten Freiraumresten. Das merkt man spätestens beim Versuch querfeldein durch die Emscherzone zu wandern. Sehr bald kommt man an die erste Barriere. Dies können Autobahnen, sonstige Straßen, Eisenbahnen, Kanäle oder Abwassersammler sein, aber auch Deponien, Halden oder große Werksanlagen. Die alte, allmählich abnehmende industrielle Infrastruktur ist heute verwebt mit der allgemeinen Infrastruktur der Ballungsraumes. Es ist im wahrsten Sinne des Wortes eine zersiedelte Landschaft. Die verbliebenen Freiräume, insbesondere im westlichen Teil der Emscherzone, liegen eingesprenkelt und isoliert zwischen den Siedlungsflächen. Zusammenhängende Grünzüge sind kaum zu erkennen und nur mit viel Aufwand herzustellen. Dies ist eine der wichtigsten Aufgaben des Emscher Landschaftsparks (siehe S. 38ff.).

Reale Situation in der Industrielandschaft: Barrieren und Isolation im Emscher Landschaftspark.

Die Industrie war die Ursache für die völlige Umformung der Emscherzone; kaum etwas ist geblieben von der Landschaft der vorindustriellen Zeit. Neue Berge sind entstanden, Täler senkten sich ab, Flüsse und Bäche wurden verlegt, kanalisiert, verrohrt und mit Abwasser gefüllt. Landwirtschaftliche Flächen verschwanden unter der Bebauung. Am stärksten aber hat die Industrie auf ihren unmittelbaren Produktions-, Förder- und Deponieflächen gewirkt. Hier ist kaum ein Quadratmeter unberührt geblieben. Neue industriebedingte Standorte entstanden, die gegenüber dem vorherigen Zustand völlig veränderte Bedingungen aufweisen.

Fast alle Werksflächen sind aufgeschüttet – meist aus dem überschüssigen Material, das bei der Produktion oder Förderung anfiel. Neue Anlagen wurden auf alten abgerissenen Gebäuden aufgebaut, die Standorte wuchsen nach oben. Aufschüttungshöhen von bis zu 10 m sind keine Seltenheit. Dazu kommen Dämme und Plateaus, weil die großen Werke meist auf unterschiedlichen Ebenen arbeiteten und immer die Erreichbarkeit durch die Eisenbahn herstellen mußten. Es gibt riesige zusammenhängende Areale der Schwerindustrie im Ruhrgebiet, in denen diese meterhohen Aufschüttungen die Regel sind, wie z. B. auf dem über 1000 ha großen Thyssen-Stammareal entlang des Rheinufers in Duisburg oder der über 500 ha großen Westfalenhütte in Dortmund.

Nach den vorherrschend abgekippten Substraten lassen sich die Flächen des Bergbaus und der Stahlindustrie deutlich unterscheiden. Während auf den Zechen und angelagerten Flächen in der Regel das überschüssige Bergematerial eingebaut wurde, verwendete die Stahlindustrie die bei der Eisen- und Stahlproduktion anfallenden Schlacken. Diese beiden Grundtypen an Substraten erzeugen in der weiteren Entwicklung völlig unterschiedliche Böden mit verschiedenen Standorteigenschaften. Entsprechend unterschiedlich gestaltet sich dann die natürliche Besiedlung dieser Flächen mit Pflanzen (siehe S. 139).

Zwangsläufig finden sich reine Ablagerungen eines einzelnen Substrates ziemlich selten. Angesichts der Dynamik der industriellen Tätigkeit hat man meist in den Industrieböden eine Vielzahl unterschiedlichster Substrate nebeneinander und untereinander vermengt. Dabei spielen künstliche oder technogene Substrate eine große Rolle. Dazu zählen z. B. Aschen, Stäube, Schlämme, Bauschutt und Schlacken. Bis in die 60er Jahre wurden auch vielfach die nicht nutzbaren Abfallstoffe aus der Produktion mit abgelagert, ein Teil davon zählt heute zu den bekannten „Altlasten".

Auf diese Industrieböden läßt sich kaum eine der Regeln anwenden, die für natürliche Böden gelten. Die Bodenkunde tut sich nach wie vor schwer im Umgang mit diesen „urbanen Böden". Zwischenzeitlich gibt es zwar Klassifikationen und Typisierungen, was aber bei der Bodenbildung mit diesen vielen Substraten passiert, wird wohl noch lange Gegenstand der Forschung bleiben.

Industrielandschaft und Altlasten – das scheint nach heutiger Erfahrung fast zwangsläufig zusammenzugehören. Altlasten belasten nicht nur die Böden, das Grundwasser und die Menschen – sondern sie belasten auch ganz erheblich den Eindruck von der Industrielandschaft. Dabei sieht man Altlasten kaum direkt, sondern man weiß um sie aus Untersuchungen, Gutachten und insbesondere der Presse. In den 80er Jahren gab es nach einigen spektakulären Fällen auch im Ruhrgebiet, z. B. in der Siedlung Dortmund-Dorstfeld, nahezu eine Altlastenhysterie in den Medien und nachfolgend in den Ordnungsbehörden. Immer wieder gab es Meldungen über neue Altlasten; die entsprechenden Kataster enthalten Tausende von Verdachtsflächen. Sehr viel Geld wurde bereit gestellt, um Sanierungen durchzuführen, und eine neue eigene Ordnungsbürokratie wurde aufgebaut. Mit verschiedenen Modellsanierungen sammelte man Erfahrungen. Ein ganz neuer Industriezweig entstand in diesem Bereich, und interessanterweise gründeten viele der einstmaligen Verursacher ihre eigenen Sanierungsfirmen. Wo eine massive Altlast angepackt wurde, wurde es sehr, sehr teuer. Die Hysterie der 80er Jahre ist zwar zwischenzeitlich verschwunden, doch nach wie vor binden die Altlasten sehr viel Energie, Zeit und Geld.

Oben: Anschnitt eines Industriebodens.

Unten: Altlastensicherung mit Folien.

Heute werden im wesentlichen nur noch Altlastensicherungen durchgeführt. Dabei wird versucht, die kontaminierten Massen an einer Stelle zu konzentrieren und diese dann mittels Abdeckung, Einkapselung oder Abspundung zu sichern. Dies ist ein Stück weit auch zwangsläufig der Fall, da die öffentlichen Gelder, mit denen dies zu einem guten Teil finanziert wird, in den letzten Jahren immer knapper wurden. Vielfach bekommt man dabei den Eindruck, daß es eher um symbolische Akte geht, da viele Sicherungsmaßnahmen die Umweltsituaton nicht wirklich nachhaltig verbessern. Letztlich lebt man in der Emscherzone heute mit den gesicherten und ungesicherten Altlasten. Dabei setzt sich in der Wissenschaft langsam die Erkenntnis durch, daß viele der Altlasten – ökosystemar gesehen – über lange Zeiträume irreparabel sind.

Wo einmal Werksflächen waren – Zechen, Stahlwerke oder sonstige Industrie – findet man heute in der Emscherzone vielfach Brachen. Zusammen mit den ehemaligen Halden, Deponien und brachgefallenen Verkehrsflächen gibt es nach einer aktuellen Erhebung heute im gesamten Ruhrgebiet mehr als 8000 ha Brachen (Tara & Zimmermann 1997).

Ein kleinerer Teil wurde und wird für neue Gewerbe- oder Wohngebiete aufbereitet und umgenutzt. Daran hatte die IBA Emscher Park im Zeitraum von 1989 bis 1999 maßgeblichen Anteil. Auf nicht wenigen Brachen sind auch im Rahmen der IBA große neue Parkanlagen entstanden (siehe S. 57). Diese neu gewonnenen Freiräume schließen Lücken in den Grünzügen des Emscher Landschaftsparks. Die Strategie der Freiraum- und Siedlungsentwicklung auf Brachen kann man auch mit dem Begriff der „doppelten Innenentwicklung" bezeichnen.

Viele Brachen bleiben aber auch für lange Zeit einfach sich selbst überlassen. Es gibt ehemalige Zechengelände oder Teile davon, auf denen sich seit mehr als 50 Jahren die Natur entwickelt hat. Gerade auf den wenig oder gar nicht veränderten Brachen gibt es viel zu entdecken. Es hat sich eine andere Art von Natur eingestellt, die es in dieser Form nur hier gibt. Wir bezeichnen sie als „**Industrienatur**". Sie ist angepaßt an die spezifischen Standortbedingungen von Industriebrachen, insbesondere an die oft stark veränderten Böden. Da gibt es seltene Arten und Kombinationen von Pflanzen- und Tierarten, die es so nur hier zu finden gibt. Naturkundlich betrachtet sind dies die einzig originären Lebensräume, die die Industrielandschaft aufzuweisen hat. Alles andere gibt es auch überall sonst. In diese Industrienatur kann man eintauchen, in den wilden Indstriewäldern regelrecht versinken – es ist eine Art Wildnis, die mitten im Ballungsraum aufwächst. Stellenweise liegt sie unmittelbar vor der Haustür der Menschen (siehe S. 146).

Zeche Zollverein/ Schacht XII.

Landschaft im Kopf

Wenn man um die Entstehung der Industrielandschaft an der Emscher weiß, wundert man sich nicht, warum es kaum ein Engagement der Besucher für diese Landschaft gab und gibt. Der allergrößte Teil der Bewohner hat jenseits der industriellen Vergangenheit überhaupt keine Geschichte in dieser Region. Die Menschen sind zugewandert, weil sie hier Arbeit fanden. Was sie ab 1900 im Ruhrgebiet vorfanden, war eine Gebrauchs- und Wegwerflandschaft. Alles änderte sich mit rasender Geschwindigkeit. Neue Werke wurden gebaut, Siedlungen dehnten sich endlos aus, Schienen wurden verlegt, Straßen gebaut, Bäche verschwanden, Halden wuchsen in den Himmel und Bauernhöfe wurden abgerissen. Wenn es überhaupt Stabilität für den größten Teil der arbeitenden Bevölkerung gab, dann auf der Zeche, in ihrem Werk oder in ihrer „Kolonie".

Bis in die 60er Jahre hinein war keine ernstzunehmende bürgerliche Schicht in der Emscherzone vertreten, die sich aus bürgerschaftlichem Engagement heraus wirklich stark gemacht hätten für einen Schutz der verbliebenen Landschaft. Was in dieser Richtung geschah, kam eher von außen und betrachtete die Industrielandschaft mit Schrecken.

Die Identifikation der Einheimischen mit ihrer Region findet bis heute kaum über die Landschaft statt, sondern eher über Fußball, den Stadtteil oder soziale Strukturen. Die Industrielandschaft bietet keine Heimat. Sie ist zu schnell gewachsen, hat sich zu oft verändert und ist zu eng verbunden mit all der Mühsal, die Arbeit bedeutet sie ist auch mental belastet mit den „Altlasten der Arbeit“. Diese Landschaft wurde lange nicht für die Erholung genutzt. Bis zum zweiten Weltkrieg war dafür beim größten Teil der Bevölkerung sowieso kaum Zeit und wenn, dann erholte man sich in seinem Garten, in der Siedlung oder in der „Kneipe“.

Mit zunehmender Mobilität durch die Autos lockten ab Ende der 50er Jahre die Landschaften außerhalb des „Potts“ – das Münsterland, das Sauerland und der Niederrhein – für die Wochenenderholung. Hier traf man auf Landschaftbilder, die einem den Eindruck von „Natur“ – oder zumindest von mehr Natur als im Revier – vermittelten. Es sind die Bilder der alten Kulturlandschaften, die in den Köpfen der Menschen verankert sind und die in den Medien immer wieder entsprechend eingesetzt werden. Und diese Bilder wirken bis heute fort – nicht umsonst fahren die Karawanen am Wochenende immer noch in diese Richtung. Dabei findet man diese alten Kulturlandschaften in der Realität meist nicht wieder. Doch das macht nichts, das Bild wird aus den verbliebenen Einzelteilen im Kopf zusammengesetzt.

Worauf baut man auf, wenn es keine landschaftsbezogene Identität gibt? Man muß neue Landschaftsbilder schaffen, die stark genug sind, um eine Identität zu produzieren. Und es ist wichtig zu wissen, daß der Aufbau einer Identitat Zeit braucht. Die allgemeine Ratlosigkeit über die Folgen des Strukturwandels, der Mangel an Ideen und Konzepten lassen sich nutzen. Genau dies geschah im Rahmen der IBA Emscher Park mit der „Verbesserung der weichen Standortfaktoren“, um die Region zukunftsfähig zu machen. Neue Bilder müssen kraftvoll sein, um Botschaften zu vermitteln. Sie müssen eine historische Basis haben und dürfen wieder von außen übergestülpt werden.

Außer der Industrie gab es in der Emscherzone aber kaum eine erwähnenswerte Geschichte. Deshalb fußt die angestrebte Entwicklung der Industrielandschaft mit dem Emscher Landschaftspark stark auf der Industriekultur. Alle herausragenden neuen Parks sind industriell geprägte Landschaftsparks (siehe S. 58ff.). Man braucht aber nicht nur kulturelle Eigenständigkeit, sondern auch eigene, einzigartige Naturausstattungen. Nur das unverwechselbare und einzigartige Original zählt. Deshalb macht es keinen Sinn die vorindustrielle Kulturlandschaft oder wieder einen neuen Englischen Landschaftspark zu bauen – dies gibt es anderswo auch und weil viel älter und original, ist es dort auch viel besser. Es gilt, die naturkundlichen Besonderheiten der Industrielandschaft herauszufinden und in den Mittelpunkt zu stellen. Das einzige, was es nur in der Industrielandschaft gibt, ist die zurückkehrende Natur auf den Industriebrachen. Es ist also die Industrienatur, die neben der Industriekultur als Rückgrat der Industrielandschaft für die Umgestaltung in der Zukunft dienen kann. Auf dieser Basis fußt der Emscher Landschaftspark.

Literatur

Brüggemeier, F. J. & Rommelspacher, Th. (1992): Blauer Himmel über der Ruhr. Geschichte der Umwelt im Ruhrgebiet 1840–1990. Klartext Verlag Essen. 235 S.

Brüggemeier, F.J. & Rommelspacher, Th. (1995): Am Anfang war die Heide. Historische Landschaftsentwicklung. Emscher Landschaftspark. Kommunalverband Ruhrgebiet. 76 S.

Harenberg, B. (1987): Chronik des Ruhrgebietes. Chronik Verlag. 671 S.

Ganser, K. (1996): Architektur als Prozess. Die Internationale Bauausstellung Emscher Park. In: Wachten, K. (Hrsg.): Wandel ohne Wachstum ? Stadt-Bau-Kultur im 21. Jahrhundert. Fr. Vieweg & Sohn Braunschweig, Wiesbaden. 212 S.

Günter, R. (1994): Im Tal der Könige. Ein Reisebuch zu Emscher, Rhein und Ruhr. Klartext Verlag Essen. 484 S.

KVR – Kommunalverband Ruhrgebiet (Hrsg.)(1987a): Foliothek Ruhrgebiet. CVK und Schroedel, Geographische Verlagsgesellschaft Berlin. 121 S.

KVR – Kommunalverband Ruhrgebiet (1987b): Revierreport 1987. 18 S.

KVR – Kommunalverband Ruhrgebiet (1990): Das Ruhrgebiet 1990. 18 S.

SVR – Siedlungsverband Ruhrkohlenbezirk (1975): Industriestandort Ruhrgebiet.

LDS – Landesamt für Datenverarbeitung und Statistik NRW (1996): Prognose der Bevölkerungsentwicklung 1996–2015. H. 760.

Tara, K. & Zimmermann, K. (1997): Brachen im Ruhrgebiet. LÖBF-Mitteilungen 3/97. S. 16–21.

Weiterführende Literatur

Borsdorf, U. (Hrsg.) (1995): Feuer & Flamme. 200 Jahre Ruhrgebiet. Die Ausstellung im Gasometer Oberhausen. Klartext Verlag Essen. 343 S.

Natur hat Geschichte – Geschichte wird Natur: Die Industrielandschaft als Kulturlandschaft

Ein Beitrag von Thomas Neiss

Historiker, Geographen, Naturschützer und Biologen sprechen häufig synonym von Natur- und Kulturräumen, von Industrie- und Verwaltungsräumen, von Agrar-, Wald- und Parklandschaften.

Die Begriffe **Raum** und **Region** sind der geographischen Forschung entlehnt. Sie bezeichnen einen Ausschnitt der Erdoberfläche in einer horizontal begrenzten Erstreckung, der erst durch die Zuordnung von bestimmten Wesensmerkmalen, die diesen Raum charakterisieren, seine inhaltliche Bestimmung erfährt.

Der Begriff der **Landschaft** ist bei seiner Verwendung immer auch assoziiert mit weiteren Bedeutungsfeldern, seien sie nun ästhetischer, historischer oder auch philosophischer Natur. Gerade deshalb mag er nicht nur umgangssprachlich, sondern auch in den unterschiedlichsten Wissenschaftsdisziplinen von der Geographie über die Geschichte, von der Germanistik bis zur Kunstwissenschaft zu einem Schlüsselbegriff geworden sein.

Landschaft kann kategorial verwandt werden, z. B. zur Charakterisierung von naturräumlichen Eigenschaften im Hinblick auf den Grad der Veränderung durch menschliche Nutzungen im Gegensatzpaar von **Naturlandschaft und Kulturlandschaft.** Ähnliche kategoriale Zuordnungen bezeichnen vorherrschende Nutzungssysteme in der Kulturlandschaft. Solche Typusbildungen sind dann **Agrar- oder Stadtlandschaften.**

Als Landschaft wird aber wie selbstverständlich, den historischen Wurzeln des Begriffs entsprechend, die konkrete geographische Raumeinheit verstanden, die im Zusammenspiel von naturräumlichen Gegebenheiten und menschlichen Einflüssen ihre derzeitige, bei allen wechselnden Einflüssen und Prägungen unverwechselbare charakteristische Identität gefunden hat.

In diesem Sinne sprechen wir von Landschaften wie dem Niederrhein, dem Bergischen oder Lipper Land, dem Sauer- und Siegerland und (allerdings erst seit dem Beginn dieses Jahrhunderts) **dem Ruhrgebiet.** Landschaften haben, wie das Beispiel des Ruhrgebiets deutlich werden läßt, also auch eine geschichtliche Dimension des Werdens und Vergehens. Dies verweist auf die Zugriffsmöglichkeiten der Geschichtswissenschaft auf den Begriff der Landschaft.

Traditionelle Kulturlandschaft am Niederrhein.

Die historische Landschaft ist Forschungsgegenstand der Geschichte als begrenzbares Raum-Zeit-Kontinuum des politischen, sozialen und kulturellen Geschehens der Vergangenheit (siehe auch Pohl 1986).

In diesem Zusammenhang definiert die Wirtschaftsgeschichte seit den 40er Jahren das sich landschaftlich äußernde Wirkungsgefüge der Veränderung der Naturlandschaft durch Ausbreitung der Bevölkerung und Wachstum der Produktion als **Wirtschaftslandschaft.** Typologisch unterscheidet sie zwischen den mehr flächenhaften Agrarlandschaften und den räumlich punktuellen Gewerbelandschaften. Sonderformen der Gewerbelandschaften sind die **Industrielandschaften.**

Industrielandschaften sind geographische Räume, „in denen die Industrie in ihrer natur- und kulturlandschaftlichen Gebundenheit in ganz spezifischen Vergesellschaftungen auftritt und der Landschaft oder dem Standort das Gepräge gibt, auch wenn sich Elemente der nicht industriellen Siedlung, der Agrarwirtschaft oder der reinen Landesnatur am Aufbau des Landschaftsbildes beteiligen“ (Otremba 1958).

Sie entstehen auf der Grundlage von Bodenschätzen, begünstigt durch ihre Verkehrslage an Wasserstraßen oder klassischen Handelswegen. Ihre Gestaltungselemente sind die entsprechenden Gebäude und Anlagen (Bergwerke, Eisenhüttenwerke, Fabrikanlagen der chemischen Industrie), die technischen Hilfs- und Aufbereitungsanlagen, die verkehrliche Infrastruktur und die ausschließlich diesen Funktionen zugeordneten Siedlungs- und Erholungsräume.

So definiert ist die Internationale Bauausstellung Emscher Park und ihr räumlicher Kern, der Emscher Landschaftspark, zweifelsfrei eine Industrielandschaft.

Gegen eine solch „mißbräuchliche“ Vereinnahmung des Landschaftsbegriffes hat sich stellvertre-

tend für viele Geographen und sicherlich für die Mehrzahl der damaligen Natur- und Heimatschützer Karlheinz Paffen gewandt, der die Industrielandschaft als ein „pervertiertes Kompositum" bezeichnete, weil sie die konstitutiven „Gebrauchsbedingungen" von Landfschaft nicht erfülle, sondern sie im Gegenteil „verletze".

Sein Einwand ist nicht ohne Gewicht. Paffen hat sich Zeit seines Wissenschaftslebens mit dem Thema Kulturlandschaft auseinandergesetzt. Und sein Einwand ist Reflex einer fast 100jährigen Tradition von Naturschutz und Heimatpflege gegen die Zerstörung historischer Kulturlandschaften durch die gewaltigen Landschaftsveränderungen im Industrialisierungsprozeß Deutschlands seit den 80er Jahren des vergangenen Jahrhunderts.

Aus dieser Auseinandersetzung wird der normative Charakter des Begriffs **Kulturlandschaft** erklärbar. Kulturlandschaft ist nicht jeder vom Menschen genutzte Naturraum, dessen Grad an Naturnähe von der jeweiligen zivilisatorischen Nutzung abhängt. Kulturlandschaft ist vielmehr eine Symbiose von Natur und Kultur, wie sie die vorindustrielle Landschaft des späten 18. und 19. Jahrhunderts als prägende Chiffre eines besonderen Wertes, der in der Moderne verlustig zu gehen droht, darstellt.

Bestimmend für den normativen Charakter von Kulturlandschaft sind die ästhetischen Sichtweisen von Natur seit der Empfindsamkeit und Romantik, in der sich in der Landschaft je unterschiedlich eine schöne, grotteske, ideale, heroische oder erhabene Entfaltung der Natur aus sich selbst oder als Ergebnis des gestaltenden Einflusses des Menschen auf die Natur manifestiert. Diese Symbiose von Natur und Kultur ist zugleich aber auch das Wesen von Landschaft schlechthin.

Naturlandschaft und **Kulturlandschaft** sind deshalb weniger Gegensätze als vielmehr in einer teleologischen Zeitreise der menschlichen Geschichte im Umgang mit der Natur zu verstehen. Ihre „Gegensätzlichkeit" ist im übrigen in der ästhetischen Erfahrung von Landschaft aufgehoben.

Alpen und Wattenmeer als Naturlandschaften sind im Gefühl des Erhabenen ebenso wie die Lüneburger Heide oder die Schwäbische Alb als Kulturlandschaften im Gefühl von friedenstiftender Harmonie der ästhetischen Naturerfahrung zugänglich. Ihr Gegensatz ist auf einer neuen Stufe der ästhetischen Aneignung aufgehoben.

In der Kulturlandschaft hat, wie Gernot Böhme formuliert, „die gute, dem Menschen zuträgliche und wohlgefällige Natur" Gestalt gewonnen. In ihr hat sich die „Humanisierung", die Kulturisation der Natur vollzogen.

Diese wertsetzende Begrifflichkeit schließt die Industrielandschaft, auch wenn sie Teil menschlicher Umgestaltung von Natur ist, als Teil der Kulturlandschaft aus, weil sich in ihr der zerstörerische Zugriff der wissenschaftlich-technischen Zivilisation auf ehemals wertvolle Kulturlandschaften räumlich-sinnlich manifestiert.

Karlheinz Paffens Definition der Industrielandschaft als „pervertiertes Kompositum" erweist sich als geschichtlich vermittelt. Er ist Erbe dieser Sichtweise durch die Natur- und Heimatschutzbewegung, die sich – nicht zufällig – am Beginn dieses Jahrhunderts konstituiert.

Der Naturschutz als gesellschaftliche Bewegung entsteht als Antwort auf die sich stürmisch entwickelnden Industrielandschaften und den Modernisierungszugriff der wissenschaftlich-technischen Zivilisation auf noch verbliebene Natur- und gewachsene Kulturlandschaften. In seiner Schrift „Heimatschutz" faßt RUDORFF seine Zivilisationskritik zusammen: „Was ist aus unserer schönen, herrlichen Heimat mit ihren malerischen Bergen, Strömen, Burgen und alten Städten geworden? … Es ist der Fluch der Gegenwart, daß sie nichts kennt außer **dem wirtschaftlichen Gesichtspunkt"**.

Diesem Verständnis von Kulturlandschaft ist nicht schlicht mit dem Hinweis zu begegnen, daß auch die Industrielandschaft Teil des Kulturisationsprozesses der Natur durch den Menschen sei, sie nur eine andere, der vorindustriellen Landschaft nicht vergleichbare, gleichwohl in ihrer eigenen Natur zu begreifende Kulturlandschaft darstelle. Eine so formale Sichtweise muß auch die Landschaft um das Kernkraftwerk Tschernobyl als eine besondere, durch Kulturisation der Natur entstandene Kulturlandschaft würdigen.

Im Einspruch gegen die Zulässigkeit der Begriffsbildung Industrielandschaft, der sich historisch normativ auf die vorindustrielle Landschaft des 19. Jahrhunderts bezieht, scheint, seines rückwärts gewandten musealen Impetus entkleidet, der ethische Imperativ eines mitverantwortlichen Umgangs mit der Natur auf.

Er schließt jenen Umgang mit der Natur, wie sie die Industrielandschaft darstellt, aus: nämlich die ausschließliche Aneignung und Überformung der vorfindlichen Landschaft durch das rein ökonomische Gesetz ihrer industriellen Entwicklung. Dieser ethische Imperativ eines anderen Umgangs mit der Natur, der den Vertretern des klassischen Kulturlandschaftsschutzes verwehrt, einer Industrieregion die werthaltige Bezeichnung Landschaft zukommen lassen, erfährt angesichts globaler Umweltveränderungen eine bestätigende Perspektive.

Gerechtfertigt erscheint ein solch zivilisationskritischer Blick auf das Verhältnis von Mensch und Natur durch die Szenarien internationaler Wissenschaftsinstitutionen, die bei einem globalen Bevölkerungswachstum in den nächsten 10 bis 20 Jahren auf 8 bis 10 Milliarden Menschen und bei kaum veränderten weltwirtschaftlichen Strukturen von einer restlosen Inbesitznahme und Nutzbarmachung aller Naturräume ausgehen. Die historischen Entgegensetzungen von Natur und Geschichte, von Wildnis und Zivilisation, von Stadt und freier Landschaft werden dann obsolet (Markl 1986).

Umfang und Ausmaß des seit 80 Jahren weltweit ablaufenden Verlustes von natürlichen und halbnatürlichen Ökosystemen stellen rückblickend auch naturwissenschaftlich die abwehrende Haltung des Naturschutzes, die die Industrielandschaft nicht als Kulturlandschaft verstanden wisssen wollte, in ein neues Licht.

Die moderne Stadtökologie, die den urban-industriellen Lebensraum als Naturraum eigener Art erkannt hat und seine erstaunliche Artenvielfalt einschließlich seiner Rückzugsfunktionen für aus der intensiven Agrarlandschaft verschwundenen Tiere und Pflanzen dokumentiert, kann diese Sichtweise nur begrenzt relativieren.

Die Industrielandschaft der Emscherzone bleibt eine Landschaft, in der die grundlegenden Stoffkreislauffunktionen der Natur durch den Menschen tief, zum Teil auf lange Frist nicht behebbar, gestört bleiben.

Diese Erkenntnis ist auch nicht durch die Beschreibung der Emscherzone als urban-industrielles Ökosystem in dem Sinne aufzuheben, daß jeder menschliche Zivilisationsprozeß, der sich räumlich entfaltet, zu einer Kulturlandschaft führt, deren neue Natur wertfrei als nur andere Landschaft im Vergleich zu vorindustriellen Kulturlandschaften wahrzunehmen ist.

Die nachvollziehbare Ausgrenzung der Industrielandschaft aus dem Kreis der Kulturlandschaften löst jedoch die Frage nach den Erfahrungs- und Gestaltungsmöglichkeiten von Natur im alltäglichen wie im bewußt gestalteten Umgang mit der konkreten Industrielandschaft nicht auf. Welche anderen Erfahrungsräume mit Natur lassen sich dann in ihr und durch sie eröffnen?

> Die Industrielandschaft des Emscher Landschaftsparks ist Zeugnis einer bis dahin geschichtlich nicht erfahrenen Radikalität der Überwältigung von Natur genauso wie die Ahnung eines teilweisen Neubeginns der zweckfreien Wiederaneignung von aus der industriellen Nutzung entlassenen Flächen durch die Natur selbst. Im Emscher Landschaftspark heben sich Natur und Geschichte als aufeinander kompensativ bezogene Gegensätze auf (Schwarz 1994).

Die neuen Landschaftsgärten und die neuen Wildnisinseln der Industrienatur werden zu aufeinander bezogenen Erfahrungsangeboten, die die Dichotomie von Natur- und Kulturlandschaft auflösen.

In neuen Gärten (Landschaftspark Duisburg-Nord/Nordsternpark Gelsenkirchen/Seepark Lünen u.a., siehe S. 58ff.) werden Entwürfe eines anderen „kultur-landschaftlichen“ Umgangs mit der Natur in der Industrielandschaft sichtbar, die zugleich die Geschichte der Verletzungen des konkreten Landschaftsraums (und damit auch seine Identität) bewahren.

Auf alten Industriebrachen (Wissenschaftspark Rheinelbe in Gelsenkirchen/Zeche Zollverein in Essen/Zeche Alma in Gelsenkirchen, siehe S. 131) entsteht neue Wildnis in der Stadt, vom menschlichen Zugriff befreite Selbstaneignung von Geschichte durch die Natur.

Dem gesellt sich ein Drittes zu: In Modellvorhaben neuen Arbeitens und Wohnens entstehen Gegenwelten einer verantworteten Nutzung natürlicher Ressourcen.

Die Industrielandschaft Emscher Landschaftspark wird so zum „Verständigungsort des Menschen über sein Verhältnis von Verfügbarkeit und Unverfügbarkeit der Natur außer ihm und in ihm.“(Piepmeier 1988).

Illuminierte Hochöfen im Landschaftspark Duisburg Nord.

Sie ist weder hortus amoenus der ländlichen Kulturlandschaft noch der Ort des erhabenen Staunens angesichts einer nicht vom Menschen beeinflußten Naturlandschaft. Aber sie kann zum Ort der kulturellen Selbstvergewisserung der postindustriellen Gesellschaft im Umgang mit der Natur werden. Der Emscher Landschaftspark erweist sich so als Transformationsprozeß einer Industrielandschaft in eine industriell geprägte Kulturlandschaft – auch aus der zivilisatorischen Sicht des Natur- und Heimatschutzes zu Beginn dieses Jahrhunderts.

Literatur

Pohl, H. (Hrsg.) (1986): Gewerbe- und Industrielandschaften vom Spätmittelalter bis ins 20. Jahrhundert. Stuttgart, S. 7 ff.

Otremba, E. (1958): Industrielandschaft. in: Handwörterbuch der Betriebswirtschaft, Bd. 2. Stuttgart, Spalte 2787.

Paffen, K. (1973): Einleitung. In: ders. (Hrsg.): Das Wesen der Landschaft. Darmstadt, S. X.

Böhme, G. (1989): Für eine ökologische Naturästhetik. Frankfurt/M., S. 93.

Rudorff, E. (1901): Heimatschutz. Leipzig, S. 45.

Markl, H. (1986): Natur als Kulturaufgabe. Stuttgart, S. 369 ff.

Schwarz, U. (1994): Auf der Suche nach der Natur. In: Bien, G., Gil, T., Wilke, J. (Hrsg.): Natur im Umbruch. Zur Diskussion des Naturbegriffs in Philosophie, Naturwissenschaft und Kunsttheorie. Stuttgart, S. 342.

Piepmeier, R. (1988): Finis hominis? Postmoderne Philosophien und die Frage nach der Wissenschaft der Technik. In: Zimmerli, W. Ch. (Hrsg.): Technologisches Zeitalter der Postmoderne. München, S. 143.

Der Emscher Landschaftspark – Ansätze und Strategien zur Gestaltung der Industrielandschaft

Ein Beitrag von Michael Schwarze-Rodrian

Herausforderung Chaoslandschaft.

Die Ausgangspunkte des Regionalparks: Realismus und Vision

Der Emscher Landschaftspark entsteht seit Anfang der 90er Jahre im Kern des Ruhrgebiets.
Ausgangspunkte sind :
- die Stadt- und Industrielandschaft, so wie sie ist,
- die Kenntnis des Raumes und der Interessen an und in diesem Raum,
- Realismus und Vision zugleich.
- die Schönheiten,
- Qualitäten und
- Potentiale, die in dieser Restlandschaft von gestern stecken.

Ausgangspunkte sind auch :
- die Häßlichkeiten,
- die vielen Restriktionen,
- Belastungen, Zerschneidungen und Zerstörungen.

Ausgangspunkte sind ebenso
- die 2 Mio. Menschen, die im Kern des Ballungsraumes leben und diese Stadtlandschaft ganz unterschiedlich nutzen und wahrnehmen.
- die 17 Städte und vielen Institutionen, Nutzer und Eigentümer, die sich die „Zuständigkeit" für diese Landschaft so teilen, daß sich niemand mehr für ihre Fortentwicklung verantwortlich fühlt(e).
- Eine Vision von der Weiterentwicklung dieser Industrie- und Stadtlandschaft zu einer urbanen Kulturlandschaft. Diese kulturelle Vision enthält ein umfassendes Verständnis von ästhetischer, ökologischer und sozialer Qualität der Stadtlandschaft des Ruhrgebiets.

Ausgangspunkt ist auch
- Eine strukturpolitische und ökonomische Beurteilung der strategischen Bedeutung der Landschaftsqualität für die zukünftige Wettbewerbsfähigkeit des Ruhrgebiets im europäischen Wettbewerb der Regionen.

Ausgangspunkte sind
- die (mittlererweile erprobte) Überzeugung von der Machbarkeit einer integrierenden regionalen Parkentwicklung.
- Eine grundsätzliche Offenheit zur Kooperation und Kommunikation.
- Die Bereitschaft zur ständigen Fortschreibung und Aktualisierung dieser Vision eines regionalen Parksystems auf der Grundlage der gemachten Erfahrungen mit den Menschen, den Institutionen und Partnern des Emscher Landschaftsparks und bei der Realisierung seiner Einzelprojekte.

Die Vision vom Regionalpark – eine Vision mit Tradition

Die Vision vom regionalen Parksystem hat eine lange Tradition im Ruhrgebiet. Als Robert Schmidt (der spätere Gründer und Direktor des Siedlungsverbandes Ruhrkohlenbezirk – SVR) seine Vision 1912 erstmals aufschrieb, ging dieser Vorschlag neben der Beratung mit seinen Kollegen

„Die Städtebauausstellung in Düsseldorf im Jahre 1910 brachte die Anregung eines Versuches, für den rheinischwestfälischen Industriebezirk die Frage der Grünflächen planmäßig zu lösen. Eine Frage, mit der sich bisher jede Gemeinde individuell und unabhängig von der anderen, ihrer Lage, ihrer Bedeutung und ihrem Entwicklungsgang entsprechend mit mehr oder weniger Erfolg beschäftigt oder auch nicht beschäftigt hatte.

Auf Einladung … traten am 29. November 1910 … die Herren Vertreter der Stadt und Landkreise … zusammen, um die Frage eines **Nationalparks für den rheinischwestfälischen Industriebezirk** vertraulich und unverbindlich zu besprechen. Der Begriff Nationalpark wurde dabei dahingehend festgelegt, daß kein abseits liegender Park gemeint sei, sondern ein Wiesen- und Waldgürtel, von allen Gemeinden leicht erreichbar, der den Bezirk in möglichst zusammenhängenden Zügen durchzieht. … Aus der Bearbeitung des Stoffes ergab sich mit zwingender Notwendigkeit, daß über die ursprünglich gestellte Aufgabe hinausgegangen und die Lösung der Siedelungsfrage für den ganzen Bezirk angestrebt werden muß, wenn Irrwege in Zukunft vermieden werden sollen. Die Forderungen der Denkschrift … fanden nicht in allen Punkten die Zustimmung der Kommission. Diese Denkschrift soll daher … die Grundlage … liefern, um zunächst zu entscheiden, ob die Aufgabe auf die Grünflächenfrage beschränkt werden kann, … oder ob sie, wie in der Denkschrift verlangt ist, erweitert werden muß zur allgemeinen Siedelungsfrage. Beide Fragen verlangen zu ihrer Lösung die Mitwirkung der beteiligten Gemeinden des Bezirkes und der anschließenden Provinz Westfalen in voller Erkenntnis der Wichtigkeit dieser Kulturaufgabe.“ (Robert Schmidt, Essen 1912, S. 12 in: „Denkschrift betreffend Grundsätze zur Aufstellung eines General-Siedelungsplanes für den Regierungsbezirk Düsseldorf (rechtsrheinisch)“)

Und in der Sache fährt Robert Schmidt fort:

„Vor allem fällt das Gebiet des Kohlebergbaus und der Montanindustrie zwischen Ruhr und Emscher über den Rhein-Herne-Kanal hinaus mit machtvoller Breite und Länge auf. Es schneidet den Bezirk in zwei Teile, durchsetzt von industriellen Großanlagen der Kohlezechen und Hüttenwerke mit ihren qualmenden Schornsteinen, klappernden Fördertürmen, staubenden Schlackenhalden, giftigen Hochofengasen, lärmenden Dampfhämmern und Schlagwerken, eine ernste Arbeitsstätte. Stadt reiht sich an Großstadt, keine zusammenhängende Feldmark ist mehr vorhanden. Das ursprüngliche Grün der Natur, die Wälder, sind im wesentlichen vernichtet, und doch ist das Gebiet noch heute voller landschaftlicher Schönheit.“

… „Nach den bisher gemachten Erfahrungen wurde es aber in späterer Zeit stellenweise nur mit ganz enorm hohen, unnötig aufgebrachten Kosten oder an anderer Stelle ganz unmöglich sein, der dann gebieterisch auftretenden Forderung nach Grünflächen gerecht zu werden.“

in der Region unter anderem auf den zuvor gesuchten internationalen Erfahrungsaustausch mit amerikanischen Stadtentwicklungskonzepten zurück, deren bekanntestes Produkt der Central Park in New York sein dürfte. Auch damals zeigte die Auseinandersetzung mit den fehlenden städtischen Grünflächen die Notwendigkeit einer erweiterten Perspektive auf: die „Grünflächenfrage“ wurde als strategisch wichtige Grundsatzfrage für die Stadt- und Regionalentwicklung insgesamt erkannt.

Räumlicher Zuschnitt und Projektmanagement – die drei Ebenen des Regionalparks

Der Regionalpark

Auf einer Grundfläche von rd. 320 km^2 wird Projekt für Projekt ein zusammenhängender Regionalpark aufgebaut, der der Stadtlandschaft dieses Ballungsraumes neue Qualitäten bringt. Ein langfristig ausgerichtetes Projekt ist erfolgreich gestartet worden – und: noch lange nicht am Ziel! Die erforderliche Zeitspanne für eine annähernde Erfüllung der

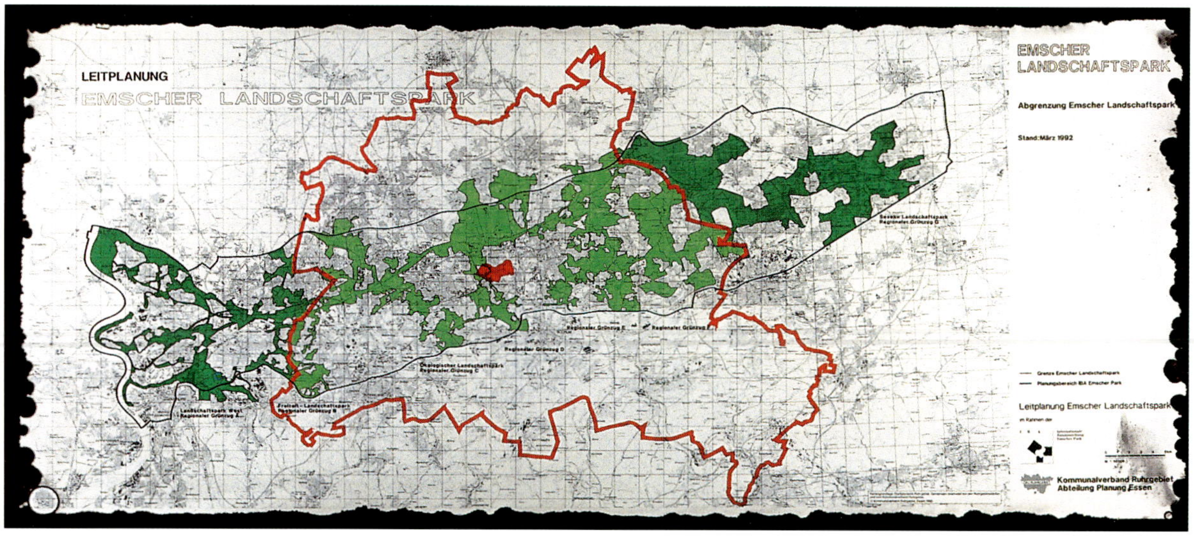

Vergleich der Flächenausdehnung des Emscher Landschaftsparks zu den Stadtgrenzen von Berlin.

Parkvision wird auf 30 bis 40 Jahre geschätzt: die Phase einer ganzen Generation.

Der neue Park erstreckt sich zwischen Duisburg am Rhein und Bergkamen in Westfalen auf einer Ost-West-Distanz von rund 70 km. Er verbindet die zwischen 17 Städten verbliebenene Restlandschaft zu einem zusammenhängenden Parksystem.

Der Name ist Programm und räumlicher Bezug zugleich. Der Aufbau des **Emscher** Landschaftsparks erfolgt parallel zum ökologischen Umbau des Emschersystems – auch dies ein großes Maßnahmenbündel in der ganzen Region und eine dringende und langfristige Aufgabe ohne Aufschub. Regionaler Kern des Emscher Landschaftsparkes ist daher auch der langfristige Aufbau eines neuen Ost-West-Grünzuges entlang der Emscher und der Seseke und der sie begleitenden Schiffahrtskanäle. Die plakative Aufforderung: „An die Ufer der Emscher!“ wird jedoch – auf Grund der Dimension dieser Aufgabe – noch viele Jahre unerfüllbar sein.

Dieser regionale Verbund der gesamten Freiräume, die Formulierung von Qualitätsmaßstäben und Entwicklungszielen für das gesamte Regionalparkvorhaben und die langfristige Kooperation mit

Die Struktur des Emscher Landschaftsparks mit seinen regionalen Grünzügen.

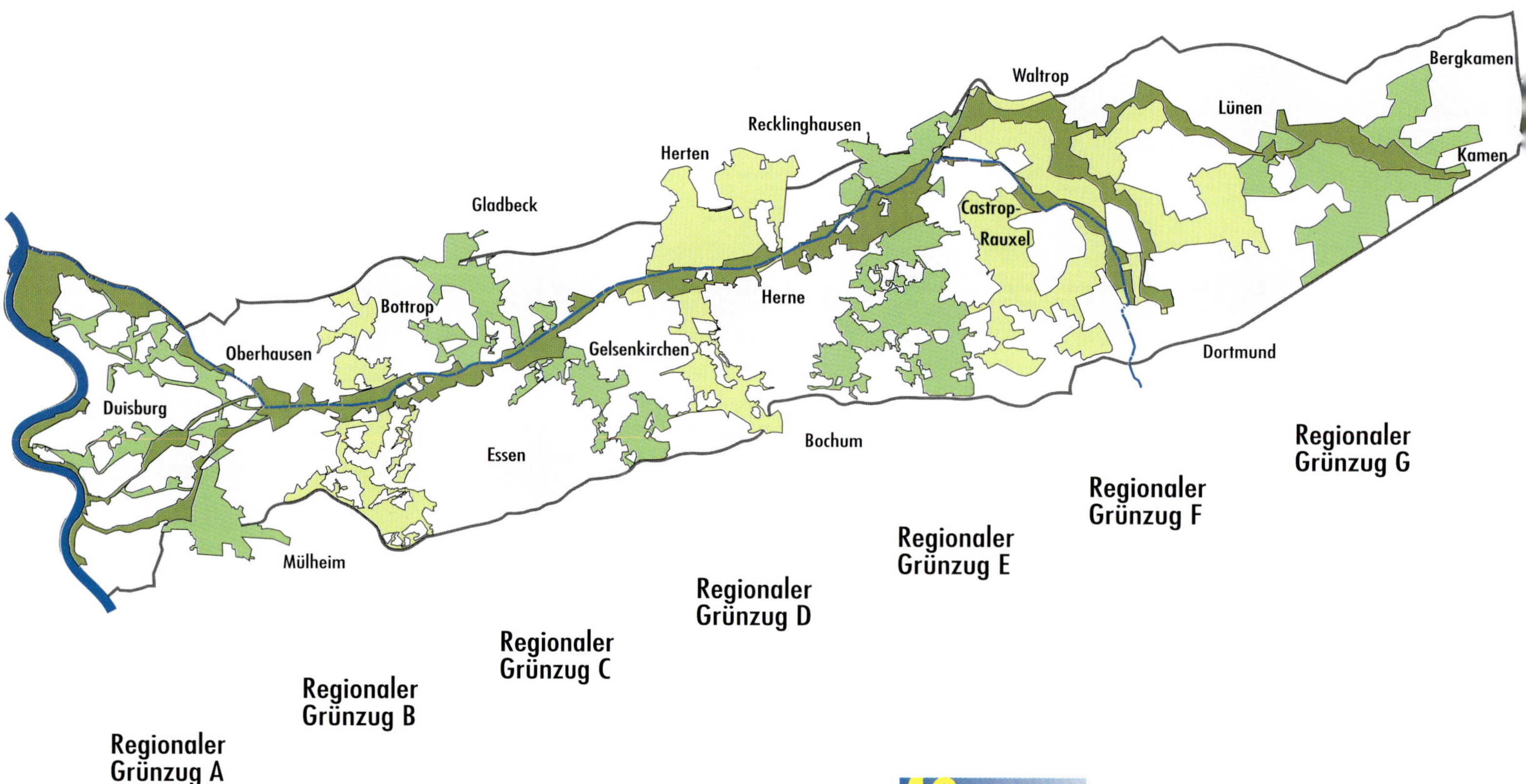

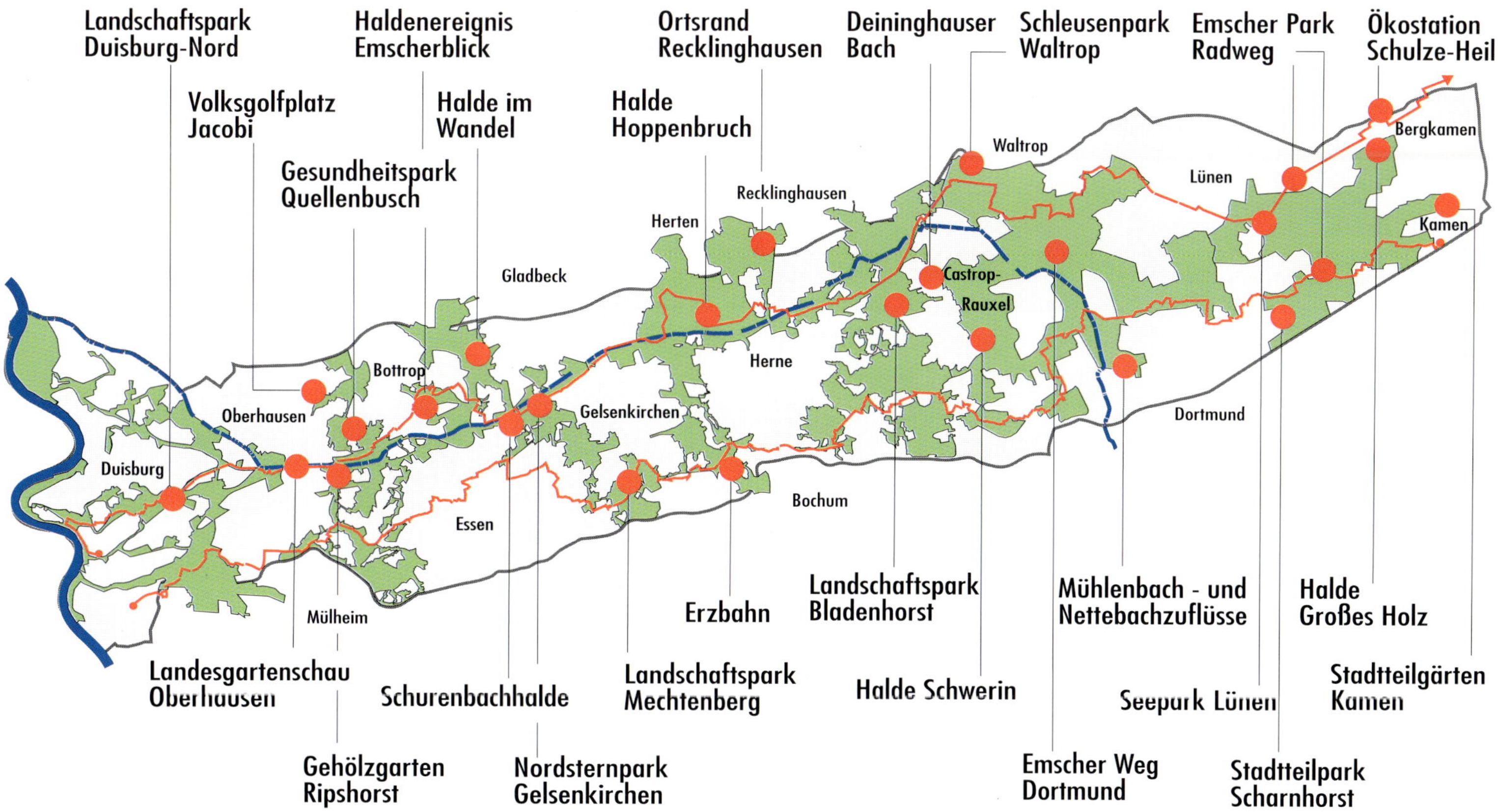

Übersicht des Emscher Landschaftsparks mit einer Lagemarkierung von ausgewählten Schwerpunktprojekten und dem Emscher Park Radweg.

der Emschergenossenschaft als Träger des ökologischen Emscherumbaus bildet die **erste Ebene** des Emscher Landschaftsparks.

Die regionalen Dimensionen des Emscher Landschaftsparks werden besonders anschaulich, wenn man ihn als Regionalpark mit bekannten Stadt- und Stadtparkkulissen vergleicht. Die Abbildung auf Seite 40 oben zeigt den Emscher Landschaftspark (grün) auf die Stadtgrenzen Berlins übertragen und verdeutlicht die Relationen zu dem ebenso bekannten Berliner Tiergarten (rot).

Die Regionalen Grünzüge

Wegen der praktischen Handhabbarkeit des großen Gesamtprojektes und der unersetzbaren Bedeutung aktiver Nachbarschaft – der Möglichkeit zur tatsächlichen Identifikation mit der Landschaft aufgrund von Ortskenntnis – ist das Parkprojekt in sieben regionale Grünzüge (A – G) untergliedert. Diese von Süden nach Norden verlaufenden Freiräume sind parallel zu der historischen Süd-Nord-Entwicklung des Bergbaus, der Ruhrgebietsindustrie und der Ruhrgebietsstädte übriggeblieben. Sie bilden die **zweite Ebene** des Emscher Landschaftsparks.

Es sind Zwischenräume. In ihnen liegen die Stadtgrenzen. Aus Sicht der Stadtzentren sind es jeweils die Stadtränder, das „Am-Rande-liegende“; aus Sicht der regionalen Landschaftsentwicklung bilden sie den Kern, fungieren Restlandschaft und Landschaftsbänder als Zentrum und Ausgangspunkt einer neuen Struktur und urbanen Kulturlandschaft. Die sieben regionalen Grünzüge sind der Ort für interkommunale, Stadtgrenzen überschreitende Zusammenarbeit der jeweils drei bis fünf Nachbarstädte, die an dem einzelnen regionalen Grünzug liegen. Hier wurde und wird gemeinsam geplant, hier werden Projekte und Maßnahmen ausgewählt und beraten, hier werden auch die Konflikte der Parkentwicklung sichtbar.

Die Einzelprojekte

Der Emscher Landschaftspark wird in vielen Einzelmaßnahmen und Projekten umgesetzt. Dies ist die praktische und damit spannendste **dritte Ebene** des regionalen Parkaufbaus.

In den Einzelvorhaben werden die verschiedensten Freiflächen und Landschaftsteile durch Landschaftsgestaltung, Biotopmanagement, Kunstaktionen und vieles mehr weiterentwickelt und qualifiziert. Hier erfolgt auch der regionale Wegebau, der die Landschaft für die Bevölkerung mit einem ganzen System neuer Rad- und Fußwege erschließt. Die Situation der einzelnen Flächen bildet den jeweiligen Ausgangspunkt für die neuen Entwicklungen. Aus dem Ort, seinem Zustand, seinen Potentialen, seinem Umfeld und der Zukunftsplanung werden die jeweiligen Projektziele entwickelt. Die Zeugen und Spuren der vorangegangenen und der bestehenden Industrienutzung werden aufgegriffen, in ihrer ökologischen Bedeutung beachtet und in ihrer ästhetischen Qualität für die neue Landschaftsgestaltung nutzbar gemacht.

Der Wandel im Umgang mit den Einzelstandorten soll insgesamt einen anderen Umgang mit der urbanen Stadtlandschaft bewirken. Das Arbeiten an den vielen Einzelvorhaben und die Summe dieser Projekte hat die Wahrnehmung der Stadtlandschaft bereits erheblich verändert – *und* soll sie auch in Zukunft weiter verändern.

Für die bereits gebauten und für die noch geplanten Projekte gilt: aus Industrielandschaft und vernachlässigter Stadtlandschaft soll Kulturlandschaft entstehen – auf der Einzelfläche, im Einzelprojekt ebenso wie auf der Gesamtheit der Freiräume im regionalen Park. So soll sich Inkompetenz und Vernachlässigung der Stadtlandschaft zu Verantwortung und Nachhaltigkeit wandeln.

Zusammenarbeit – just in time

Für das richtige Verständnis des Zusammenwirkens der drei Ebenen des Emscher Landschaftsparks ist es wichtig zu wissen, daß sie gleichzeitig und gleichberechtigt nebeneinander entwickelt und betrieben werden. Im Unterschied zu früheren Verfahrensweisen gibt es kein Nacheinander. Für eine erfolgreiche Einmischung in die Nutzungs- und Landschaftsentwicklung in Ballungsräumen käme man sonst (weiterhin) immer zu spät.

In der Gleichzeitigkeit von regionaler Strategie und Erprobung im gebauten Projekt steckt eine der großen Stärken des Emscher Landschaftsparks. Sie begründet die entstandene Wettbewerbsfähigkeit des Gesamtprojekts in dem täglich sich fortsetzenden Flächen- und Strukturwandel der Region.

Vielfalt in der Gestalt – ein Qualitätsmaßstab für die Umsetzung

Die erste Dekade der Projektentwicklung, der Pläne, Workshops, Machbarkeitsstudien, Expertengespräche, interkommunalen Arbeitsgemeinschaften, Förderprogramme, Regierungserklärungen, Wettbewerbe, Kostenschätzungen, Ausführungsplanungen, Baustelleneröffnungen und der Einweihungen fertiggestellter Projekte geht zu Ende.

Das Erreichte kann sich sehen lassen – *und:* wird gesehen und genutzt.

Das Gebaute kann beschritten und erlebt werden – *und:* es kann zur kritischen Überprüfung der Parkvisionen herangezogen werden.

Die großen Einzelprojekte im Emscher Landschaftspark haben Tausende von Besuchern und ein vielfältiges Medienecho erreicht. Mit vielen kleinen Projekten und Wegebaumaßnahmen ist die ökologische Qualität der Stadtlandschaft verbessert und ihre Alltagstauglichkeit und Attraktivität weiterentwicklelt worden.

Park- und Freiflächentypen sowie Infrastruktur im Emscher Landschaftspark

Ein Beitrag von Jörg Dettmar

Der Ansatz des Emscher Landschaftsparks ist komplex und die Zahl seiner Projekte für Außenstehende unübersehbar groß. Deshalb macht es Sinn, den Versuch einer Typisierung und Ordnung der Projekte zu wagen. Der Typisierungsansatz geht dabei aus

- von der Geschichte der Fläche,
- dem Ausgangszustand bei der Parkrealisierung,
- der Größe,
- der Lage im Stadtzusammenhang,
- der Intensität der Gestaltung
- und der Bedeutung von Kunst.

Danach lassen sich die Einzelprojekte im wesentlichen den folgenden fünf Kategorien zuordnen (siehe Tabelle unten):

Industriell geprägter Landschaftspark

Es handelt sich um großflächige Parkanlagen (>50 ha) auf Industriebrachen, in denen **Industriekultur** und **Industrienatur** wesentliche Gestaltungselemente sind. Industriekultur meint hier den schonenden Umgang mit den verbliebenen Relikten der industriellen Vergangenheit, z. B. der Bauwerke und Anlagen, sowie deren Einbeziehung in die neue Parkanlage. Industrienatur ist die abkürzende Beschreibung der spezifischen, sich spontan entwickelnden Lebensräume auf Industriebrachen und deren Flora und Fauna (Beispiele sind näher beschrieben auf S. 58ff.).

Stadtpark in der Industrielandschaft

Dies sind kleinere Parkanlagen (< 25 ha), die im Zusammenhang mit bestehenden Siedlungen, neuen Wohnquartieren oder Gewerbeparks im Rahmen der IBA gebaut wurden. Sie umfassen Teilbereiche von Industriebrachen oder industriell geprägten Restflächen und liegen meist im städtischen Bereich (Beispiele sind näher beschrieben auf S. 96ff).

Parktypen des Emscher Landschaftsparks

	Grünzug	Projektstand	Träger
Industriell geprägter Landschaftspark			
Landschaftspark Duisburg Nord	A	fertiggestellt	LEG/Stadt
Garten Osterfeld – Landesgartenschau Oberhausen 1999	B	fertiggestellt	Stadt
Volksgolfplatz Jacobi, Oberhausen/Bottrop	B	tw. fertiggestellt	KVR/Untern.*
Nordsternpark, Gelsenkirchen (Bundesgartenschau 1997)	C	fertiggestellt	Stadt
Stadtpark West – Dienstleistungspark Krupp-Gelände, Bochum	D	im Bau	Stadt
Stadtteilpark Zeche Recklinghausen II	D	im Bau	KVR
Schleusenpark Waltrop	F	fertiggestellt	KVR
Seepark Lünen (Landesgartenschau 1996)	G	fertiggestellt	Stadt
Stadtpark in der Industrielandschaft			
Altstadtpark im Innenhafen, Duisburg	(A)	fertiggestellt	Stadt
Stadtpark Roland, Oberhausen	B	fertiggestellt	KVR
Park im Technologiezentrum Umweltschutz, Oberhausen	B	fertiggestellt	Stadt
Stadtpark Prosper III, Bottrop	(B)	fertiggestellt	Stadt
Kanaluferpark Essen	C	in Planung	KVR
Wissenschaftspark Rheinelbe, Gelsenkirchen	C	fertiggestellt	Stadt
Park am Innovationszentrum Wiesenbusch, Gladbeck	(C)	fertiggestellt	Stadt
Park am Küppersbusch-Gelände, Gelsenkirchen	(C)	fertiggestellt	Stadt
Gewerbe- und Wohnpark Holland, Bochum	(C)	im Bau	Stadt/LEG
Kanaluferpark Bismarck, Gelsenkirchen	D	in Planung	KVR
Landschaftspark Erin, Castrop-Rauxel	E	fertiggestellt	LEG/Stadt
Kunstwald Teutoburgia, Herne	E	fertiggestellt	KVR

Parktypen des Emscher Landschaftsparks (Forts.)

	Grünzug	Projektstand	Träger
Park im Stadtteilzentrum Sodingen, Herne	E	im Bau	Stadt
Park am Innovationszentrum Herne	E	im Bau	Stadt
Gewerbepark Brockenscheidt, Waltrop	F	im Bau	LEG
Park am Technologiezentrum Lüntec, Lünen	F	in Planung	Stadt
Stadtrandpark Bodelschwingh, Dortmund	F	im Bau	Stadt
Neue Evinger Mitte Service- und Gewerbepark, Dortmund	(F)	im Bau	Stadt
Stadtteilpark Dortmund-Scharnhorst	G	im Bau	Stadt
Gartenstadtsiedlung Seseke Aue, Kamen	G	fertiggestellt	Stadt
Technologiepark Monopol, Kamen	G	fertiggestellt	Stadt
City-Park Bergkamen	(G)	im Bau	Stadt
Wilder Industriewald/Brachepark			
Ruderalpark Sammelbahnhof Frintrop, Essen	B	im Bau	KVR
Halde Zeche Zollverein XII, Essen	C	fertiggestellt	LEG/LF
Zeche Rheinelbe, Gelsenkirchen	C	fertiggestellt	LEG/LF
Zeche Alma, Gelsenkirchen	D	fertiggestellt	LEG/LF
Park der vorindustriellen Kulturlandschaft			
Gehölzgarten Ripshorst, Oberhausen	B	fertiggestellt	KVR
Gesundheitspark Quellenbusch, Bottrop	B	fertiggestellt	Stadt
Waldband Welheim, Bottrop	C	in Planung	KVR
Landschaftspark Mechtenberg, Essen/Gelsenkirchen/Bochum	C	fertiggestellt	KVR
Landschaftspark Bladenhorst, Castrop-Rauxel/Herne	E	fertiggestellt	KVR
Halden/Deponien/Landmarken			
Aussichtsberg Alsum, Duisburg	A	fertiggestellt	Stadt
Halde Hagenshof, Duisburg	A	fertiggestellt	Stadt
Mottbruch Halde/Halde im Wandel, Gladbeck	C	im Bau	RAG/Stadt
Haldenereignis Emscherblick/Tetraeder, Bottrop	C	fertiggestellt	KVR/Stadt
Halde Zollverein IV/XI, Gelsenkirchen	C	fertiggestellt	KVR/Stadt
Schurenbachhalde, Essen	C	fertiggestellt	RAG/KVR
Halde Rheinelbe, Gelsenkirchen	C	im Bau	RAG
Halde Hoppenbruch, Herten	D	fertiggestellt	RAG/KVR
Halde Schwerin/Sonnenuhr, Castrop-Rauxel	F	fertiggestellt	Stadt
Halde Großes Holz, Bergkamen	G	im Bau	RAG/KVR
Halde Rungenberg, Gelsenkirchen	(C)	fertiggestellt	RAG/Stadt

KVR = Kommunalverband Ruhrgebiet
LEG = Landesentwicklungsgesellschaft NRW
LF = Landesforstverwaltung NRW – Forstamt Recklinghausen
RAG = Ruhrkohle AG
Grünzug (C) – außerhalb des eigentlichhen Grünzugs/angrenzend
*Untern. = Unternehmensgruppe Sommerfeld – Golf Oberhausen GmbH

Wilder Industriewald

Auf Restflächen der Industrielandschaft wird die natürliche Waldentwicklung gefördert bzw. nicht verhindert. Eine Gestaltung steht deutlich im Hintergrund. Die Flächen werden sparsam und zurückhaltend erschlossen und der Bevölkerung zugänglich gemacht. Industrienatur und deren Erlebnis stehen im Vordergrund. Dieser neue Wald auf Industriebrachen bedeutet ein Stück „Wildnis in der Stadt" (Beispiele sind näher beschrieben auf S. 146ff.).

Halden/Deponien/Landmarken

Hier geht es um fertig geschüttete Bergehalden oder rekultivierte Deponien, die für die Freiraumnutzung hergerichtet und teilweise zu Landmarken umgestaltet werden. Dabei haben Künstler zum Teil die Form der Halden gestaltet und Skulpturen oder skulpturale Orte entworfen (Beispiele sind näher beschrieben auf S. 166ff.).

Überregionales Wegesystem des Emscher Landschaftsparks

Regionale Infrastruktur	Grünzug	Projektstand	Träger
Emscher Park Radweg	A–G	im Bau	KVR
Grüner Pfad, Duisburg, Oberhausen	A	tw. fertiggestellt	KVR, Stadt
Grüne Bahntrasse Oberhausen	B	in Planung	KVR
Industrieallee Herten Süd	D	fertiggestellt	KVR
Erzbahn, Gelsenkirchen, Herne, Bochum	D	in Planung	KVR
Emscher Park Wanderweg	A–G	fertiggestellt	SGV

KVR = Kommunalverband Ruhrgebiet
SGV = Sauerländischer Gebirgsverein
Überregionales Wegesystem des Emscher Landschaftsparks

Park der vorindustriellen Kulturlandschaft

Verbliebene Reste der land- und forstwirtschaftlich geprägten Kulturlandschaft werden umgestaltet. Die land- oder forstwirtschaftliche Nutzung wird in veränderter Form in der neuen Parkanlage fort-

Landschaftspark Duisburg-Nord mit der Illumination der Hochöfen.

Der Seepark Lünen.

Schrägluftbild der Baustelle der Landesgartenschau Oberhausen 1999.

geführt (Beispiele sind näher beschrieben auf S. 166ff.).

Hinzu kommen die verschiedenen Projekte zum Aufbau der regionalen Parkinfrastruktur. Neben zahlreichen kleineren Wegebau-, Gestaltungs- und Anreicherungsmaßnahmen in der Landschaft geht es dabei vor allem um das regionale Wegesystem des Emscher Landschaftsparks (siehe Tabelle S. 45).

Kleiner Bilderbogen durch das Spektrum der Einzelprojekte

Ein Beitrag von Michael Schwarze-Rodrian

Der **Landschaftspark Duisburg-Nord** ist zur ständigen Attraktion des Emscher Landschaftsparks geworden. Für viele ist er das Flaggschiff, oft steht er sogar als ein Synonym für den ganzen Regionalpark. Der Verbund von der Einmaligkeit der Umwandlung eines ehemaligen Hüttenwerks zu einem neuen industriekulturellen Landschaftspark mit einer ebenso kunstvollen wie spektakulären Illumination der Gesamtanlage bei Nacht hat einen Solitär entstehen lassen, ein dauerhaftes und sehr modernes Event (im Detail siehe S. 58).

Die klassischen Landes- und Bundesgartenschauen wurde bereits dreimal für den Aufbau des regionalen Parksystems genutzt.

Den Anfang machte die Landesgartenschau Lünen 1996 im östlichen Teil des Emscher Landschaftsparks mit der Gestaltung einer Bergbaufolgelandschaft zum **Seepark Lünen** im Regionalen Grünzug G (im Detail siehe S. 88).

Die größte Maßnahme in diesem Kontext war die Bundesgartenschau Gelsenkirchen 1997 mit der Umwandlung eines ehemaligen Zechengeländes am Rhein-Herne-Kanal zum **Nordsternpark** im Regionalen Grünzug C (im Detail siehe S. 74).

Die **Landesgartenschau Oberhausen 1999** schließt diesen Reigen der Gartenschauen mit der Umwandlung der ehemaligen Betriebsflächen der Zeche Osterfeld zu einem neuen Park im regionalen Grünzug B.

Der **Emscher Park Radweg** ist in wichtigen Abschnitten mit neuem Wegebau fertiggestellt und erschließt im Verbund mit vorhandenen Trassenabschnitten den neuen Regionalpark auf einer Nord- und einer Südroute mit einer Streckenlänge von insgesamt 230 km. Ein damit verbundenes Rundwegesystem in den einzelnen regionalen Grünzügen ermöglicht auch die kleineren Tagesausflüge durch die regionalen Grünzüge.

Im **Landschaftspark Mechtenberg** – auf der Stadtgrenze von Essen, Gelsenkirchen und Bochum – wird die Weiterentwicklung der verbliebenen Landwirtschaftsflächen mit temporären Kunstaktionen in der Landschaft verbunden (im Detail siehe S. 106).

Oben: Der Nordsternpark in Gelsenkirchen, Bundesgartenschau 1997.

Unten: Radfahrer auf dem Emscher Park Radweg.

Blühereignis 1998 im Rahmen der Land Art Galerie Mechtenberg.

Auf der Bergehalde an der Beckstraße in Bottrop bietet der 60 m hohe, stählerne **Tetraeder** einen so spannenden Aus- und Einblick in die Industrielandschaft, daß die neue Landmarke zur ständigen Attraktion geworden ist (im Detail siehe S. 159ff.).

Ein ehemaliges Zechengelände in Herne hat sich zum **Kunstwald Teutoburgia** gewandelt und integriert heute Industriekultur, Gartenkunst und die Maschienenmusik eines modernen Instrumentenbauers, Komponisten und Musikers in einmaliger Weise.

Eine große stählerne **Sonnenuhr** auf der Spitze der alten **Bergehalde Schwerin** in Castrop-Rauxel verbindet Ausblick und Besinnlichkeit. Die Pflanzung des **Keltischen Baumkreises** um den in der Nachbarschaft gelegenen alten Hammerkopfturm der ehemaligen Zeche Erin vermittelt den Zugang anderer Kulturen zu den Bäumen im Emscher Landschaftspark.

Der Emscher Landschaftspark als Ganzes wird ein Patchwork sehr unterschiedlich entwickelter und entsprechend unterschiedlich gestalteter Freiräume, Landschaften, Wildnisse und Parkanlagen sein. Entscheidend ist ein möglichst offener, authentischer Umgang mit dem Ort und seine funktionale Anbindung bzw. Integration in das Gesamtprojekt.

Der Kunstwald Teutoburgia in Herne.

Die fünf Aufgaben

Die Summe der notwendigen Maßnahmen zum Aufbau des Gesamtprojektes läßt sich in fünf Hauptaufgaben der Parkentwicklung zusammenfassen. Neben der jeweiligen Gewichtung der Einzelaufgabe im einzelnen Projekt ist es vor allem das Bündel aller fünf Aufgaben, die es auf Dauer und mit Kontinuität zu bewältigen gilt. Nicht in der „Erfindung" neuer Instrumente, sondern vielmehr in der Kombination erprobter Handlungsmuster und in der Gleichzeitigkeit ihrer Anwendung liegt eine der Innovationen des Emscher Landschaftsparks.

1. **Sichern** der verbliebenen Restlandschaft,
2. **Verbinden** der isoliert im Ballungsraum liegenden Einzelflächen,
3. **Qualifizieren** der Einzelfläche auf das erforderliche Parkniveau,
4. **Regional und abgestimmt Handeln** in Einzelprojekten mit Perspektive und
5. **Pflegen und Betreiben** der begonnenen Landschaftsentwicklung zu einem dauerhaften regionalen Parksystem.

In der Quintessenz bedeutet dieses Bündel der Einzelmaßnahmen, (wieder) Verantwortung für die stadtnahe Landschaft zu übernehmen, mit Perspektiven die Weiterentwicklung der Industrielandschaft zu verfolgen.

Die Voraussetzungen des Regionalparkkonzepts: Eine lernfähige Strategie, die integriert und reale Projekte, die verbinden.

Der Emscher Landschaftspark ist immer mehrschichtig, oft auch mehrdeutig. Das Projekt hat gleichzeitig sehr viele Funktionen und Gesichter. Dies ist, wie oben bereits angeführt, eine grundsätzliche Notwendigkeit, um bei dem Versuch einer zukunftsgerichteten Landschaftsentwicklung im Ballungsraum und bei der Gestaltung der Industrielandschaft erfolgreich, d. h. räumlich wirksam zu werden und dabei neue ökologische und ästhetische Qualitäten zu entfalten.

Stadtlandschaft ist grundsätzlich ein hochkomplexes Gebilde. Viele Menschen sind an der Entwicklung der Stadtlandschaft beteiligt. Viele Institutionen, Eigentümer, Nutzer, Träger, Infrastrukturen etc. prägen sie.

In der regionalen Dichte eines Ballungsraumes überlagern sich diese Mengen an Interessen und Beziehungen auch noch vielfältig. Alte Industrielandschaften haben besondere Bedingungen und Chancen.

Die Strategiebausteine des Emscher Landschaftsparks lassen sich wie folgt zusammenfassen:

- **Bestandsentwicklung und (Import von) Innovationen**

Der Emscher Landschaftspark ist eine regionale Strategie, die Vorhandenes im Ruhrgebiet weiter-

Die Sonnenuhr auf der Bergehalde Schwerin in Castrop-Rauxel.

Der Tetraeder auf der Halde Beckstraße in Bottrop.

entwickelt und zusammenführt und die Neues von außen in die Region hereinholt oder in der Region aufspürt. Der gezielte Import von Know-how und Gestaltqualität, wie sie z. B. mit der Verpflichtung auf Wettbewerbe durch die IBA Emscher Park verbunden war, hat dabei erheblich zur Qualifizierung des Planungsniveaus in der Region beigetragen. Die planerische und künstlerische Auseinandersetzung mit den Landmarken ist ein wichtiges Beispiel für den Verbund von Bestehendem und Innovationen. Die intensive Beschäftigung mit der kulturellen Dimension der typischen Vertreter der Bergbaufolgelandschaft, den Brachen, den Halden und den Bergsenkungen im Emscher Landschaftspark hat völlig neue Blickweisen eröffnet – für Fremde ebenso wie für die Einheimischen.

- **Einheit von Langfristigkeit und aktueller Realisierung**

Der Emscher Landschaftspark ist zugleich langfristiges Entwicklungsprogramm und aktuelles Realisierungsprojekt. Das Konzept einer regionalen Landschaftsentwicklung ist integrierter Bestandteil einer neuen Form der regionalen Strukturpolitik, die auch in ihren anderen Feldern zunehmend auf die Überzeugungskraft gebauter bzw. realisierter (überprüfbarer, erfahrbarer) Innovationen und Projekte setzt und dafür öffentliche (Förder-)Mittel in erheblichem Umfang bereitstellt.

- **Leitbildorientierung mit Überprüfung am Einzelprojekt**

Der Emscher Landschaftspark ist die Formulierung einer zum Teil sehr weitreichenden kulturellen und politischen Vision, und er ist zugleich die Verpflichtung zur Überprüfung der Ideen und Qualitätsmaßstäbe am konkreten, gebauten kleinen und großen Landschaftsprojekt.

- **Regionale Kontinuität und projektbezogene Vielfalt**

Der Emscher Landschaftspark hat ein Kontinuum auf der regionalen Ebene des Gesamtprojektes entwickelt und durchgehalten, das sich einerseits aus der Moderations- und Impulsgeberfunktion der IBA Emscher Park und andererseits aus der Leitplanung und der Projektrealisierung des Kommunalverbandes Ruhrgebiet zusammensetzt. Zugleich hat eine grundsätzliche Offenheit und die Abwesenheit von Normierungsversuchen zu einer Organisations- und Umsetzungsvielfalt in den regionalen Grünzügen und vor allem bei den verschiedenen Großprojekten und bei den vielen Einzelmaßnahmen geführt. Der Park hat heute viele Väter und Mütter, ist vielfach bei Institutionen und Personen verankert. Diese Breite auch bei den Akteuren ist eine gute Voraussetzung für die Fortentwicklung des Gesamtprojektes.

- **Experimentierfreudigkeit und Bereitschaft zur Einmischung**

Die Chronologie der Einzelschritte und Projektetappen des Emscher Landschaftsparks ergibt im Rückblick eine logische Abfolge. In Wirklichkeit war es aber ein ständiges Suchen und Probieren. Der Erfolg war keinesfalls sicher (und auch in etlichen Einzelfällen bis heute nicht erreichbar).

Das Engagement für die Entwicklung der urbanen Industrielandschaft setzte Bereitschaft zur Innovation, zum Betreten von Neuland und auch immer Bereitschaft zur Intervention, zur Einmischung voraus. Voraussetzung für die Gangbarkeit solcher Wege ist die überzeugende Qualität der Projektvorschläge und Argumentationen und die Offenheit, Dialogbereitschaft sowie die Überzeugungs- und Moderationsfähigkeit der Projektplaner, -entwickler und -betreiber. Gefragt sind vor allem faktische und kommunikative Fähigkeiten zur Integration anderer Interessen und anderer Personen und zur anschaulichen Formulierung gemeinsamer Ziele.

Etappen der Parkentwicklung – eine Chronologie der Erfahrungen

Die Ergebnisse der zurückliegenden 10 Jahre lassen sich in ihrem Entstehungszusammenhang den vier folgenden Etappen zuordnen. Die hier aufgeführten Produkte und Projekte stehen dabei exemplarisch für die Vielzahl der gegangenen Einzelschritte und für den Einsatz vieler engagierter Menschen. Ihre Erfahrungen sind der Ausgangspunkt für die zukünftige Projektentwicklung.

1988–1990: Projektidee und Projektüberprüfung

- Skizzierung eines regionalen Parksystems als Vorschlag für eine Bauaustellung
- Aufnahme des Emscher Landschaftsparks als Leitprojekt Nr. 1 in das Memorandum der IBA Emscher Park
- „Machbarkeitsstudie Emscher Landschaftspark“ – Recherche und Dokumentation der Potentiale und Restriktionen, der geeigneten Grundfläche sowie der möglichen Parkpartner bei den Städten, Kreisen und Gemeinden
- „Industrielandschaft Emscherzone“ – Erfassung industriekultureller Strukturen
- „Feuer und Flamme“ – Konzept für eine historische Ausstellung im Emscher Landschaftspark
- „Datenanalyse Emscher Stadtökologie“ – Erfassung und Beurteilung des Umweltdatenbestands
- Parkprojektanmeldungen als Antwort auf den ersten Projektaufruf der IBA Emscher Park

1990–1994: Projektkonkretisierung und Detailplanung sowie Start der Projektrealisierung

Einrichtung des temporären und informellen Planungssystems des Emscher Landschaftsparks mit drei parallelen und gleichberechtigten Planungs- und Arbeitsebenen:

- Leitplanung (KVR) mit den Aufgaben der Konzeptentwicklung, Koordination und Kommunikation des regionalen Gesamtprojekts (Maßstab 1 : 50.000)
- Rahmenplanung (sieben interkommunale Arbeitsgemeinschaften [IKAGs], eine je Grünzug) mit den Aufgaben der teilräumlichen Konkretisierung, der Projektauswahl, der Projektentwick-

lung und der Vorbereitung von Realisierungsmaßnahmen (Maßstab 1 : 10.000)

- Einzelprojekte (Kommunen, KVR und sonstige Träger) mit der Aufgabe des Projektmanagements, der Ausführungsplanung und Realisierung von Projekten (Maßstab 1 : 500 bis 1 : 1)
- Einrichtung des „Arbeitskreis Emscher Landschaftspark" auf der Ebene des Gesamtprojekts
- Verabschiedung der „Leitlinien Emscher Landschaftspark"
- „Werkstatt Landschaft" – Expertengespräche zur Gestaltung im Emscher Landschaftspark
- „Ökologieprogramm im Emscher-Lippe-Raum (ÖPEL) 1991–1994" – Beginn der Bereitstellung von Fördermitteln zum Aufbau des Emscher Landschaftsparks durch das Landesumweltministerium Nordrhein-Westfalen (MURL)
- Vorbereitung und Start der großen Einzelprojekte wie z. B. Landschaftspark Duisburg-Nord, Landesgartenschau Lünen, Bundesgartenschau Gelsenkirchen
- Auflage des „I. KVR-Handlungsprogramms ELP" zur Realisierung von sieben lokalen Modellprojekten (je ein Projekt pro regionalem Grünzug) und dem Emscher Park Radweg
- Dokumentation der regionalen Planungsergebnisse im „Leitplan-Zwischenbericht 1992"
- Dokumentation der teilräumlichen Planungsergebnisse in sieben Rahmenplänen für die regionalen Grünzüge (A – G)
- Start von etlichen Einzelprojekten und Wegebaumaßnahmen in kommunaler Trägerschaft
- Markierung des „Emscher Park Wanderweges" durch den Sauerländischen Gebirgsverein (SGV)
- Eröffnung des ersten Abschnitts des Landschaftsparks Duisburg-Nord
- Regierungsbezirksübergreifende und abgestimmte Überarbeitung der drei Gebietsentwicklungspläne 1993/1994 (GEP/formaler Regionalplan) zur regionalplanerischen Sicherung der Regionalen Grünzüge

1994–1996 Halbzeitbilanz im Rahmen der IBA Emscher Park

- „Natur für die Menschen" – Dokumentation der Projekte im ÖPEL
- „Wanderausstellung Emscher Landschaftspark" auf Messen und in den 17 Rathäusern
- Fortschreibung des ÖPEL
- Entwicklung neuer Modellprojekte für ein „II. KVR-Handlungsprogramm ELP" mit dem Schwerpunkt Ost-West-Grünzug
- Start des Projektes „Route der Industriekultur"
- Eröffnung der „Landesgartenschau Lünen 1996 – LaGaLü"
- Präsentation des ELP auf Tagungen und Kongressen im Rahmen der IBA-Zwischenpräsentation
- Bilanzierung der Projekterfahrungen in einem „Positionspapier Emscher Landschaftspark"
- „Parkbericht – Emscher Landschaftspark": Dokumentation der Strategien, Methoden, Produkte und Projekte des Regionalparks

1996–1999: Projekterweiterung und Vorbereitung der dauerhaften regionalen Parkträgerschaft

- Start des Projektes „Restflächen der Industrielandschaft"
- Eröffnung der Bundesgartenschau Gelsenkirchen BUGA 1997
- Präsentation der Ausstellung „Grün zwischen Städten" auf dem Rhein-Herne-Kanal im Laderaum eines Binnenfrachtschiffs
- Bereitstellung neuer Fördermittel für weitere Projektrealisierungen aus EU- und Landesmitteln
- Focussierung der Gestaltungsfragen auf den Umgang mit den Landmarken im Emscher Landschaftspark
- Beginn der Förderung von künstlerischen Einzelprojekten durch die „Kultur Ruhr GmbH" sowie die „Allianz-Stiftung zum Schutz der Umwelt"
- Arbeitskreis Trägerschaft – Beratung der dauerhaften Pflege- und Entwicklungsleistungen mit den Fachämtern der beteiligten 17 Städte sowie mit den sieben interkommunalen Arbeitsgemeinschaften
- Vorbereitung der Präsentation des Emscher Landschaftsparks im Rahmen des „Finales" der IBA Emscher Park
- Einrichtung einer Dauerausstellung zum Emscher Landschaftspark im Haus Ripshorst

Nächste Schritte: Eine regionale Parkträgerschaft für die Zeit nach der IBA

Mit der Präsentation des Emscher Landschaftsparks im Rahmen des IBA-Finales 1999 beginnt die nächste Etappe der Parkentwicklung. Ein paar Schlagworte mögen den Handlungsbedarf umreißen:

- von punktuellen Projekten in die Fläche,
- vom Ost-West-Grünzug zum Neuen Emschertal,
- von den Baustellen zu sieben regionalen Parkpflegestationen,
- vom Ausstellungsstück zum dauerhaften Regionalpark.

Die vielen Erfahrungen in den Einzelprojekten, bei der interkommunalen und regionalen Zusammenarbeit und die Beratungen zum weiteren Vorgehen in den o.g. Gremien und Arbeitskreisen haben in den letzten drei Jahren zu einem grundsätzlichen Konsens über die Notwendigkeit und zu den Eckdaten einer regionalen Parkträgerschaft geführt.

Ziel ist es, eine einheitliche und leistungsfähige Organisation für Planung, Ausbau und Pflege zu schaffen, die das Begonnene dauerhaft sichert und das regionale Konzept weiterverfolgt. Die Tätigkeiten der Parkträgerschaft sind demnach:

- Planung und Weiterbau des Emscher Landschaftsparks
- Steuerung und Koordination der Pflege aller Flächen auf ein gemeinsames Ziel hin
- Bündelung der Mittel für Investition und Pflege sowie
- Öffentlichkeitsarbeit.

Die regionale Parkträgerschaft soll beim Kommunalverband Ruhrgebiet angelagert sein und auf vertraglicher Basis mit dem Land Nordrhein-Westfalen für eine erste fünfjährige Betriebsphase in den Jahren 2000 bis 2005 gestartet werden.

Der Emscher Landschaftspark soll damit seine regionale Kontinuität bei der Entwicklung und dem Management des Gesamtprojektes behalten und insbesondere für die zunehmenden Pflegetätigkeiten durch den Aufbau von insgesamt sieben Parkpflegestationen, jeweils eine pro regionalem Grünzug, unterstützt werden.

Neben der Einrichtung der regionalen Parkträgerschaft ist der Fortbestand der funktionsfähigen Einzelprojekte vorgesehen, wie sie sich z. B. in einigen Großprojekten sowie in der Folge der Bundes- und Landesgartenschauen bereits herausgebildet haben. Ähnlich wie bei der Planungsentwicklung sollen auch beim Aufbau des Betriebes im Emscher Landschaftspark regionales Parkmanagement, dezentrale Parkpflege und lokales Engagement zusammenwirken und sich gegenseitig unterstützen.

Die Rahmenbedingungen für die Regionalparkstrategie im Ruhrgebiet – ein Neuanfang zur richtigen Zeit

Der Kern des Ruhrgebiets, mehr als 100 Jahre einseitig industriell geprägt und ausgenutzt, war und ist kein einfacher Raum für neue Wege zur Entwicklung der Stadtlandschaft.

Verbrauchte oder vermeintlich nicht mehr gebrauchte Industrielandschaft ist kein geübtes Feld für Landschaftsgestaltung. Landschaftsgestaltung wird in der Regel auch nicht als das angemessene Instrumentarium für den Umgang mit Altstandorten angesehen. Die herkömmlichen Leitbilder der Landschaftsgestaltung sind nicht unbedingt auf den Umgang mit urbanen Landschaften oder industriellen Folgelandschaften ausgerichtet.

Noch in den 80er Jahren, weder im Ruhrgebiet, noch außerhalb, hat irgend jemand den Neuanfang, den der Emscher Landschaftspark bedeutet erwartet – *und doch:* vieles lag in der Luft, war reif für neue Ideen.

Traditionelle und normative Strategien zum Schutz und zur Entwicklung der Freiräume waren in den vorangegangenen Jahrzehnten weitgehend erfolglos geblieben und politisch im Ruhrgebiet nicht durchsetzungsfähig. Die Abwesenheit von Landschafts- und Umweltqualität war zu lange gesellschaftlicher Konsens in dieser Region.

Auch die Hoffnungen auf die Überzeugungskraft empirisch begründeter Umweltkonzepte, wie sie z. B. mit der Erstellung von umfassenden Umweltatlanten, Biotop- und Stadtbiotopkartierungen und den ersten Versuchen zur Formulierung verbindlicher Umweltqualitätsziele verbunden waren, hatten sich nicht erfüllt. Die Planungseuphorie der

60er und 70er Jahre war auch im Ruhrgebiet in fast allen Planungsdisziplinen einer stagnierenden Ernüchterung gewichen. Das Ende der 80er Jahre war insofern ein günstiger Zeitraum für die Aufnahme neuer, in diesem Falle leitbild- und projektorientierter Strategien.

Die ökonomischen Rahmenbedingungen eines fortgesetzten Struckturwandels in Einheit mit einer stagnierenden Wirtschaftsentwicklung waren und sind bis heute auch ein bedeutsamer materieller und politischer Spielraum für neue Flächenentwicklungskonzepte. Die Flächenfreisetzung ist größer als die Flächennachfrage. Das Volumen der Brachen steigt, und auch die zukünftigen Strukturwandelflächen lassen sich bereits heute in den Stadtgebieten identifizieren. Für die Chancen, die dieser Handlungsspielraum bietet, hat die IBA Emscher Park den Begriff des **Wandel ohne Wachstum** geprägt.

10 Jahre sind ein zu kurzer Zeitraum für große und nachhaltige Veränderungen in diesem Ballungsraum; das Pflänzchen und seine (so schillernden und überzeugenden) Triebe sind noch jung, bedürfen der Pflege und des politischen Schutzes – und doch: diese 90er Jahre sind eine Phase, die für den Aufbau des Emscher Landschaftsparks so intensiv genutzt werden konnte, daß die Gestaltung der Stadt- und Industrielandschaft bereits gebaute Realität ist, neue Erholungslandschaft für die Anwohner entstanden ist, Stadtlandschaft als Gestaltungsraum für Künstler gewonnen wurde und das regionale Parkprojekt heute Anziehungspunkt nicht nur für das Fachpublikum aus dem In- und Ausland ist.

Die Akzeptanz dieser Arbeit im Verbund mit günstigen räumlichen, wirtschaftlichen und politischen Rahmenbedingungen hat dazu geführt, daß auch der Weiterbau des Emscher Landschaftsparks und die Organisation einer dauerhaften regionalen Trägerschaft heute politisch bereits beschlossene Sache ist.

Singularität und Übertragbarkeit der Erfahrungen

Der Emscher Landschaftspark ist eine Strategie zum Aufbau eines Regionalparks im Kern des Ruhrgebiets – mit allen Ausprägungen eines individuellen Einzelfalls: mit ganz speziellen Rahmenbedingungen, mit einer historisch und geographisch einmaligen Situation und Dimension von Strukturwandel, Flächenfreisetzung und strukturpolitischen Interessen, mit einer speziellen Mischung staatlicher, regionaler und lokaler Politik, aktiver Einzelpersonen etc. – und doch: Vieles, was den unmittelbar an der Projektentwicklung Beteiligten erstmalig – und daher subjektiv auch oft „einmalig" – erschien, ist im Rückblick und bei vergleichender Betrachtung mit den Problemen und Entwicklungschancen der Stadtlandschaft in anderen urbanen Ballungsräume gar nicht mehr so speziell.

Viele der gewählten Kooperationsformen, Kommunikationswege, projektorientierten Managementtechniken und Politikstrategien sind schlichtweg erforderlich, um die komplexen Fragen der regionalen Landschaftsentwicklung und -gestaltung wirksam angehen zu können.

Vielleicht ist die Quintessenz der Projektstrategie des Emscher Landschaftsparks relativ banal: es wurde die erforderliche Offenheit und Professionaltät entwickelt, die zur Lösung der Aufgabe erforderlich war und auf dieser Grundlage gelang es, die notwendigen finanziellen Ressourcen zu akquirieren. Falls diese Aussage stimmt, so sind damit zugleich die Anforderungen an die Fortentwicklung des Projektes benannt.

Benannt wäre damit auch die Grundlage für einen erfolgreichen Erfahrungsaustausch mit anderen Industrieregionen und anderen Ballungsräumen. Bei aller grundsätzlichen Anerkennung der jeweiligen Individualität und Singularität: die Phänomene und Handlungspotentiale der Ballungsräume sind oft recht ähnlich, auch in anderen Industrieregionen werden die gleichen Flächenarten früherer Industrienutzung einschließlich der alten Bahnareale mitten in den Städten großflächig freigesetzt, auch in anderen Regionen werden neue Wege eines integrierten und kulturell und ökologisch verantwortlichen Flächenmanagements gesucht und erprobt.

Zu verweisen ist hier auf die ebenfalls mehrjährigen parallelen Erfahrungen z. B. beim Grüngürtel- und Regionalparkprojekt in und um Frankfurt a.M., beim Regionalparkprojekt Stuttgart oder bei den gemeinsamen Bemühungen der beiden Bundesländer Berlin und Brandenburg, Regionalparks am Stadtrand Berlins zu entwickeln. Im internationalen Zusammenhang ist z. B. auf die kanadischen Erfahrungen des Toronto Waterfront Projekts, auf die italienischen Strategien beim Parco Milano oder auf die Vielzahl von Einzelprojekten im Rahmen des US-amerikanischen Brownfield-Programms hinzuweisen.

Literatur

Leitplanung Emscher Landschaftspark: Hrsg.: Kommunalverband Ruhrgebiet, (Abteilung Planung), Essen – mit folgenden Einzeltiteln:
„Machbarkeitsstudie Emscher Landschaftspark" (1980)
„Datenanalyse Emscher Stadtökologie" (1990)
„Leitlinien Emscher Landschaftspark" (1991)
„Leitplan-Zwischenbericht 1992" (1992)
„Parkbericht Emscher Landschaftspark" (1996)

Rahmenplanungen für die Regionalen Grünzüge der sieben Interkommunalen Arbeitsgemeinschaften
„Emscher Landschaftspark Regionaler Grünzug A – Dokumentation" IKAG der Städte Duisburg, Oberhausen, Mülheim an der Ruhr, 1994
„Emscher Landschaftspark Grünzug B – Dokumentation" IKAG der Städte Ovberhausen, Mülheim an der Ruhr, Bottrop, Essen, 1995
„Emscher Landschaftspark Regionaler Grünzug C – Dokumentation" IKAG der Städte Essen, Bottrop, Gladbach, Gelsenkirchen, 1993
„Emscher Landschaftspark Regionaler Grünzug D – Dokumentation" IKAG der Städte Bochum, Gelsenkirchen, Herten, Herne, Recklinghausen, 1995
„Emscher Landschaftspark Regionaler Grünzug E – Dokumentation" IKAG der Städte Herne, Recklinghausen, Castrop-Rauxel, Bochum, 1995
„Emscher Landschaftspark Regionaler Grünzug F – Dokumentation" IKAG der Städte Castrop-Rauxel, Waltrop, Dortmund 1995
„Emscher Landschaftspark Regionaler Grünzug G – Dokumentation" IKAG der Städte Berkamen, Kamen, Lünen, Dortmund und der Kreis Unna, 1993

SCHWARZE-RODRIAN, M., KVR, Essen, mit folgenden Einzelbeiträgen:
„Emscher Landschaftspark – Konzept einer regionalen Entwicklungsstartegie" (1991) in: Stadbauwelt 110
„Ökologischer Gehölzgarten Hans Ripshorst" (1993) in: Garten + Landschaft
„Im Ruhrgebiet blüht uns was, wenn alle an einem Strang ziehen" in: Standorte – Jahrbuch Ruhrgebiet 1995/1996. Hrsg. KVR, Essen, (1995)
„Interkommunale Zusammenarbeit – Vorraussetzung für die Freiraumpolitik im Ruhrgebiet" (1996) in: Planung und Kommunikation (Hrsg. K. SELLE)

Neue Gartenkunst

Die industriell geprägten Landschaftsparks

Ein Beitrag von
Arno Sighart Schmid

Unter den verschieden ausgeprägten Gestaltungsformen des Emscher Landschaftsparks nehmen die neu geschaffenen Landschaftsparks, die auf ehemaligen Industrie- und Zechenflächen entstanden sind, eine ganz besondere Stellung ein. In dem weitläufigen Gesamtsystem des Emscher Landschaftsparks spielen sie eine interessante Rolle: diese großflächigen Parkneuschöpfungen sind Höhepunkte des Parknetzes, häufig liegen sie an besonders wichtigen Schnittstellen, z. B. der Nord-Süd gerichteten regionalen Grünzüge mit dem neu aufzubauenden Ost-West-Grünzug entlang Emscher und Rhein-Herne-Kanal. Während über weite Strecken des Emscher Landschaftsparks der Schutz und die Erhaltung der noch übrig gebliebenen Freiräume in einer eher alltäglichen Ausprägung, als offene Landschaft, als landwirtschaftlich genutzte Fläche, als Wald Vorrang haben, ist hier die Gestaltungintensität ganz bewußt gesteigert!

Auch aus anderer Sicht nehmen diese Parks eine besondere Stellung ein: im ausgehenden 20. Jahrhundert gibt es wenige große, wirklich **neue** Parkschöpfungen; selbst bei den großen Grünanlagen, die in den letzten Jahren und Jahrzehnten im Zuge der Bundesgartenschauen in vielen deutschen Städten entstanden sind, handelt es sich zumeist um die Sicherung und Wiederherstellung, allenfalls noch um die Ergänzung und Erweiterung bereits vorhandener Parkstrukturen und Grünflächen.

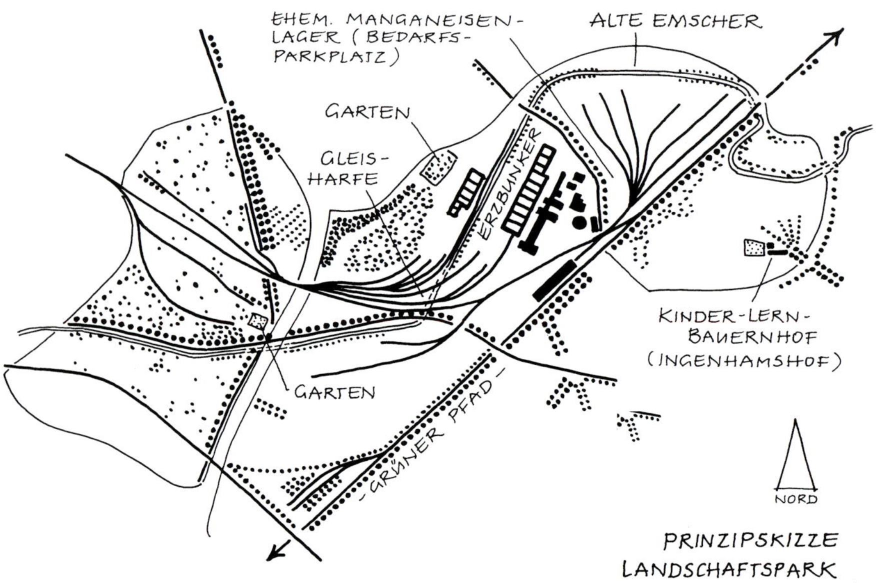

PRINZIPSKIZZE LANDSCHAFTSPARK DUISBURG-NORD

Es gibt noch einen weiteren Grund, weshalb diese Parkschöpfungen in der Entwicklung der Gartenkultur eine besondere Bedeutung haben: die großräumige Parkplanung auf Stahlwerks- und Zechenbrachen ist national und auch international praktisch ohne Vorbild. Die Entstehungsgeschichte und die weitgehend von der IBA organisierten Planungsprozesse sind daher sicherlich besonders bedeutsam. Im folgenden werden drei wichtige große Parkanlagen besonders beleuchtet, die gewissermaßen die Kronjuwelen der Gesamtkonzeption des Emscher Landschaftsparks darstellen: der Landschaftspark Duisburg-Nord (ca. 200 ha), der Gewerbe- und Landschaftspark Nordstern in Gelsenkirchen (ca. 100ha) und der Seepark in Lünen (ca. 63 ha).

Der Landschaftspark Duisburg Nord

Mitte der 80er Jahre wurde das Hütten-/Hochofenwerk Meiderich der Thyssen AG stillgelegt. Westlich angrenzend erstreckten sich bereits große Brachen der ehemaligen Zeche und Kokerei Friedrich Thyssen 4/8, die zum Teil seit mehr als 25 Jahren brach lagen. Bereits im Jahre 1988, parallel zu den Vorüberlegungen, im Emschergebiet eine Internationale Bauausstellung durchzuführen, fanden erste Gespräche über die weitere Verwendung der brachfallenden Gelände statt.

Erste Überlegungen der Stadt Duisburg, die mit der Landesentwicklungsgesellschaft Nordrhein-Westfalen einen Kooperationsvertrag für die Entwicklung mehrerer Brachflächen beschlossen hatte, gingen dahin, auf ca. 40 ha der Fläche einen Freizeitpark zu entwickeln, wobei die geplante Grünfläche gleichzeitig als Ausgleichsmaßnahme für die Ansiedlung neuer Industrien in Asterlagen vorgesehen war. Auf einer weiteren Fläche war zu diesem Zeitpunkt geplant, ein regionales Entsorgungszentrum anzusiedeln.

Die Voraussetzungen für die Inangriffnahme dieser spannenden Aufgabe wurden geschaffen, als das Hüttengelände zum symbolischen Preis von

Aussgangssituation 1988 – Schrägluftbild vom Hüttenwerk Meiderich im Vordergrund und den Brachen der Zeche und Kokerei Fr. Thyssen 4/8 im Hintergrund.

DM 1,– (+ DM 1,80 an Gebühren) von der Thyssen AG an den Grundstücksfond des Landes Nordrhein-Westfalen überging, nachdem die Bergbaufläche bereits vorher den Besitzer gewechselt hatte. Bereits im August 1989 rief die Internationale Bauausstellung Emscher Park zu einem Teilnehmerwettbewerb auf. Gesucht wurden interdisziplinär besetzte Teams, die ein Konzept für die integrative Handhabung der ökologischen, landschaftspflegerischen, denkmalpflegerischen und städtebaulichen Belange sowie den Umgang mit der gegebenen Altlastensituation in einem Gutachterverfah-

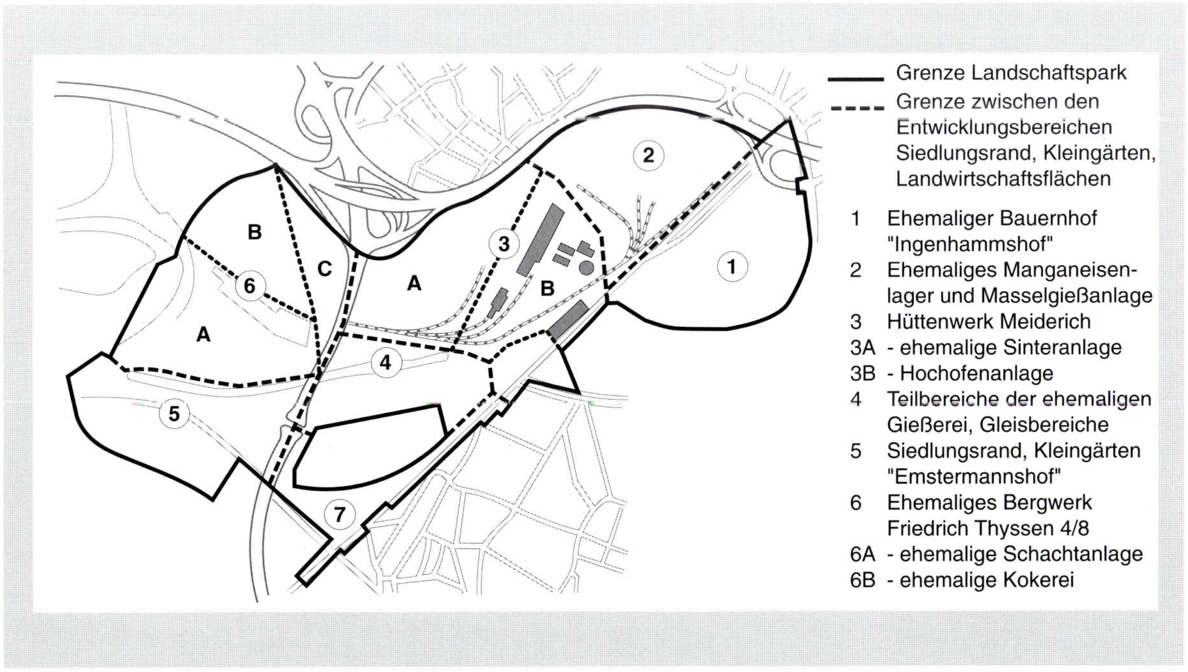

Übersichtskarte des Landschaftsparks Duisburg Nord mit den Entwicklungsbereichen (nach LINNE 1994, aus REBELE/DETTMAR 1996).

ren klären sollten. In die Planungsaufgabe wurden auch die Flächen mit einbezogen, die zum damaligen Zeitpunkt (und zum Teil bis heute) noch nicht aus der industriellen Nutzung entlassen waren, so daß ein Gesamtareal von ca. 200 ha zustande kam. Der IBA Emscher Park war es sehr schnell klar, daß eine derart komplexe Aufgabenstellung nicht mit einem herkömmlichen Wettbewerbsverfahren (offener Ideen- oder Realisierungswettbewerb) zu bewerkstelligen sein würde, da davon auszugehen war, daß viele Fragen erst in der Bearbeitung auftauchen würden, d. h. in einer vorweggenommenen Auslobung garnicht gestellt und beschrieben werden konnten.

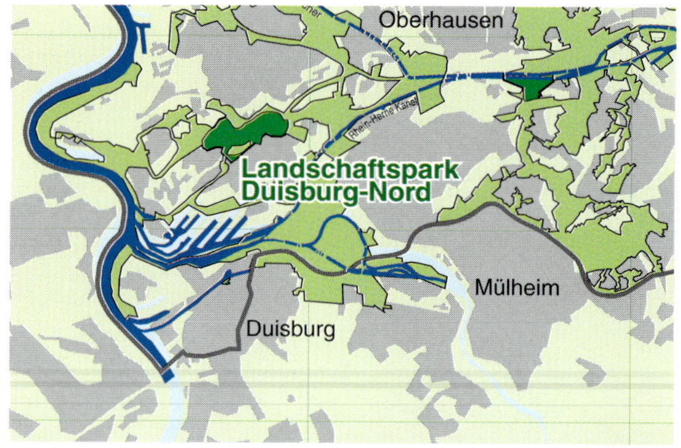

Lage des Landschaftsparks Duisburg-Nord im Regionalen Grünzug A.

In den Wettbewerb mit einbezogen wurde schließlich das gesamte, aus sechs Teilflächen bestehende Areal, vom Ingenhamshof im Osten über das sogenannte Manganeisenlager zum Gelände des ehemaligen Hochofenwerkes/Hüttenbetriebes der Thyssen AG bis hin zu den bereits erwähnten Bergbauflächen westlich der A 59 und einem heterogenen Siedlungsrandgebiet mit Sportanlagen und Kleingärten. Das Gesamtareal beträgt rund 200 ha.

Zu Beginn des Wettbewerbsverfahrens im Spätjahr 1989 war noch nicht geklärt, was mit der aufstehenden Bausubstanz geschehen sollte. Insbesondere war die Frage offen, ob das Hochofenwerk selbst erhalten und in einen Landschaftspark integriert werden sollte, ja ob für eine solche Industriesubstanz unter Umständen sogar eine Denkmalschutzwürdigkeit besteht. Demgegenüber lag für die Sinteranlage auf der Westseite der alten Emscher bereits eine Abbruchgenehmigung vor.

Aus über 60 eingegangenen Bewerbungen (davon 20 aus dem Europäischen Ausland) wurden im Februar 1990 fünf interdisziplinär besetzte Planungsteams ausgewählt. Das Planungsverfahren wurde von Anfang an von einem Lenkungsgremium aus Experten der verschiedenen Fachsparten und aus Vertretern des Auslobers begleitet. Die ausgesuchten Planungsteams wurden verpflichtet, sogenannte Intensivphasen in einer kooperativen Arbeitsweise auf dem Gelände selbst, in vom Auslober zur Verfügung gestellten Räumen, zu erbringen.

Schon sehr früh wurde auch eine intensive Bürgerbeteiligung betrieben. So wurden z. B. Vertreter der Interessengemeinschaft Nordpark Duisburg, die sich aus mehreren Gruppierungen gebildet hatte, zu den Diskussionen der Intensivphasen mit eingeladen. Dieses Bürgerinteresse wurde durch das Angebot von industriehistorischen und botanischen Führungen über das Gelände weiter gestärkt. Auch die gezielte Pressearbeit, die die intensiven Arbeitsphasen der fünf Planungsteams auf dem Gelände begleitete, regte das Interesse der Bevölkerung weiter an. So brachte beispielsweise die Sektion Duisburg des Deutschen Alpenvereins schon frühzeitig ihre Vorschläge für die Errichtung eines Klettergartens im Bereich der Bunkeranlagen des Hochofenwerkes ein.

Die Planungskonzepte der fünf Planungsteams wurden im Frühjahr 1991 eingereicht und in zwei mehrtägigen Sitzungen durch die Bewertungskommission geprüft. Wie zu erwarten war, kamen fünf sehr unterschiedliche Konzepte zustande, die jedoch eines gemeinsam hatten: alle fünf interdisziplinären Planungsteams schlugen vor, das Hochofenwerk möglichst in seiner Gesamtkonfiguration zu erhalten als die identitätsstiftende Landmarke des Gesamtareals.

Die Planungskonzepte

Das Team um die Duisburger Landschaftsarchitekten Boyer – Hoff – Reinders gliederte das Gesamtareal in vier große Abschnitte, die durch ein System von alleengesäumten Wegen und relativ großzügigen Wasserflächen miteinander verbunden waren. Der Bereich um den Ingenhamshof wurde als „Landschaft der vorindustriellen Zeit" herausgearbeitet, während das Hochofenwerk selbst in der „Landschaft der industriellen Vergangenheit" erhalten blieb. Südlich davon, angrenzend an die noch in Betrieb befindliche Thyssengießerei, ließ die „Landschaft der ökonomischen Erneuerung" weiter gewerbliche Entwicklungen zu, während westlich der Autobahn die „Landschaft der ökologischen Erneuerung“ eine weitläufige, gegliederte Parklandschaft mit einem Aussichtsturm vorsah.

Unter der Überschrift „Regenbogendrache“ erarbeitete das Team um das Münsteraner Landschaftsplanungsbüro Siegfried und Annette Brandenfels ein Parkkonzept, das symbolhaft sowohl für die Evolution der Natur stand als auch für eine Zonierung der Parklandschaft in Linien hoher Energiestufen (und damit hoher Nutzungsintensität) im Wechsel mit breiten Ausbildungen niedriger Energiestufen, in denen einer großflächigen Entwicklung der Natur Raum gegeben werden sollte. Der Drache steht in diesem Konzept für die gewaltsame Aneignung und Mobilisierung der Energie, die dem Gelände in den letzten Jahrzehnten ihren prägenden Stempel aufgedrückt hat. Dem ausgeprägten ökologischen Konzept stand ein ebensolches künstlerisches Konzept gegenüber, das insbesondere auch die Frage der Energie mit einbezog und mit Leitlinien der Windenergie und einer Reihe von glühenden Pyramiden den Park prägte.

Einen interessanten Ansatz zum Umgang mit dem Hochofenwerk lieferte das Team um die Landschaftsarchitekten Cass Associates aus Liverpool. Sie stellten das gesamte Hochofenwerk in einen großen kreisrunden See, der gleichzeitig Endpunkt einer mäandrierenden Wasserlinie war, die zu einem industriegeschichtlichen Pfad der Entwicklung der Eisenverhüttung ausgearbeitet war. Insgesamt litt der Entwurf sicherlich darunter, daß durch intensive Gestaltungsmaßnahmen in fast allen Bereichen stark in das vorhandene Gelände eingegriffen wurde, was bei der bestehenden Altlastensituation sicherlich sehr problematisch ist.

Einen faszinierenden Entwurf schuf das Team um Bernard Lassus, den Künstler und Landschaftsarchitekten aus Paris. Noch konsequenter als im Entwurf des Teams Boyer wurde der Park in verschiedene Zeitzonen eingeteilt, die durch sogenannte „Zeitschleusen“ –, dichte Bepflanzungsstreifen aus Koniferen und Laubgehölzen, voneinander getrennt wurden. Beim Durchschreiten einer solchen Zeitschleuse von einem Parkteil in den anderen wandelte sich das Bild total, von der arkadischen Landschaft des Vorgestern im Ingenhamshof zum „Gestern“, in dem das dunkle Hochofenwerk in starkem Kontrast in einer Fläche aus weißem Marmorsplitt zu stehen kommen sollte. Der westliche Geländeteil sollte die Zukunft symbolisieren, mit einer phantastischen Installation „vom Eis zum Dampf“ und einer Erfahrungswelt für die Gärten von morgen.

Einen vollkommen anderen Ansatz wählte das Team um den Landschaftsarchitekten Peter Latz, Freising und Kassel (jetzt Kranzberg). Latz, der seinen Entwurf selbst als „syntaktischen Gestaltungsansatz“ bezeichnet hat, ging davon aus, daß die vorhandenen Flächen durch minimale Eingriffe, Ergänzungen und behutsame Entwicklungen in eine neue Landschaft uminterpretiert werden können. Der dabei entstehende Park ergibt sich aus verschiedenen Strukturebenen und historischen Schichten, ein flächendeckender Anspruch an „Gestaltung“ wird nicht erhoben. Fragmente und Grenzzonen bleiben als typisch für die Landschaft der Emscherzone bestehen. Tragendes Strukturelement sind die vorhandenen Dämme und Bahnlinien, die „Gleisharfe“ wird ein prägendes dreidimensionales Gestaltungselement, sie wird zur Land Art. Der Bahndamm zwischen Neumühl und Ruhrort wird quasi zum Rückgrat der Parkanlage. Davon unabhängig entwickelt sich mit dem Wasserpark ein eigenes System, das alle Niederschlagswässer sammelt und unter Verwendung erneuerbarer Energie einem Klarwassersystem zuführt, das sich eng an den ehemaligen Verlauf der alten Emscher anlehnt und ein eigenständiges, lineares Gestaltungselement ergibt.

Die dritte Ebene ist schließlich das Vegetationskonzept, das sehr stark auf den vorhandenen Vegetationstypen aufbaut. Die stärker fortgeschrittenen Sukzessionsstadien von Gehölz- und Vorwaldflächen in den Randbereichen bleiben praktisch unberührt, während die jungen dynamischen Pionierstadien auf den Flächen, die erst vor kurzem aus der industriellen Nutzung entlassen worden sind, in weiten Flächen in das Parkkonzept mit einbezogen werden. Mögliche oder sogar gewünschte Störungen dieser dynamischen Entwicklungsstadien können dabei in Teilen durch die angestrebten Parknutzungen erfolgen. Dabei bleiben die einzelnen Flächen autark, sie werden keiner Gesamtheit unterworfen.

Die notwendigen Verknüpfungen der verschiedenen Ebenen erfolgen über existierende Einrichtungen oder über „Neuerfindungen“, die z. T. nur symbolische Ausprägungen sind. An mehreren Stellen im Park sind Gärten vorgesehen, die als Symbolgärten Erinnerungen wecken und Vergleiche provozieren sollen, oder als Aussichtsgärten besondere

Landschaftspark Duisburg-Nord: Entwurf von Latz & Partner.

Blickbeziehung in den Park oder in seine Umgebung markieren. Im Übergang zu den angrenzenden Stadtteilen sind sogenannte „Vorparks" angeordnet, die den Übergang von der Landschaft in die städtischen Systeme markieren.

In ihrer abschließenden Sitzung im April 1991 hat die Bewertungskommission folgende Leitmaximen aufgestellt, die auch mit den Zielen der IBA-Emscherpark übereinstimmen:

- Das Projekt soll die nicht marktgängigen Lebensbedingungen räumlicher und sozialer Art für die Bewohner des Gebietes verbessern;
- das Projekt soll einen wesentlichen Beitrag zur ökologischen Erneuerung unter weitestgehender Berücksichtigung des gegebenen ökologischen Bestandes leisten;
- das Projekt soll mit dem vorhandenen Baubestand nicht nur schonend umgehen, sondern die

Überlagerung der Konzeptebenen und Strukturelemente

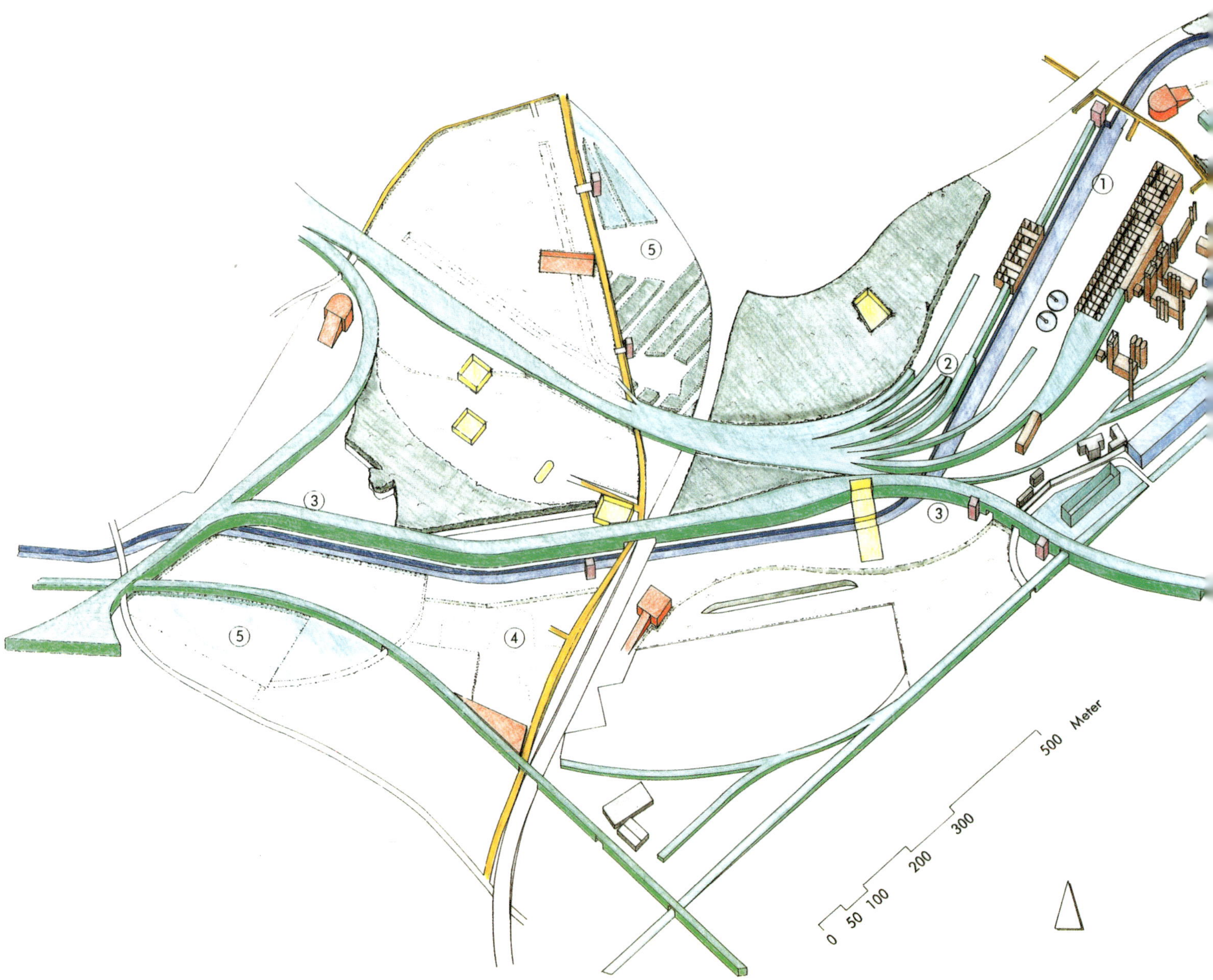

kulturelle Entwicklung und Identitätsbildung am Ort und in der Region stärken.

Wichtige Beurteilungskriterien für die Bewertungskommission waren dabei

- die „Vision des Endzustandes des Parks",
- „der gangbare Weg dorthin", das heißt, die Chancen der Realisierungsfähigkeit in Einzelschritten in Abhängigkeit von den verfügbaren Finanzmitteln,
- „das Hüttenwerk", also die Frage des Umganges und der Integration der vorhandenen Industrieanlagen und Gebäude,
- „Umgang mit Altlasten", wobei unter diesem Gesichtspunkt eindeutig die Entwürfe einen Vorteil hatten, die möglichst wenig in die vorhandenen Geländestrukturen eingriffen,
- der „Umgang mit der Ökologie", wobei wir uns hier alle auf Neuland bewegten,
- und schließlich „die möglichen Nutzungen".

Nach intensiven Diskussionen hat die Bewertungskommission einvernehmlich empfohlen, den Entwurf des Teams Latz + Partner zur Grundlage der Entwicklung des Landschaftsparks Duisburg Nord zu machen. Insbesondere wurde hervorgehoben, daß dieser Entwurf die Strukturen und Elemente des Ortes sensibel aufgreift und seine historischen, sozialen, ästhetischen und ökologischen Potentiale behutsam ausgestaltet und weiterentwickelt. Ferner würde gerade dieser Entwurf die Aneignung des Parkgeländes durch die Bürger in einem prozesshaften Sinne am besten ermöglichen. Außerdem wurde hervorgehoben, daß ein allmähliches Wachsen der gesamten Konzeption mit kurzfristig wirksamen Teilmaßnahmen für eine frühzeitige Nutzbarkeit verbunden werden kann. Die Bewertungskommission, die unter dem Vorsitz von Prof. Donata Valentin getagt hatte, brachte zum Ausdruck, daß der Entwurf eine wachsende überregionale Bedeutung eines neuen Typs von Landschaftspark für eine ökologische und kulturelle Erneuerung der Emscher Zone erwarten läßt.

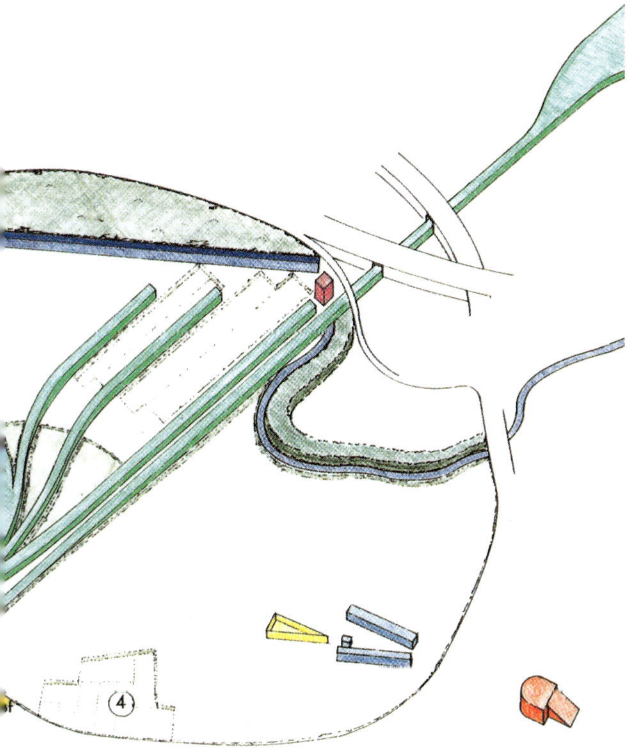

Wasserpark
① Kanal
Parks und Promenaden auf Bahnanlagen
② Gleisharfe
③ Hochpromenade
Parkfragmente verschiedener Vegetation
Flachvegetation
Buschvegetation
Dichte Gehölzbestände
Symbolische Gärten
Vorparks
④ Kleingärten
⑤ Sportflächen
Aussichtsgärten
Einstiegs- und Verknüpfungselemente
Industriemuseum
Kulturelle Gebäude
Gewerbe
Promenaden mit Eingängen

Realisierung

Kurz nach den Sitzungen der Bewertungskommission wurden die Ergebnisse des Planungsverfahrens in einer „Parkwoche" 10 Tage lang der breiten Öffentlichkeit zugänglich gemacht und in einer Art informeller Bürgerbeteiligung auch Gelegenheit gegeben, zu den verschiedenen Planungsvorschlägen Stellung zu nehmen. Anfang Oktober 1991 fasste dann der Rat der Stadt Duisburg den Beschluß, den Empfehlungen der Bewertungskommission folgend, das Konzept des Teams Latz + Partner zur Grundlage der Entwicklung des Landschaftsparks zu machen. Das Büro Latz wurde mit den weiteren Planungen beauftragt. Gleichzeitig wurde grünes Licht gegeben, durch die Realisierung einer Reihe von Vorabmaßnahmen, die sich in die Gesamtkonzeption einfügen, Teilbereiche des Parks schon frühzeitig nutzbar zu machen.

Seit Spätherbst 1991 wird am Landschaftspark Duisburg Nord kontinuierlich gebaut, wobei der Park noch lange nicht fertig ist, andererseits aber bereits fertiggestellte Bereiche von den Bürgern sukzessive und intensiv in Nutzung genommen worden sind.

Landschaftspark Duisburg-Nord: Blick auf die Hochöfen.

Als eine der ersten und wichtigsten Aufgaben ließ der Planungsträger, die Landesentwicklungsgesellschaft Nordrhein-Westfalen GmbH, die Frage nach dem dauerhaften Erhalt der Hochofenanlage überprüfen. Hierzu wurde eine unabhängige Expertenkommission eingesetzt, die verschiedene Varianten des Abbruchs, des Teilabbruchs bzw. des Gesamterhalts oder Teilerhalts der Hochöfen überprüfte. Der Bericht dieser Experten-Kommission wurde 1992 vorgelegt. Aus diesem Bericht wurde deutlich, daß der Erhalt der Hochofenanlage und eine Mindestsicherung, um eine Gefährdung der Allgemeinheit durch herabstürzende Teile auszuschließen, lange nicht den befürchteten hohen Aufwand erforderlich macht (Geschätzte Erhaltungskosten ca. 3,5 Mio. DM), daß aber andererseits ein Abbruch bzw. Teilabbruch der Anlagen aufgrund der schwierigen Entsorgungssituation erhebliche Kosten verursachen würde (bis zu 15 Mio. DM).

Selbst bei einem Abbruch der Hochöfen und der Deponierung des Bauschutts und der Sonderabfälle in den Erzbunkertaschen würden die Kosten – so wurde ermittelt – noch etwas höher liegen als beim Gesamterhalt der Anlage. Hinzu kämen in diesem Falle höhere Kosten für die Aufbereitung und Gestaltung der Freianlagen. Damit waren die Voraussetzungen geschaffen, auch in der Öffentlichkeit und in den Entscheidungsgremien über den Erhalt der Hochofenanlage als realistische Alternative zu diskutieren.

Heute zeichnet sich bereits ganz deutlich ab, daß mit dem Landschaftspark Duisburg-Nord ein ganz neuer Typ eines Landschaftsparks auf Industrie- und Zechenbrachflächen entsteht bzw. bereits entstanden ist. Dieser Typ von Park verleugnet seine Herkunft nicht. Er zeichnet sich durch seine Robustheit in Bezug auf Nutzungen aus, und er macht die unglaubliche Dynamik der Wiederbesiedlung extremer Standorte durch Flora und Fauna sichtbar. Ihm zu eigen ist eine deutlich andere, aber

Oben links: Die „Piazza Metallica".

Oben rechts: Der Klettergarten im Landschaftspark Duisburg-Nord.

außerordentlich interessante Ästhetik der scharfen Kontraste zwischen neuer, „junger" Vegetation und „altem Eisen", die das Spannungsfeld zwischen industrieller Vergangenheit und fortwährender dynamischer Entwicklung unserer natürlichen Umwelt thematisiert und auf neue Art und Weise ins Bild rückt. Dies verlangt allerdings auch, herkömmliche Sehgewohnheiten zu ändern, sein eigenes Empfinden in Bezug auf „Schönheit" von Landschaft und Park auszuweiten.

Kernstück des Neuen Parks ist die Hochofenanlage, wobei der Hochofen Nr. 5 sogar zugänglich gemacht wurde und als Aussichtsturm genutzt werden kann. Von hier oben genießt man einen eindrucksvollen Blick auf das Parkareal und die umgebende Stadtlandschaft, der bisher nur den Turmfalken vorbehalten war, die gelegentlich hier oben nisten.

Von den Hochöfen selbst geht eine ganz eigenartige Faszination aus. Solange sie in Betrieb sind, sind sie der glühende Mittelpunkt der Eisenverhüttung, sie stehen quasi im Zentrum der Produktion und des Arbeitslebens. Der normale Bürger kennt sie nur als fauchende Silhouette aus der Distanz, sie sind heiß und unberührbar.

Im Regelfall werden sie nach ihrer Stillegung abgerissen und verschrottet. Die verbliebenen Meidericher Hochöfen strahlen nicht mehr den heißen, schnellen Rhythmus von Beschickung und Abstich, die Unberührbarkeit während des ehemaligen Betriebes aus – im Gegenteil: sie sind in den langsamen Zeittakt der Korrosion, des Verfalls und der Überwucherung übergegangen und zu einem seltsamen Ort der Ruhe und Gelassenheit geworden. Man kann sich ihnen nähern, man kann sie berühren. Sie stellen das Gedächtnis des Ortes dar und erzählen dem Besucher ihre Geschichte, regen ihn dazu an, über die Produktionsabläufe und Zusammenhänge nachzudenken.

Diese Art der Konfrontation mit der Vergangenheit taucht in der Gestaltung von Peter Latz auch in Einzelbereichen immer wieder auf: in der Piazza Metallica, wo schwere Eisentafeln, die zur Auskleidung der Öfen für die Manganschmelze verwendet wurden, den Boden bilden, in den Bunkergärten der ehemaligen Sinteranlage, wo die fast klösterliche Abgeschiedenheit der einzelnen Gärten mit den massiven Betonmauern kontrastiert, die durch die eingesägten Toröffnungen noch gewaltiger wirken. Von den großen Bunkertaschen des Erzlagers sind einige bereits in interessante Grünnischen oder aufregende Spielbereiche (mit Tunnelrutsche) verwandelt worden.

Im nördlichsten Abschnitt der ehemaligen Erzbunkeranlage, in dem Betonwände und freistehende konische Betonrundstützen mehrere Meter hoch aufragen, wurde ein Klettergarten eingerichtet, der von der Sektion Duisburg des deutschen Alpenvereines betreut und genutzt wird. Hier bieten sich hervorragende Übungsmöglichkeiten unter freiem Himmel für die Anhänger dieser Sportart, die gleichzeitig eine Attraktion für die übrigen Parkbesucher darstellt. Ohne Frage werden durch das Angebot solch optimaler Übungsmöglichkeiten auch die Belastungen in der freien Natur (z. B. in der Eifel) reduziert, so daß eine solche Anlage auch unter Naturschutzgesichtspunkten positiv zu bewerten ist.

Ein weiteres Beispiel für ungewöhnliche Nutzungen vorhandener Einrichtungen im Landschaftspark ist der Tauchsport, der sowohl die mit Regenwasser gefüllten ehemaligen Klärbecken für seine Übungen nutzt als auch in gefluteten Bunkertaschen und im Gasometer außergewöhnliche Tauchgänge organisiert.

Die unbestreitbaren, ganz außerordentlichen Nutzungsqualitäten dieses Landschaftsparks werden auch durch die vielen „Open-air-Veranstaltungen" unter Beweis gestellt sowie durch die vielen Konzert- und Theateraufführungen, die schon die verschiedensten Teile dieser außergewöhnlichen Kulisse bespielt haben, sei es die Gießhalle des Hochofens 2, sei es die ehemalige Gebläsehalle, in die eine Bühne und Zuschauerränge eingebaut wurden, oder sei es die riesige Kraftzentrale, die als multifunktionaler Veranstaltungsort hergerichtet wurde.

Seit 1997 wird der Landschaftspark von einer neuen Betriebsgesellschaft geführt. Diese ist im Auftrag der Stadt Duisburg tätig und versucht, vor allem durch die Vermarktung der Spielstätten und Veranstaltungsorte einen gewissen Teil der jährlichen Unterhaltungskosten des Parks zu erwirtschaften.

Neben den ästhetischen Qualitäten und der möglichen Nutzungsvielfalt sind sicherlich auch die sozialen Qualitäten dieses Landschaftsparks und seiner Entstehungsgeschichte hervorzuheben. Bei der Erhaltung, Sanierung und Renovierung der verschiedenen Altbauten für unterschiedliche neue

Die „Bunkergärten" in den Erzbunkern der ehemaligen Sinteranlage.

Der ehemalige Gasometer wurde mit Wasser gefüllt; die Taucher haben sich hier eine Tauchlandschaft nach ihren Vorstellungen gestaltet.

Nutzungen sind vielfältige Qualifizierungsmaßnahmen gelaufen. Auch weite Abschnitte der Landschaftsbauarbeiten sind mit solchen Qualifizierungsmaßnahmen von Langzeitarbeitslosen durchgeführt worden.

Die offene, prozesshafte Entwicklung des Landschaftsparks hat auch mit dazu beigetragen, das Interesse der Bevölkerung an der eigenen Historie zu wecken und weiterzuentwickeln. Die in Duisburg ansässige Gesellschaft für Industriegeschichte e.V. hat in vorbildlicher Weise dazu beigetragen, durch die Beschäftigung mit der Vergangenheit die Identität des Ortes zu stärken. Die Gesellschaft bietet regelmäßig industriegeschichtliche Führungen über das Gelände an und hat auch eine eigene Broschüre zum Hüttenbetrieb Meiderich herausgegeben.

Mit am spannensten ist und bleibt natürlich der planerische und gestalterische Umgang mit der Vegetation und der tatsächliche Verlauf der sehr dynamischen Entwicklung vorhandener Vegetationsstadien. In diesem schwierigen Bereich kann es wahrscheinlich gar nicht ausbleiben, daß zwischen Landschaftsarchitekten und Naturschützern, ja unter den Naturschützern selbst, unterschiedliche Meinungen auftreten und mit Nachdruck verfochten werden.

Verstärkt und angeregt durch das große bürgerschaftliche Interesse war schon sehr früh ein naturkundlicher Führer für das Meidericher Areal herausgegeben worden, nachdem sich auf dem Areal auch einige Rote-Liste-Arten nachweisen ließen. Auch regelmäßige naturkundliche Führungen wurden und werden organisiert.

Im Frühjahr 1994 hatte das Büro Latz für alle Teilbereiche des Landschaftsparks Duisburg-Nord ein sehr detailliertes und ausgearbeitetes Vegetationskonzept vorgelegt. Einige Naturschutzgruppen, so u. a. auch der BUND, bezogen zu diesem Vegetationskonzept kritisch Stellung. Die IBA sah sich daher veranlasst, mit externen Experten (Ökologen, Vegetationskundlern und Spezialisten für Brachenvegetation, aber auch Naturphilosophen) einen öffentlichen Diskussionsabend durchzuführen, der sich ausschließlich dem Zugang zu dieser Thematik und dem Umgang mit Brachflächen auf Industriegelände unter Naturschutzaspekten widmete. Schon zuvor hatte die IBA einen internationalen Kongress zur Frage der Naturschutzwürdigkeit von Brachflächen organisiert und durchgeführt.

Seit 1994 führt die Landesanstalt für Ökologie, Bodenordnung und Forsten (LÖBF) durch ihre Abteilung 3 Ökologie, Naturschutz- und Landschaftspflege eine laufende Naturschutzeffizienzkontrolle im Landschaftspark Duisbug-Nord durch. Dabei werden sowohl die Fauna als auch die Flora mit den Schwerpunkten Vögeln, Amphibien, Reptilien, Heuschrecken und Blütenpflanzen laufend beobachtet, außerdem finden periodisch Vegetationskartierungen und Biotopstrukturkartierungen statt.

Weite Bereiche des Parkgeländes, so z. B. das westlich der Autobahn gelegene Schachtgelände Thyssen 4/8, tragen heute verschiedene Vegetationsstadien wie beispielsweise blütenreiche Staudenfluren, die Pflegeeingriffe notwendig machen, um eine zu starke Verbuschung zu verhindern.

In einem kürzlich vorgelegten Zwischenbericht kam die begleitende Arbeitsgruppe zu folgenden aus Artenschutzsicht relevanten Empfehlungen: insgesamt sollte gegenüber der Sukzession eine gewisse Toleranz geübt werden. In Teilbereichen sind jedoch Maßnahmen zur Unterbrechung der natürlichen Sukzession zwingend erforderlich. So sollten an Standorten von charakteristischen und bemerkenswerten Arten gezielte Maßnahmen getroffen werden, um diese Standorte zu sichern und immer wieder neu entstehen zu lassen. Auf weiten Teilbereichen ist eine periodische Entkusselung, insbesondere von Sandbirke und Holunder, erforderlich. Einige Vorschläge der begleitenden Gruppe sind natürlich auch unter Nutzungsaspekten nicht unproblematisch. So wird vorgeschlagen, auf keinen Fall senkrechte Wände und Mauern zu sanieren oder gar zu verputzen, da die ausgewitterten Fugen hervorragende Lebensräume für Wirbellose sind. Dies steht natürlich der Wiedernutzung alter Gebäude entgegen, die langfristig einzig und allein ihren Erhalt sichern kann.

Die „Industrienatur“ als wesentliches Gestaltungselement.

Die Kraftzentrale im Landschaftspark Duisburg-Nord, eine alte Industriehalle, wurde zur multifunktionalen Veranstaltungshalle.

Fazit

Veranstaltung im Landschaftspark Duisburg-Nord

Seit der Eröffnung von Teilbereichen des Landschaftsparks Duisburg-Nord im Juni 1994 hat der Park eine große Zahl von Besuchern angelockt. Allein am Eröffnungswochenende waren über 50.000 Besucher gekommen. In den Jahren 1997 und 1998 waren nur bei Veranstaltungen jeweils mehr als 200.000 Menschen im Park.

Über verschiedene neu geschaffene Fuß- und Radwege wie z.B. den „Grünen Pfad" ist das Gelände in den größeren Gesamtzusammenhang des regionalen Grünzugs A im Emscher Landschaftspark eingebunden. Hochgelegene Bahnpromenaden durchziehen quasi als Rückgrat den Landschaftspark Duisburg-Nord und eröffnen hervorragende Überblicke über das Gelände und die beeindruckende Silhouette des Hochofenwerkes.

Inzwischen ist der Ruf des Landschaftsparks als neuartiger Gestaltungsansatz für den Umgang mit Industrie- und Zechenbrachen über die nähere

und weitere Umgebung, ja über die Landesgrenzen hinaus gedrungen. Die prozesshafte Entwicklung des Parks *mit* der Natur und *mit* den interessierten Bürgergruppen hat die Erwartungen, die die Bewertungskommission in das Latz'sche Konzept gesetzt hatte, voll erfüllt. Die Achtung vor dem Vorhandenen, die sorgsame Suche nach den Spuren des Verschütteten und die sanfte Vorgehensweise in der Verwirklichung von Gestaltungsabsichten werden diesem Gelände in überzeugender Weise gerecht. Der Park lebt aus einem neuen Bild von Landschaft und ist insoweit ein Stück Experiment. Er verlangt vom Besucher und Betrachter einiges; er fordert ihm ab, sich von herkömmlichen Schönheitsidealen und Vorstellungen arkadischer Landschaften und „schöner Parkanlagen" zu verabschieden. Bei genauerem Hinsehen schenkt er ihm jedoch eine Vielfalt und eine seltene Ausprägung einer anderen Schönheit, die zum Teil im Verborgenen liegt und erst entdeckt werden will.

Seit Ende 1997 wird diese neue Parklandschaft bei Dunkelheit durch ein Lichtkonzept überhöht, das von dem englischen Lichtkünstler Jonathan Park gestaltet wurde. Manch einem mag diese Illumination fast ein bißchen zu bunt sein, aber auch sie regt den Besucher an, sich mit der Entstehungsgeschichte des Ortes auseinanderzusetzen, seiner Phantasie freien Lauf zu lassen.

Schon heute steht meines Erachtens fest, daß der Landschaftspark Duisburg-Nord ein wichtiger Beitrag zur Entwicklung der Gartenkunst und Landschaftskultur am Übergang zum nächsten Jahrtausend ist. Es wird spannend sein, die weitere Entwicklung und Komplettierung dieses Parks zu verfolgen. Es wird spannend sein, zu beobachten, wie sich die dynamische Entwicklungskraft der Natur und die Einflüsse sich ändernder Parknutzungen gegenseitig beeinflussen; es wird spannend sein, mitzuverfolgen wie sich die Bilder verändern, wenn sich der Baumhain vor der Kulisse der Hochöfen schließt. Ein offener Prozeß – ein spannender Prozeß.

Illumination der Hochofen im Landschaftspark Duisburg-Nord (s.a. nächste Seite unten).

Der Landschaftspark Duisburg-Nord heute – eine Schrägluftaufnahme von 1998 zum Vergleich mit dem Foto auf Seite 58 mit dem Zustand von 1988.

Der Gewerbe- und Landschaftspark Nordstern in Gelsenkirchen

Das Areal der Zeche Nordstern vor Beginn der Arbeiten am Nordsternpark im Jahr 1991.

Bereits bei den allerersten Planungsüberlegungen und Konzepten zum Emscher Landschaftspark, dem zentralen Leitprojekt der Internationalen Bauausstellung IBA-Emscher-Park, kam dem Gelände des Nordstern Parks eine besondere Bedeutung zu. Das Konzept des regionalen Freiraumverbundes in der Emscher Region greift ja bekanntermaßen die regionalen Grünzüge des Siedlungsverbandes Ruhrkohlenbezirk (SVR) aus den 20er Jahren auf (siehe S. 39ff.). In einer richtungsweisenden Entwicklungspolitik hatte der SVR damals versucht, die „Grünflächenfrage", wie sie genannt wurde, nicht beschränkt zu betrachten, sondern in einer überörtlichen, regionalen Siedlungsplanung in möglichst zusammenhängenden Grünzügen zu klären. Zu Beginn der Planungsüberlegungen für den Emscher Landschaftspark bestand die Aufgabe vor allem darin, die Überreste dieser regionalen, nord-süd-gerichteten Grünzüge zu sichern und wieder in einen Zusammenhang zu bringen, insbesondere aber auch die nord-süd-gerichteten Grünzüge durch einen neuen, ost-west-gerichteten Grünzug miteinander zur verknüpfen. Es lag nahe, diese Ost-West-Verknüpfung entlang der landschaftlich dominanten Linearstrukturen der Emscher und des Rhein-Herne-Kanales zu suchen. Es verwundert nicht, daß aufgrund des erhöhten Nutzungsdruckes entlang dieser wirtschaftlichen Infrastrukturader des Reviers eine ganze Reihe von Engstellen und Barrieren bestehen, die einer solchen wünschenswerten Freiraumverknüpfung entgegenstehen.

Die Schnittstelle zwischen dem regionalen Grünzug C und der neu zu schaffenden Ost-West-Verbindung ist eine solche Engstelle. Eingezwängt zwischen Wattenscheid und Gelsenkirchen im Osten und Essen und Bottrop im Westen zwängen sich die Überbleibsel dieses regionalen Grünzugs zwischen Rotthausen, Feldmark, Hessler und Horst auf der einen Seite und Kray, Katernberg, Altenessen und Karnap auf der anderen Seite hindurch.

Sowohl die Verknüpfung in Ost-West-Richtung als auch insbesondere die Weiterführung des regionalen Grünzuges nach Norden sind hier äußerst schwierig. Schon früh war es deshalb auch ein Ziel,

diesen Knoten durch eine entsprechende Schwerpunktsetzung zu betonen und in Wert zu setzen. Direkt südlich des Rhein-Herne-Kanals unmittelbar an der Stadtgrenze zwischen Gelsenkirchen und Essen, befindet sich im Stadtteil Hessler eine relativ große Fläche, die im Landesentwicklungsplan als sogenannten LEP–6-Fläche ausgewiesen war, das heißt als Standort für ein Kraftwerk oder eine ähnliche Einrichtung.

Nach dem Ende der 80er Jahre Pläne für den Bau einer Müllverbrennungsanlage bekannt wurden, regte sich in der Bevölkerung breiter Widerstand gegen eine solche Ansiedlung, insbesondere da die infrage stehende Fläche in Hessler einer der wenigen größeren „naturnahen" Freiräume in dieser Gegend war. Gleichzeitig gab es Überlegungen, das eklatante Freiraumdefizit im Essener Norden mittels einer Bundesgartenschau zu überwinden und quasi ein Gegenstück zum Gruga-Park im Essener Süden zu schaffen. Allerdings führten diese Überlegungen nicht zum Ziel, da für eine entsprechend große Grünfläche kein geeignetes Gelände gefunden wurde.

In dieser Situation brachte die IBA die Idee ein, den Kreuzungspunkt des regionalen Grünzuges C mit dem Ost-West-Grünzug an Emscher und Rhein-Herne-Kanal in Gelsenkirchen, an der Grenze zu Essen, mittels einer Bundesgartenschau zu einem bedeutenden „lokalen Trittstein" im Emscher Landschaftspark aufzuwerten. Zu diesem Zeitpunkt zeichnete sich bereits ab, daß die Zeche Nordstern 1992 stillgelegt werden würde, und daß dann mit der Fläche in Hessler, dem Zechengelände Nordstern sowie Halden- und Hafengelände der Ruhrkohle im Bereich von Horst und Hessler über 200 ha Fläche zur Verfügung stehen würde. Eine Geländebegehung mit Umweltminister Matthiessen, dem Präsidenten des Zentralverbandes Gartenbau Günther Rode und dem IBA-Direktor Prof. Karl Ganser ließ die Beteiligten zu der Überzeugung kommen, daß es zwar eine außerordentliche Herausforderung sei, auf einem solchen Gelände eine Bundesgartenschau auszurichten, daß aber gerade ein solches Vorgehen als Beispiel für den Neuaufbau von Landschaft in Industrieregionen überregionale Bedeutung haben würde.

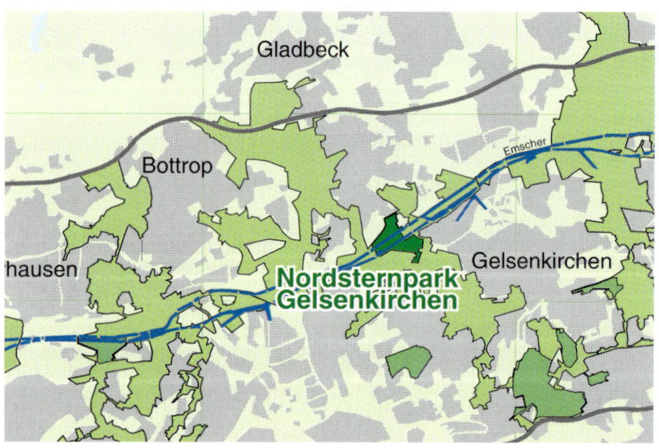

Lage des Nordsternparks im Regionalen Grünzug C.

In längeren Verhandlungen mit den Grundstückseigentümern der Südfläche, den VEBA-Kraftwerken Ruhr (VKR), gelang es schließlich, den Großteil dieser Südfläche für eine Freiraumentwicklung zur Verfügung zu stellen. Lediglich eine Fläche von ca. 20 ha am östlichen Fuße der Eickwinkelhalde blieb für einen möglichen Kraftwerksstandort ausgespart.

Im Dezember 1990 bewarb sich die Stadt Gelsenkirchen offiziell um die Durchführung der Bundesgartenschau 1997. Bereits im Januar 1991 erteilte das Präsidium des ZVG der Stadt Gelsenkirchen den Zuschlag für die Durchführung der Bundesgartenschau. Das Gesamtareal, das in die Planung einbezogen wurde, umfaßt etwa160 ha, das engere, für die Bundesgartenschau zur Verfügung zu stellende Gelände etwa 110 ha.

Das Büro Architektur und Stadtplanung, Düsseldorf, und das Büro Gruppe Ökologie und Planung, Essen, die die Stadt Gelsenkirchen bereits bei der Bewerbung um die Durchführung des Bundesgartenschau unterstützt hatten, wurden beauftragt, kurzfristig Unterlagen für die Durchführung eines bundesweiten Planungswettbewerbes auszuarbeiten. Aus der interkommunalen Arbeitsgemeinschaft des regionalen Grünzuges C, mit dem koordinierenden Büro Institut für Landschaftsentwicklung und Stadtplanung, Essen, sowie aus der Leitplanung des Emscher Landschaftsparks, die beim Kommunalverband Ruhrgebiet (KVR) angesiedelt ist, kamen Vorschläge für Ziele und Inhalte sowie Erwartungen und Kriterien, die an einen Gewerbe- und Landschaftspark Nordstern zu stellen wären.

Im September 1991 beschloß der Rat der Stadt Gelsenkirchen die Durchführung eines bundesweiten offenen Ideenwettbewerbs. Zu diesem Zeitpunkt verfolgte die VKR noch Pläne, auf dem hierfür reservierten Hessler-Gelände das modernste und sauberste Kraftwerk Deutschlands zu errichten. Hierfür war eigens ein Entwurfseminar durchgeführt worden, dessen Ergebnisse in das Wettbewerbsverfahren der BUGA mit eingebracht wurden. Den Teilnehmern des Wettbewerbes lagen desweiteren umfängliche ökologische Bewertungen und Kartierungen der Südfläche vor.

Das Preisgericht tagte im Mai 1992. Als Sieger ging der Entwurf des Landschaftsarchitekten Pridik, Marl, mit den Architekten PASD Feldmeier und Wrede, Hagen, und mit dem Künstler Dr. Rellecke hervor. Mit dem zweiten Preis wurden die Landschaftsarchitekten Müller, Knippschild + Wehberg, Berlin, ausgezeichnet, der dritte Preis ging an die Landschaftsarchitekten Latz + Partner, Kranzberg, mit dem Architekten Jourdan, Frankfurt. Ein vierter Preis wurde an den Landschaftsarchitekten Kipar, Gelsenkirchen/Mailand, ein fünfter Preis an die Landschaftsarchitekten Götte und Galli, Frankfurt/Rieden, mit den Architekten Haag, Stuttgart, vergeben.

Die Entwürfe

Die recht schwierige Aufgabenstellung des Wettbewerbs brachte eine ganze Reihe von interessanten Ideen und Vorschlägen zutage, von denen hier nur einige wenige beispielhaft genannt werden sollen.

Der Landschaftsarchitekt Kipar, Gelsenkirchen/Mailand, schlug vor, das Gelände als Spiegel der typischen Zeitabschnitte der Entwicklung von der Vergangenheit bis in die Zukunft zu gestalten.

Die vorgefundenen Landschaftsstrukturen wurden weitgehend beibehalten, der sogenannte Inselbereich zwischen Emscher und Rhein-Herne-Kanal zeigte in einer horizontalen Abbildung an der Oberfläche ein Spiegelbild der Auffaltung des unterirdischen Gebirges. In dieses abstrakte Bild wurden praktisch alle Ausstellungsinhalte der BUGA integriert. Nach der Gartenschau sollte dieses Relief durch Benutzung regionsspezifischer Materialien und heimischer sowie eingeschleppter Flora ein dauerhaftes Bild der Region abgeben.

Der mit dem dritten Preis ausgezeichnete Entwurf Latz/Jourdan projizierte eine gedanklich idealisierte Landschaft der Vergangenheit auf die Realität der heutigen Situation mit ihren industriellen Prägungen und Überformungen im Norden wie mit ihren agrarischen Resten im Süden. Damit machten die Verfasser auf das Wesen und die Qualität dieser Landschaft aufmerksam. Mit minimalen Eingriffen wurden die für diese Landschaft charakteristischen Fragmente zu einem Gesamterlebnis inszeniert, wobei bereits vorhandene wie auch künftige Aussichts- und Erlebnispunkte zurückhaltend, aber dennoch künstlerisch überhöht genutzt wurden, um die Landschaft wahrnehmbar und erlebbar zu machen.

Die Landschaftsarchitekten Müller, Knippschild, Wehberg (2. Preis) suchten in ihrem Entwurf nicht die natürlichen Strukturen, sondern setzten an ihre Stelle Symbole des unnatürlichen Zustandes. Sie fassten den „denaturierten Zustand der Landschaft“ als Ergebnis des europäischen Fortschritts auf und schlossen daher einen Rückbau in tradierte Landschaftsbilder aus. In einer theaterhaft anmutenden Inszenierung der Kunstlandschaft als Gesamtkunstwerk wurde vorgeschlagen, die Fläche vom Zechen-Ensemble im Norden rampenhaft schräg bis zu den Kuppen der vorhandenen Halden ansteigen zu lassen. In dieser Schräge sollten Großmaschinen des industriellen Zeitalters wie Dinosaurier halb in der Erde versenkt werden. Beidseitige dichte Bepflanzung sollte den Raum immer weiter einengen, bis schließlich an der Engstelle am Hochpunkt sich der Blick überraschend auf die Südfläche öffnete, die mit einem Mondgezeiten-Wasserbecken und einer sternförmigen Gestaltung auf dieses „aha“ antwortete. Mit diesem konsequenten Gestaltungsanspruch provozierten die Verfasser eine dialektische Auseinandersetzung mit der Geschichte des Ortes und mit möglichen Zukunftsvisionen. Sie wiesen den Resträumen keine ökologischen Alibifunktionen zu, sondern dehnten einen eigenständigen Gestaltungsanspruch auf diese Flächen aus. Diese Interpretation stand allerdings in einem deutlichen Konflikt zur Beschlußlage des Auslobers, der für die Südfläche ausdrücklich einen weitgehenden Erhalt der offenen, „naturnahen“ Landschaftssituation gefordert hatte.

Am überzeugendsten war für die Jury der Entwurf der Landschaftsarchitekten Pridik und Partner mit den Architekten PASD Feldmeier und Wrede. Charakteristisch waren großzügige, lange, schnurgerade Weg – und Sichtachsen, die auch der Maßstäblichkeit der Industriefolgelandschaft gerecht werden und ganz neue Blick- und Sichtbeziehungen eröffnen. Ohne Scheu, auch größere Eingriffe und Umschichtungen vorzunehmen, war trotzdem in den entscheidenden Teilbereichen ein sehr sensibler Umgang mit der vorhandenen Situation zu erkennen. Die geforderten funktionalen

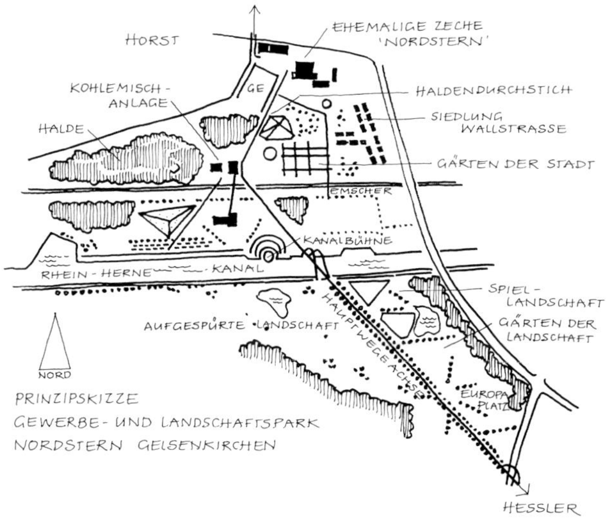

Prinzipskizze. Grundlage. Entwurf für den Nordsternpark von Pridik und Partner und PASD Feldmeier und Wrede.

Verknüpfungen, insbesondere die Verbindung der Stadtteile Hessler und Horst und die Anbindung an die umgebenden Siedlungsbereiche sowie die Behandlung der Südfläche waren überzeugend gelöst.

Ohne Zeitverzögerung wurde die für die Umsetzung einer Bundesgartenschau notwendige GmbH mit ihren entsprechenden Gremien (Aufsichtsrat, Lenkungsausschuß, Ausschuß für Planung und Programm) installiert. Bereits im August 1992 traf sich der Planungsausschuß, der fortan die Entwicklung des Parks begleiten sollte, zu einer ersten Sitzung. Der Empfehlung der Jury und des Planungsausschusses folgend, wurde die Planungsgruppe Pridik mit der Erstellung eines Rahmenplanes beauftragt. Um eine einheitliche Gesamtentwicklung zu gewährleisten, wurde die Bundesgartenschau GmbH auch beauftragt, die Entwicklung des Gewerbeparks Nordstern voranzutreiben.

Entsprechend der Wettbewerbsvorgaben sollte sich der Gewerbepark auf die Flächen der vorhandenen Zechengebäude sowie auf ein benachbartes Neubauareal beziehen. Fast alle Entwürfe des Ideenwettbewerbes hatten die weitestgehende Erhaltung des Zechenensembles gefordert. Dieses, das wie die Zeche Zollverein XII in Essen von den Architekten Schupp und Kremmer in den 20er Jahren erbaut worden war, erschließt sich natürlich nicht ohne weiteres einer gewerblichen Weiternutzung. Gleichwohl plädierten die meisten Beteiligten auch unter denkmalschützerischen Gesichtspunkten für den Erhalt und die Sanierung des Zechenensembles. Mit Hilfe der IBA wurde deshalb nochmals ein besonderes Entwurfsseminar mit mehreren Kolloquien unter Beteiligung von sechs namhaften Architekturbüros durchgeführt, die sich – unter Hinzuziehung von Sanierungsexperten und begleitet von einer interdisziplinären Bewertungskommission – vertieft mit den Möglichkeiten der Sanierung und Weiternutzung der verschiedenen Gebäudegruppen befaßte. Besonders schwierig sind hierbei auch aufgrund von baupolizeilichen Auflagen die Nutzung des Förderturmes und der Sieberei mit Wagenumlauf. Für den Eingangsplatz Nord bei der Bahnunterführung von der Kranefeldstrasse wurde ein städtebaulichen Gutachten erarbeitet. Aufgrund des zunehmenden Zeitdrucks wurden später noch mehrere Landschaftsarchitekturbüros eingeschaltet, die unter der Gesamtplanung von Pridik + Partner als Bereichsplaner die Ausführungsplanungen erarbeiteten. Zur Umsetzung dieser Planungen wurden von der Bundesgartenschau GmbH zwei Treuhänder eingeschaltet, und zwar die Fa. STRABAG für sämtliche Landschaftsbaumaßnahmen des Investitionshaushaltes und die neugegründete Bundesgartenschau GmbH (DBG) für die Vorbereitung aller Ausstellungsinhalte.

Für die Gestaltung des „Europaplatzes", des Haupteingangsbereiches von Süden vom Stadtteil Hessler aus, wurde von der Bundesgartenschau GmbH in Kooperation mit dem Gelsenkirchener Kunstverein ein Kunstwettbewerb ausgeschrieben. Mit dem 1. Preis wurde ein Entwurf von Helga Budde-Engelke und Rainer Engelke aus Wuppertal/Essen prämiert, der in einer weitausgreifenden, zisternenartigen Gestaltung mit Hilfe von Sonnenenergie die Sichtbarmachung des Wasserkreislaufes symbolhaft darstellte. Leider konnte aus Kostengründen dieser Entwurf nicht realisiert werden, so daß schließlich die in dem Wettbewerb mit dem 2. Preis ausgezeichnete Arbeit „Tor" von Friedrich Gräsel zur Ausführung kam.

Parallel zum Planungsprozeß organisierte die IBA Emscher Park noch eine Reihe von Kreativ-Gesprächskreisen, deren Ergebnisse in die Planungsarbeit mit einflossen.

In Bezug auf die Kostensituation war es sicherlich ein großer Vorteil, daß das Herrichten des Geländes unter dem sogenannten Abschlußbetriebsplan zur Entlassung aus der Bergaufsicht und die notwendige Altlastensanierung bereits im Hinblick auf die Geländemodellierung und die Gestaltung des Parkentwurfes erfolgen konnte, so daß hier Doppelarbeit vermieden wurde.

Eine zeitliche Verzögerung stellte sich allerdings ein, als klar wurde, daß sich der Kampfmittelräumdienst dieser Fläche sehr viel stärker annehmen mußte, als ursprünglich vermutet worden war.

Im Frühjahr 1993 wurde der Rahmenplan der Planungsgruppe Pridik verabschiedet. In knapp 4 Jahren Bauzeit wurde ein Beispiel geschaffen, was „Neuaufbau von Landschaft in Industrieregionen" bedeuten, und welche Formensprache einer solchen Aufgabe heute gerecht werden kann. Gleichzeitig wurde demonstriert, wie durch eine sinnvolle gewerbliche Umnutzung und Wiedernutzung vorhandene Bausubstanz hoher architektonischer Qualität erhalten und zu neuem Leben erweckt werden kann, und wie ein solcher Ansatz gleichzeitig als Startpunkt für neue gewerbliche Entwicklungen fungiert.

Der Park heute

Seine prägende Struktur erhält der Gewerbe- und Landschaftspark Nordstern Gelsenkirchen durch seine langen, geraden Hauptwegeachsen, die gleichzeitig eine zügige Verbindung zwischen den Stadtteilen Hessler im Süden und Horst im Norden darstellen. Ausgehend vom erhaltenen Zechenensemble im Norden führt dieser Hauptweg zunächst durch den Haldendurchstich zur ehemaligen Kohlemischanlage, die durch die neue und frappierende Sichtbeziehung, die der Haldendurchstich ermöglicht, zu einer besonderen Landmarke im Gelände geworden ist. Aufgrund der etwas angegriffenen Bausubstanz war lange Zeit diskutiert worden, ob die Kohlemischanlage zusammen mit der Bandbrücke und dem Kohlebunker aus Sicherheitsgründen abgebrochen werden müßten. Heute zeigt sich, wie richtig die Entscheidung war, dieses Ensemble zu erhalten, da es als identitätsstiftendes

Der „Haldendurchstich" mit Blick auf Kohlebunker und Kohlemischanlage.

Die Kohlemischanlage, Kohlebunker und verbindende Bandbrücke.

Kunstinstallation in der Kohlemischanlage von Dani Karavan.

Element de facto unverzichtbar geworden ist. Zur Bundesgartenschau befand sich in der Kohlemischanlage und im Kohlebunker eine eindrucksvolle Kunstinstallation „KunstKlangRaum" des israelischen Künstlers Dani Karavan und des Kölner Tonkünstlers Hans Ulrich Humpert. Der Gang durch die schräg nach oben führende Bandbrücke war dabei ein besonders eindringliches Erlebnis, das durch einen überwältigenden Rundblick vom Dach des Kohlebunkers zusätzlich belohnt wurde.

Bei der Kohlemischanlage knickt die Hauptachse der Parkerschließung nach Südosten ab. Hauptmerkmal und neuer Blickfang sind hier die Doppelbögen der neuen Brücke über den Rhein-

Das Nordsternplatz-Ensemble mit den zum Teil bereits sanierten Gebäuden der Zeche Nordstern und dem neuen Firmengebäude von Spinnrad.

Der Nordsternplatz mit der großen Treppe.

Die Nordstern Fördertürme und das „Stahlgerippe“ des ehemaligen Kesselhauses.

Herne-Kanal. Diese Brücke, entworfen von dem Kölner Ingenieur Prof. Polony zusammen mit den Architekten PASD, ist Teil einer ganzen Brückenfamilie, die neue Querungen der Emscher und der Straße Lerhovebruch im Süden sowie einige hochgelegte Stahlstege im Gelände mit einbezieht, deren Hauptmerkmal und verbindendes Element die roten, aus Stahlrohr gebogenen tragenden Elemente sind.

Der große Eingangsbereich im Norden, der Nordsternplatz, wird geprägt von der interessanten Silhouette des Zechenensembles, überragt von den beiden Fördertürmen. Die bereits sanierten und umgebauten Gebäude der ehemaligen Verwaltung, der Lohnhalle und der Waschkauen sind ein eindrucksvolles Beispiel dafür, wie aus alter Substanz höchst qualitätvoller Nutzraum werden kann. Dem Platz tut es gut, daß seit der Bundesgartenschau durch den Neubau der gewerblichen Ansiedlung der Firma Spinnrad auch die dritte Platzseite geschlossen werden konnte, so daß ein gefasster urbaner Raum entsteht. Geprägt wird dieser Raum durch die große, breite Freitreppe (Planung Prof. Sieverts), die durch eine schräge Rampe mit einem Wasserlauf des Überlinger Künstlers Dreiseitl durchquert wird. Unter dem hochgelegenen Platz, der in der Nordecke auch einen kastanienüberstandenen Biergarten enthält, befindet sich ein riesiger Kiesspeicher, der die Dachwässer aller umliegenden Gebäude aufnimmt und als Brauchwasser bzw. für die Wasserinszenierungen zur Verfügung stellt.

Da für eine zukunftsfähige Gesamtentwicklung Arbeiten und Wohnen, Aufbau von neuer Landschaft und Sicherung von ökologischen Qualitäten unzertrennbar zusammengehören, bestehen Pläne, in das stehengebliebene Stahlgerippe des ehemaligen Kesselhauses zum neuen Park orientiertes Wohnen einzubauen. Der stehengebliebene hölzerne Kühlturm wurde begehbar und erlebbar gemacht, für sein Inneres entwarf Herbert Dreiseitl ein vielfältiges, faszinierendes „Wasserphänomen", das dem Besucher die Eigenschaften und Qualitäten des Wassers auf beinahe philosophische Weise erschließt.

Der bereits erwähnte Haldendurchstich, der tief in die bestehende Halde eingeschnitten wurde, ist kontrastiert durch eine hoch aufgeschüttete, exakt geformte Pyramide, deren klare geometrische Form Ausdruck des gestalterischen Willens im Umgang mit der Industrielandschaft ist. Vom Gipfel dieser Pyramide genießt man einen weit in die Umgebung reichenden Blick, bis hin zum nachts beleuchteten Tetraeder auf der Halde Emscher Blick. Gedankliche Verknüpfungslinien des Emscher Landschaftsparks werden spürbar. Die direkt südlich anschließenden „Gärten der Stadt", ein intensiver und regelmäßig gestalteter Bereich des Parks, beziehen ihre besondere Qualität aus großen, über dem Gelände schwebenden Stahlpergolen, die einen gedanklichen Bezug zur industriellen Vergangenheit des Ortes herstellen.

Ganz anders der westlich der Kohlemischanlage anschließende Bereich, in dem die alten Halden mit ihrem Sukzessionsbewuchs mehr oder weniger unverändert erhalten geblieben sind und lediglich durch die Einfügung einiger Kunstobjekte und die Schaffung von Aussichtspunkten sowie durch einen großen, vom Deutschen Alpenverein betreuten künstlichen Klettergarten angereichert worden sind. Erwähnenswert ist auch der von Jürgen LIT Fischer gestaltete Umbau des Pumpwerkes der Emscher Genossenschaft, der eine interessante Ausstellung zum Thema Geschichte und zukünftige Entwicklung des Emscher Systems beherbergte.

Die Insel, also die Fläche zwischen Emscher und Rhein-Herne-Kanal, auf der auch der Kohlebunker steht, wird von einer Sandpyramide geprägt, die auf einen Landschaftsteil mit regelmäßig gepflanzten Heckenzügen schaut. Dieser Raum, der einen fast labyrinthhaften Charakter hat, ist eine künstlerische Interpretation der Kohleverladestation, die sich mit ihren ausgedehnten Gleisanlagen ehemals hier befand. Eine breite Uferpromenade führt am Rhein-Herne-Kanal mit seinem sauberen Wasser entlang. Dort befindet sich auch die neue Kanal bühne, eine Freilichtbühne, die ein ganz besonderes Ambiente für die unterschiedlichsten kulturellen Veranstaltungen abgibt. Diese Dauereinrichtung ist direkt von der Straße an der Rennbahn erreichbar, so daß ihre Funktionstüchtigkeit außer Frage steht.

Der Südteil des Landschaftsparks wird durch die Hauptwegeachse, die von der neuen Brücke über den Rhein-Herne-Kanal zum Europaplatz und weiter zum Stadtteil Hessler führt, de facto in zwei unterschiedliche Bereiche gegliedert. Östlich des Hauptweges sind intensiver gestaltete Parkbereiche in die Kulisse der dichten Abpflanzung hineingeschoben, die als waldartiges Band einen Schutz zu der vielbefahrenen vierspurigen Straße an der

Blick auf die „Kanalbühne" und die neue Brücke über den Rhein-Herne-Kanal im Hintergrund.

Rennbahn bildet. Besonders erwähnenswert ist hier eine ausgedehnte Spiellandschaft mit großer Wasserfläche, die mit sauberem Wasser vom Rhein-Herne-Kanal gespeist wird, mit Sand- und Matschzonen, mit Kletter- und Rutschmöglichkeiten bis hin zum Beach-Volleyball und vor allem mit innovativen Holzspielgeräten, die zum Spiel in der Gruppe anregen. Im Bereich „Gärten der Landschaft" wechseln sich offene und geschlossene Bereiche ab. Eine große Wasserfläche, Lichtungen und Wege mit Verweilplätzen bieten vielfältige Möglichkeiten für eine landschaftsbezogene Naherholung.

Ganz anders die größere westliche Fläche, die weitgehend in ihrem ursprünglichen, offenen Heidecharakter erhalten geblieben ist. Lediglich einige wenige Bauminseln stärken den Eindruck der räumlichen Tiefe. Nahe des Rhein-Herne-Kanales wurde durch Austiefung in einem größeren Bereich das Grundwasser, das hier zum Rhein-Herne-Kanal fließt, aufgespürt und somit die Möglichkeit eröffnet, daß sich hier relativ ungestört eine neue Biotopstruktur der Feuchtbereiche entwickeln kann. Der Uferwanderweg, der sich auf der Südseite der Rhein-Herne-Kanales entlangzieht, ist dabei Teil des großen Fernradwanderwegsystemes des Emscher Landschaftsparks.

Mit in diese Erholungslandschaft einzubeziehen sind sicherlich die Eickwinkelhalde, die bereits vor dem Bau des Nordsternparks rekultiviert wurde, und die westlich davon gelegene große Schurenbachhalde, die mit ihrer mondlandschaftsartigen Oberfläche aus schwarzem Bergematerial ein ganz eigenartiges Landschaftserlebnis ermöglicht. Die Halde, die nach Plänen des Künstlers Richard Serra geschüttet wurde, ist durch eine Großskulptur von Serra eine wichtige Landmarke des Emscher Landschaftsparks geworden (siehe S. 157ff.).

Fazit

Mit der Realisierung des Gewerbe- und Landschaftsparks Nordstern in Gelsenkirchen ist ein wichtiger lokaler Trittstein und Höhepunkt des Emscher Landschaftsparks Wirklichkeit geworden. Er liegt an einem wichtigen Verknüpfungspunkt des neu zu gestaltenden Ost-West-Grünzuges mit dem in Nord-Süd-Richtung verlaufenden regionalen Grünzug C. Die schnelle Umsetzung verdankt dieser Park sicherlich auch der besonderen Dynamik, die den Bundesgartenschauen zu eigen ist. Gleichzeitig kann man sicher ohne Übertreibung sagen, daß Gelsenkirchen in der Reihe der Bundesgartenschauen in vielerlei Beziehung auch eine außergewöhnliche Stellung einnimmt. Die besondere ökologische Dimension dieser Gartenschau wurde während des Ausstellungsjahres noch unterstrichen durch ein hervorragend konzipiertes „Grünes Klassenzimmer", durch das Hunderte von Schulklassen gegangen sind, oder die Sonderschau „Nachwachsende Rohstoffe", die mit Unterstützung des Bundeslandwirtschaftsministeriums hervorragend didaktisch aufbereitet war und sich auch gestalterisch überzeugend präsentierte, oder in dem Altlastenpavillon, in dem diese schwierige und das ganze Revier betreffende Problematik verständlich dargestellt war.

Für den Park selbst wurde ein neuer, formaler Umgang mit der großräumigen Landschaftsgestaltung gefunden, in dem Blickbeziehungen wieder mit einer Akribie herausgearbeitet worden sind,

Illumination der Pyramidenböschung im Haldendurchstich und der Fördertürme.

wie sie bislang eigentlich nur den englischen Landschaftsparks (vgl. die Parkanlage in Wörlitz mit ihren „Fächerblicken") zu eigen waren. Dies gilt insbesondere auch für die dramatische Inszenierung des Haldendurchstichs.

Die Klarheit und Großzügigkeit der Linien sind dabei den großen Dimensionen des Emscher-Raumes mit seinen gigantischen Industriekomplexen maßstäblich sicher angemessen. In vielen Bereichen sind der Natur neue und zusätzliche Entwicklungsmöglichkeiten eröffnet worden. Bei aller Großzügigkeit der landschaftlichen Gestaltung eröffnen sich gleichwohl vielfältige Möglichkeiten für eine naturbezogene Erholung und spielerische Betätigung, die im Kleinen den intimen Bezug zum Ort herstellen.

Der Nordsternpark heute – Schrägluftbild von 1998 von Süden aus aufgenommen, zum Vergleich mit dem Foto S. 74/75. Im linken vorderen Bildteil sieht man die weitgehend unveränderte Südfläche.

Von den verschiedenen Hochpunkten (Pyramide, Dach des Kohlebunkers) eröffnet sich eine weite Aussicht, die den Park auch als Baustein eines größeren Gesamtraumes erlebbar macht, gleichzeitig aber auch die Möglichkeit zur Übersicht und zur Einsicht in den neu entstandenen Landschaftsraum des Parks selbst bietet.

Mit dem Nordsternpark ist die Sicherung eines wichtigen Freiraumes gelungen, der Ausgleich für die Belastungen des dicht besiedelten und erschlossenen Raumes ist, einen wichtigen Knoten im Netz des Emscher Landschaftsparks knüpft und in hervorragender Weise dazu beiträgt, die vorhandenen Barrieren und Zerschneidungen des Emscher Landschaftsraumes zu überbrücken.

Der Seepark Lünen – Schrägluftaufnahme mit Blick von Westen im Zentrum des Bildes der neue Horstmarer See, im Hintergrund die angrenzenden landwirtschaftlichen Nutzflächen im regionalen Grünzug G.

Seepark Lünen

Der Leitplanung für den Emscher Landschaftspark durch den Kommunalverband Ruhrgebiet (KVR) waren in der allerersten Phase der Internationalen Bauausstellung Emscher Park umfangreiche Untersuchungen und Überlegungen vorausgegangen, inwieweit der Gedanke eines zusammenhängenden Emscher-Landschaftsparks im Planungsraum der IBA überhaupt realisierbar ist. Aus der im September 1989 vom KVR vorgelegten „Machbarkeitsstudie Emscher Landschaftspark" wurden im Dialog mit den interkommunalen Arbeitskreisen für die regionalen Grünzüge und den mit der jeweiligen Koordination beauftragten interdisziplinären Planungsbüros die „Leitlinien Emscher Landschaftspark" entwickelt, die im November 1991 vorgelegt wurden.

Schon bei der Zusammenstellung der Planungsgrundlagen für die Machbarkeitsstudie war natürlich offenkundig, daß die Siedlungsdichte und die Dichte der Infrastruktureinrichtungen im Planungsgebiet des Emscher Landschaftsparks von Westen nach Osten abnehmen und daß insbesondere der Abschnitt nördlich und östlich von Dortmund einen deutlich anderen Charakter aufweist als die übrige Region. Dies schlug sich dahingehend nieder, daß schon in den ersten Überlegungen der Seseke Landschaftspark auch einen anderen Parkcharakter aufwies.

In den Leitlinien ist hierzu folgendes ausgeführt: „Während für die Freiräume in den westlichen regionalen Grünzügen A, B, C und D von Duisburg bis Castrop-Rauxel das Bild einer bedrängten Restlandschaft, umgeben von Siedlungsflächen, zerschnitten von Infrastrukturen und merklich belastet durch verschiedenste Immissionen zutrifft, vermittelt der östliche Teil des Emscher Landschaftsparks zwischen Castrop-Rauxel und Dortmund, im Dortmunder Norden und schließlich im Umfeld der Seseke im Kreis Unna einen überwiegend landwirtschaftlich geprägten Eindruck. Auch hier sind die Belastungen und Veränderungen der Landschaft nicht zu übersehen, bleibt die Nähe und Intensität der Städte spürbar.

Die adäquaten Planungsansätze für die Rahmenpläne in den einzelnen regionalen Grünzügen unterscheiden sich voneinander. Die vergleichsweise

Weite der östlichen Räume und ihre teilweise bereits vorhandenen beachtlichen Naturschutzpotentiale führen zu einer anderen Beurteilung der Entwicklungspotentiale und des Handlungsbedarfes als in dem Ballungskern, wo die miteinander verflochtene Struktur von Freiflächen und Siedlungsflächen neue stadtökologische und ästhetische Antworten erfordert".

Als Leitthema für den regionalen Grünzug G, den Seseke-Landschaftspark, wurde das Thema Wasser gewählt, wobei sowohl der weitgehend eingedeichte Schmutzwasserlauf der Seseke als auch die vielen Gräben und Bäche dieses Landschaftsraumes und die lineare Struktur des mit sauberem Wasser versehenen Datteln-Hamm-Kanals ausdrücklich einbezogen wurden. Trotz der relativen Offenheit ist die Landschaft heute kaum positiv erlebbar, da die Schmutzwasserläufe aufgrund der großen Bergsenkungen häufig relativ hoch über Gelände verlaufen, das zusätzlich durch weitere Infrastrukturbänder, durch Halden und Schlammlagerplätze belastet ist. Durch eine Entwicklung, die sowohl die ökologischen Qualitäten stärkt als auch der Freiraumnutzung größere Entfaltungsmöglichkeiten bietet, sollte unter raumfunktionellen Gesichtspunkten die empfindliche und wertvolle Lippeaue von Beeinträchtigungen entlastet werden. Als Maßnahmenschwerpunkte wurden die Orts- und Siedlungsränder benannt, die zu siedlungsnahen Parks aufgewertet werden sollen, eine Verbesserung des Wegenetzes mit einer Stärkung der Freizeit und Erholungsmöglichkeit in der Landschaft, sowie – im Rahmen des zweiten Leitprojektes Verbesserung des Emscher-Systemes – der ökologische Umbau des Gewässersystems der Seseke.

Als herausragende Projekte wurden benannt: der Umbau der Hofanlage Schulze-Heil zu einer Ökologiestation im Seseke-Landschaftspark, die unter der Trägerschaft des Kreises Unna das Umweltzentrum Westfalen, die Naturfördergesellschaft im Kreis Unna sowie eine Biologische Station unter einem Dach vereint; des weiteren die Aufforstung eines „Waldbandes", das der besonderen Waldarmut in diesem Landschaftsraum entgegenwirken soll; und schließlich die Landesgartenschau Lünen 1996, die als besonderer Gestaltungsschwerpunkt innerhalb des östlichen Abschnittes des Emscher Landschaftsparks eine wichtige Funktion im Gesamtsystem zu übernehmen hat.

In die interkommunale Arbeitsgemeinschaft eingebunden waren neben den beteiligten Kommunen Bergkamen, Dortmund, Kamen und Lünen auch der Kreis Unna und der Lippeverband. Koordiniert wurde diese Arbeiten von der Planergruppe Oberhausen.

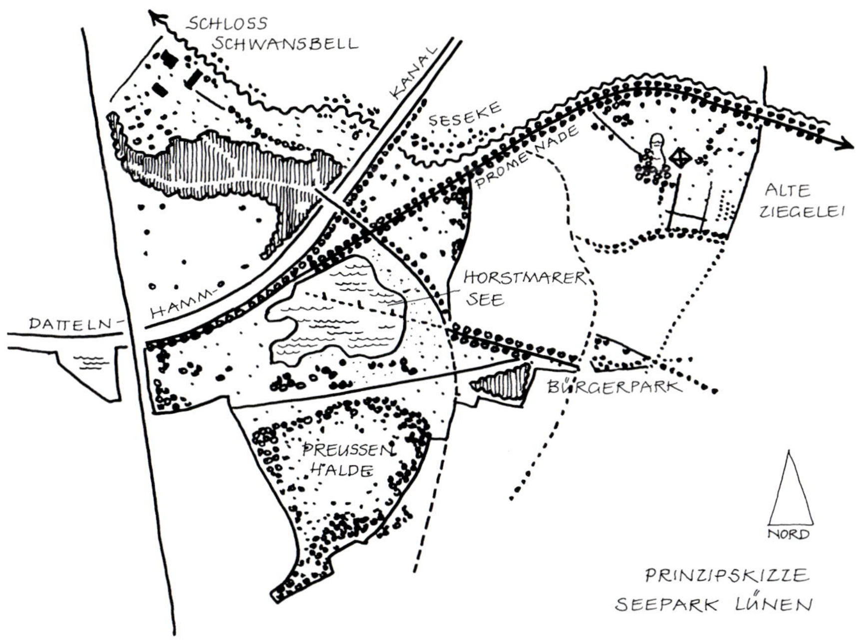

Prinzipskizze. Grundlage: Entwurf von Schupp und Thiel für den Seepark Lünen.

Der Planungswettbewerb

Nachdem sich die Stadt Lünen erfolgreich um die Durchführung der Landesgartenschau Nordrhein-Westfalen 1996 beworben hatte, liefen die weiteren Vorbereitungen nach den besonderen Gesetzmäßigkeiten der Landesgartenschauen ab. Die Stadt Lünen und die Landesarbeitsgemeinschaft Gartenbau und Landespflege e.V. Nordrhein-Westfalen (LAGL) gründeten die Trägergesellschaft, die fortan für die weitere Durchführung verantwortlich zeichnete.

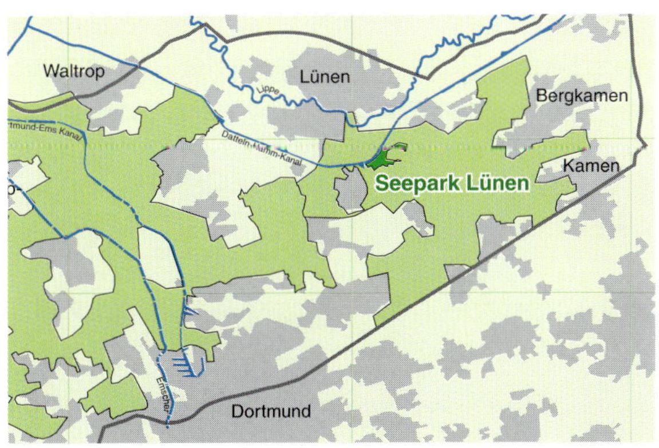

Lage des Seeparks Lünen im regionalen Grünzug G.

Badegäste genießen den neuen See.

Zur Verfügung stand ein etwa. 60 ha großes Gelände, zwischen den Stadtteilen Lünen-Süd, Horstmar und Beckinghausen gelegen, eingerahmt von Halden und Schlammplätzen, Kleingärten und einem alten Volkspark. Der Datteln-Hamm-Kanal durchzieht dieses heterogene Gelände. Unter den Leitthemen „Wiedergewinn von Landschaft" und „Zukunftskonzeption bergbaugeschädigter Landschaft" wurde 1991 der Planungswettbewerb für die Landesgartenschau Lünen ausgeschrieben. Ziel war es, in einer typischen bergbaugeschädigten Verbrauchslandschaft die negativen Aspekte der Bergsenkungen und Deponien, zerschneidenden Infrastrukturlinien zu überwinden und diesen Prozeß auch den Bewohnern und Besuchern wirkungsvoll zu demonstrieren.

Im Frühjahr 1992 wurde der Planungswettbewerb entschieden. Mit dem ersten Preis wurde das Büro für Freiraumplanung Schupp und Thiel aus Münster ausgezeichnet. Ihr Entwurf entsprach in ganz besonderer Weise den in der Auslobung gesteckten Zielen. Eines dieser Ziele war es, das deutlich spürbare Nord-Süd-Gefälle in den Freiraum- und Erholungsqualitäten zu beseitigen, das zwischen dem Lünener Norden und den Bereichen im Süden der Stadt vorhanden ist. Anders als im Norden, wo vornehmlich kleinere Gewerbebetriebe und Wohnbebauung mit Einfamilienhausgebieten vorherrschen, umgeben von einem zusammenhängenden, abwechslungsreich strukturierten Freiraum, ist der Süden der Stadt durch die Entwicklungsprozesse der Industrialisierung, durch Bergsenkungen, Poldergebiete, brachgefallene Industrie- und Bergbauflächen sowie durch Reste von zerschnittenen, verinselten Freiräumen geprägt.

Das hieß, daß die vielfachen Landschaftsschäden und Benachteiligungen der südlichen Stadtteile durch eine gezielte gestalterische und funktionale Landschaftsverbesserung ausgeglichen und damit gleichzeitig neue Entwicklungsimpulse für die Stadtentwicklung in siedlungs-, freiraumstruktureller und wirtschaftlicher Hinsicht gegeben werden sollten. Leitidee war die Wiederherstellung eines siedlungsnahen Freiraumes mit hohem, multifunktionalem Gebrauchswert für Menschen und Natur, der für eine dauerhaft behutsame Aneignung durch die erholungssuchenden Menschen einerseits und durch die sukzessive in die dafür vorgesehenen Räume eindringende Natur andererseits verfügbar ist.

Zweites Ziel war es, eine umwelt- und sozialverträgliche Erholungslandschaft mit engem Siedlungsbezug wieder aufzubauen. Hierzu mußten die vielfältigen Zäsuren wie Dämme, Deiche, Verkehrsbänder, Geruchsbelästigungen durch die Seseke und den Lüserbach überwunden, die bergsenkungsbedingten Schäden repariert und eine monofunktionale Landschaft so umgebaut werden, daß ein differenziertes System größerer und kleiner Freiräume entstand, die zum Aufenthalt, zum Spielen, zum Spaziergang, zur Naturbeobachtung so-

wie zu Sport und spontaner Bewegung einladen. Gleichzeitig galt es, die in Wirklichkeit nur geringe Entfernung zwischen Horstmar und der Innenstadt, die jedoch aufgrund der vielen Barrieren und Zäsuren als erheblich länger empfunden wird, durch gestalterische Mittel so aufzuwerten, daß Fuß- und Fahrradbeziehungen zwischen den Stadtteilen gestärkt werden.

Mit einem sehr straff durchgeplanten Entwurf, der das Vokabular der Industriearchitektur in die Bergbaufolgelandschaft übertrug und so das Vermächtnis des Ortes besonders deutlich herausarbeitete, gewann die Planergruppe Oberhausen in diesem Wettbewerb den zweiten Preis. Ein dritter Preis wurden dem Büro Baer und Müller aus Dortmund zuerkannt.

Der neue Seepark

Mit der Realisierung des Seeparks Lünen ist es mit Sicherheit gelungen, die vielen vorhandenen, aber sehr versprengt liegenden landschaftlichen Potentiale in einen gesamtplanerischen Zusammenhang zu bringen, und eine neue Erholungslandschaft aufzubauen, die wichtige ökologische und soziale

Das Horstmarer Loch macht die Dimensionen von Bergsenkungen in diesem Landschaftsraum besonders deutlich.

Der Horstmarer See mit schwimmenden Skulpturen von Gereon Lepper.

Verbindungen zwischen Freiraum und Wohngebieten herstellt. So konnte die Preußenhalde Horstmar und ihr Haldenvorland im Süden des Geländes, das Wesslingholz mit dem Volkspark Schwansbell, dem Schloß und dem Schloßgarten Schwansbell mit den angrenzenden Waldbereichen bis zur Lippeaue und der Seseke-Altarm sowie der Bereich der alten Klärschlammteiche des Lippe-Verbandes in einen ganz neuen Zusammenhang gebracht werden.

Die Landesgartenschau 1996 in Lünen ist sicherlich auch ein Musterbeispiel dafür, wie schwierig es ist, die mühsamen und beschwerlichen Prozesse einer ökologischen und ästhetischen Qualifizierung der Landschaft einem breiten Publikum zu vermitteln. Auch die Veränderungen von Vorher zu Nachher sind für Besucher nur schwer darstellbar. Andererseits brauchen Landesgartenschauen wie Bundesgartenschauen zur Deckung ihres Durchführungshaushaltes eine große Besucherresonanz. Dies führt dann häufig zu dem Versuch, durch zusätzliche Attraktionen, die oft wenig mit den grundsätzlichen Zielsetzungen der Parkplanung zu tun haben, dieses Interesse zu wecken.

Auch die für eine Leistungsschau des Gartenbaues, die diese ja durchaus auch aufgrund der Bestimmungen der Förderung des Landes darstellen sollen, notwendigen Präsentationen und Ausstellungsinhalte sind nicht immer gleich gut in eine Daueranlage zu integrieren. In gewisser Weise litt die Landesgartenschau in Lünen, was die Durchführung der Ausstellung anbelangt, unter der Größe, Weitläufigkeit und Zersplitterung des Geländes. Für den Tagesbesucher war es kaum möglich, alle Schwerpunkte der Landesgartenschau zu „erwandern", für ihn blieben zwischen den zweifelsfrei hochkarätig gestalteten Schwerpunkten wie Horstmarer See, alte Ziegelei oder auch Schloß Schwansbell schlichtweg zu lange Wegestrecken. Insofern war diese Landesgartenschau, was die wirtschaftliche Seite der Durchführung der Ausstellung anbelangt, sicherlich kein Erfolg.

Oben: Der neu ausgebaute Weg entlang des Kanals.

Links: Kinderspiel und Blüte der spontanen Vegetation im Horstmarer Loch.

Die Schuttpyramide entstand aus Bauschutt einer ehemaligen Ziegelei, die einst auf dieser Fläche stand.

Ganz anders sieht es jedoch aus, wenn man die mittel- und langfristigen Positiveffekte des neuen Seeparks Lünen betrachtet. Die zentralen Themen der IBA Emscher Park wie Wiedergewinn der durch die Industrie verbrauchten Landschaft für die siedlungsnahe Erholung, eine neue und etwas andere Ästhetik für eine sich wandelnde Industrieregion, Gesundheit und Reaktivierung der menschlichen Sinne sind hier in hervorragender Weise umgesetzt. Zentraler und wichtigster Zugewinn ist sicherlich der neu entstandene Horstmarer See, der mit seiner weiten Wasserfläche und dem zum Baden einladenden breiten Sandstrand eine bisher in dieser Region unbekannte Qualität der Naherholungslandschaft darstellt.

Ganz bewußt haben die Landschaftsarchitekten in dieses Umfeld neue Zeichen mit an Industrieproduktion erinnernden Elementen gesetzt wie die stählerne Pergola, dem sich zwischen Horstmarer See und Datteln-Hamm-Kanal einschiebenden Rasenkeil mit seinen Durchstichen oder das „Horstmarer Loch", das mit seinen Basaltschottern, Rasen und Birken auf einfache Weise die vergangene industrielle Nutzung sichtbar beläßt.

Hervorzuheben sind auch der äußerst interessant gestaltete Spielbereich am Kreikenhof sowie die Reminiszenzen an vergangene Parkgestaltungen hervorrufende Schuttpyramide und der Schulgarten im Bereich der alten Ziegelei. In unmittelbarer Nachbarschaft liegt das neue Gebäude der Landesschule der Kleingärtner Westfalen/Lippe mit seinen exemplarischen Außenanlagen. Die anspruchsvolle Architektur des Dortmunder Architekten Eckhard Gerber paßt sich wunderbar in den Seepark ein.

Mit den weit ausgreifenden Promenaden, den neugepflanzten Baumreihen und Alleen und den damit geschaffenen neuen Verknüpfungen und Verbindungen in den regionalen Grünzug G (Seseke Landschaftspark) des Emscher Landschaftsparks werden sich die positiven Wirkungen in den kommenden Jahren erst voll entwickeln.

Mit dem Seepark Lünen ist eine für die Menschen der Region auf vielfältige Art und Weise nutzbare und attraktive Anlage entstanden, die als Beispiel für das Heilen verwundeter Landschaft, die Stärkung ökologischer Mechanismen und die funktionale und ästhetische Zusammenführung zerrissener Einzelteile neue Zeichen setzt.

Stadtparks in der Industrielandschaft

Ein Beitrag von Karl Ganser

Natur frißt Stadt, kommt also in die besiedelten Bereiche zurück, weil dazu Gelegenheit ist. Einerseits wird geklaut, wo das Futter unbewacht ist, das zeigt sich im „Restflächenprojekt“. Teilweise stellt die IBA selbst die Futternäpfe hin. Das ist überall dort der Fall, wo in Reichweite zum Emscher Landschaftspark größere Wohngebiete oder Gewerbestandorte entwickelt werden.

Bei den zugehörigen Wettbewerben war es eine zentrale Forderung, die Landschaft nicht als abfallenden Rest von Städtebau und Architektur zu betrachten, sondern den Landschaftsraum in den Mittelpunkt der städtebaulichen Überlegungen zu stellen. Hier sollen die Verbindungen zum außenliegenden Landschaftsraum des Emscher Landschaftsparks hergestellt werden und hier soll der Bauplatz selbst um einen Landschaftsraum herum ausgeformt sein.

An drei Projekten soll diese Vorgehensweise näher erläutert werden.

Der Innhafen Duisburg, Ausschnitt vom Modell des Wettbewerbsgewinners, des Büro Foster & Partner.

Der Altstadtpark in Duisburg

„Duisburg am Rhein“, dieser Werbeslogan stimmt topographisch schon lange nicht mehr, denn der Rhein hat sich von der Stadt weg bewegt und sein Ufer wurde mit Industrieanlagen verbaut. Nur der „Innenhafen“ hält die Verbindung und ist noch Zeuge von der Stadt am Fluß mit ihrer Handels- und Hafenfunktion. Die weithin bekannten Duisburg-Ruhrorter Häfen erstrecken sich nördlich davon. Der alte Innenhafen hat seine Bedeutung als Mühlen- und Speicherstandort verloren. Die Stadt hat diese Entwicklung erst spät zur Kenntnis genommen und am Rest der dort verbliebenen gewerblichen Arbeitsplätze mit Zähigkeit festgehalten.

Ein klein wenig hat die IBA Emscher Park mitgeholfen, aus dem Innenhafen einen Standort für moderne Dienstleistungen zu entwickeln. Dazu wurde nach einem international ausgeschriebenen Bewerbungsverfahren ein „Masterplan-Wettbewerb“ ausgelobt, den Architekten und Investoren gemeinsam ausgearbeitet haben. Die Jury hat dem Masterplan von Norman Foster den Ersten Preis zuerkannt, und dies aus drei Gründen:

- Es war der einzige Entwurf, der die großen Baumassen eines Büro- und Handelszentrums nicht unmittelbar an die Altstadt, sondern auf die gegenüberliegende Seite des Innenhafens an den „Holzhafen“ verlegt hat, und dies mit einsichtigem Grund. Die erhebliche Verkehrserzeugung sollte nicht in die Innenstadt geführt, sondern draußen an der A 40/A 57 abgefangen werden.
- Das ästhetisch aufregende, sichelförmige Bürogroßgebäude braucht Distanz, damit man es erfassen kann. Die Wasserfläche schafft diese Distanz, und man kann von der alten Stadt auf diese „Bürohaus-Landmarke“ blicken.
- Der eingesparte Platz am Rande der Altstadt unmittelbar hinter der alten Mauer wird für einen Park verwendet, der in seiner Form einen „Schattenriß“ der Bürohaus-Sichel darstellt.

Zu dieser tragenden Idee kam eine weitere: das Wasser des Innenhafens sollte in Form von Grachten in das Baugelände geführt und dort mit dem Regenwasser vereinigt werden. Das machte „Wohnen am Wasser" auch da möglich, wo die Speicherbauten den Zugang zum Innenhafengewässer verstellen.

Der Masterplan positionierte damit einen Bürohaus-Standort mit internationaler Wettbewerbsfähigkeit in erster Linie durch landschaftliche und kulturelle Qualitäten.

Die kulturellen Qualitäten mußten im Laufe der Projektentwicklung hinzugespielt werden. Dazu gehört u. a. der Umbau der ehemaligen Küppersmühle zu einem Kunstmuseum, aber auch der Altstadtpark – eben mehr als nur Grünfläche sein soll, eben urbane Landschaft oder gar Landschaftskunst.

Der Bildhauer Dani Karavan, oft zu Gast im Wilhelm-Lehmbruck-Museum, wurde gerufen und mit einem Entwurf beauftragt. Dieser Entwurf gibt dem Altstadtpark eine strenge skulpturale Gestalt, wobei der Bildhauser sich versagte, einen gewöhnlichen Skulpturenpark zu entwerfen. Er formte stattdessen aus der Abrißgeschichte dieses mit Lagerhallen und Mauern besetzten Geländes seine Skulptur, indem die ursprünglichen Parzellen durch scharfkantig geschnittene Mauern nachgebildet werden und der „handverlesene" Abriß der Gebäude einzelne Skelette herausschält, die vom Künstler dann zu Plastiken im Landschaftsraum ausgeformt wurden.

Damit ist die Grundstruktur dieses Parks beschrieben, Landschaft und Kunstwerk zugleich. Die

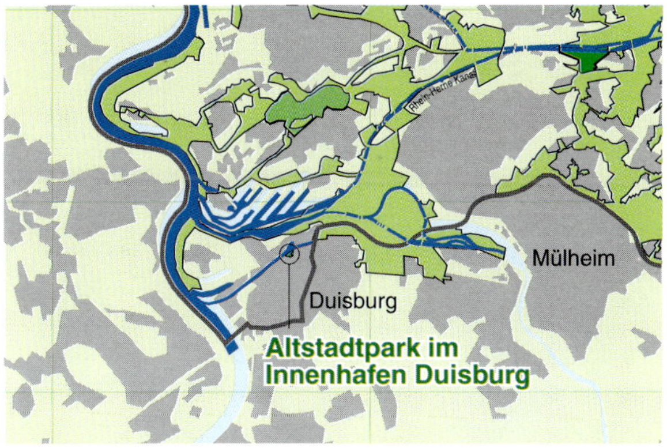

Lage des Innenhafens und des Altstadtparks im Zusammenhang des Stadtgebietes und des regionalen Grünzugs A.

Neue Grachten am Innenhafen – Wohnen am Wasser.

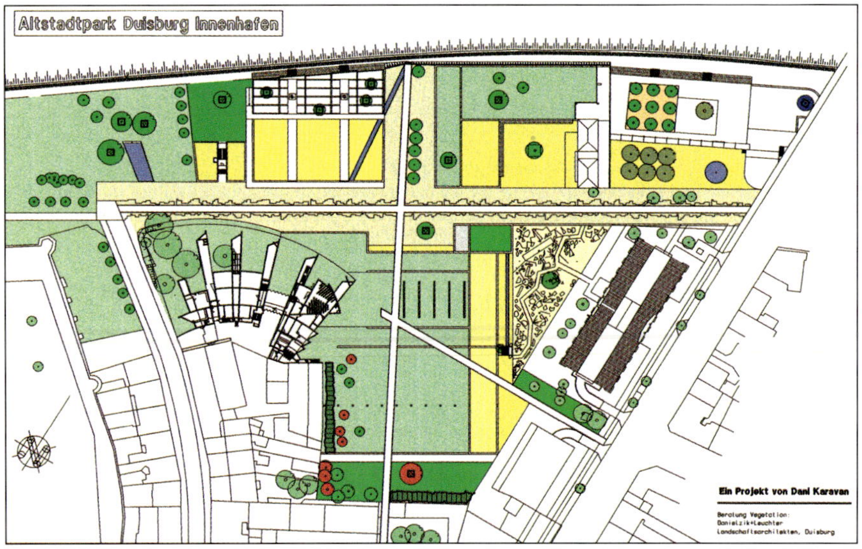

Oben: Der Altstadtpark am Innenhafen nach einem Entwurf von Dani Karavan.

Unten: Ausgangsentwurf für den Gewerbepark Erin von der LEG.

Qualitäten im Detail ergeben sich aus Bepflanzung, Materialwahl, Farbe und Licht. Der Park schafft die Verbindungen zum regionalen Grünzug A über die „Wasserbrücke" Innenhafen, führt den Landschaftsraum Lippe-Ruhr also bis fast unmittelbar vor das Rathaus.

Man darf gespannt sein, wie sich dieser Park im Sommer 1999 präsentiert und wie er sich im Laufe der vielen Jahre entwickelt.

Erinpark

Unmittelbar am Rande der kleinen historischen Stadt Castrop entwickelte sich eine der Erinzechen. 1983 wurde sie geschlossen. Danach gab es hektische Aktivitäten, dieses Gelände zu erschließen und möglichst bald wieder die ursprünglich dort versammelte Zahl von Arbeitsplätzen in einer Größenordnung um 5.000 zu schaffen. Schnell sollte es gehen und viele sollten es sein. Langsam ist es gegangen, weit weniger werden es sein und völlig andere.

Ein großes Einkaufszentrum und viele Wohnungen waren die ursprüngliche Idee, dazu Industrie und Gewerbebetriebe. In Wirklichkeit aber vergingen Jahre, wo auf dem Gelände nur abgebrochen und Böden mehr oder weniger stark kontaminiert hin und her gewalkt wurden.

Der Grundstücksfonds des Landes hat als symbolisches Zeichen für einen raschen Umbruch mit Wiedernutzung unmittelbar nach der Stillegung das Gelände übernommen. Zu Beginn der IBA1989 kam dann auch an diesen Standort nach vielen lähmenden Jahren Bewegung.

Nach den IBA-Regeln wäre nun ein städtebaulicher Wettbewerb sinnvoll gewesen mit einem klaren Schnitt zu den vielfältigen und diffusen Überlegungen aus der Vorzeit. Aber dieses Geflecht an Gedanken, wirtschaftlichen Interessen und politischen Erwartungen an eine schnelle Entwicklung war nicht aufzulösen, ebensowenig wie das Vorurteil gegenüber Zeitbedarf und Praxisnähe von städtebaulichen Wettbewerben. So wurde die Ent-

Abgeänderter Entwurf für den Erin-Park von Landschaftsarchitekt Pridik.

Schrägluftbild vom „Achsenkreuz“ aus dem Jahr 1998.

Der Obercastroper Bach im neuen Bachbett in der Zentralachse des Erinparks.

wicklung auf einem städtebaulichen Entwurf der Landesentwicklungsgesellschaft (LEG) gegründet, der ein markantes Achsenkreuz vorgab, die stadtnahen Baufelder als Kerngebiet mit hoher Nutzungsdichte, die entfernteren als gewerbliche Bauflächen.

Die mühsamen, langwierigen und letztlich auch teuren Überlegungen zur Sanierung der kontaminierten Böden im Interessengeflecht zwischen Behörden, LEG und Gutachtern führten schließlich dazu, daß diese Böden ausgekoffert und auf dem Eringelände wieder aufgehaldet wurden. So ergab sich eine neue, markante Topographie in Gestalt von kleinen Tafelbergen zu beiden Seiten der Längsachse des Achsenkreuzes.

Auch die allgemeinen Überlegungen zum Umbau des Emschersystems und zur Renaturierung der Schmutzwasserbäche trugen Innovationen in die Gestaltung des Eringeländes. Die Dachwässer sollten nicht mehr in den Kanal geleitet, sondern auf dem Gelände gestaut und verzögert werden. Der Obercastroper Bach sollte wieder offen gezeigt werden und durch Laufverlegung in das Achsenkreuz eine zusätzliche Wasserspende darstellen. Auf diese Weise entstand die „Wasserlandschaft“.

Blick über die zentrale Ost-West-Achse von der Innenstadtgrenze auf den regionalen Grünzug E.

Zusätzlich inspirierte die Herkunft des Gründers der Erinzechen, des Iren Mulvany, die ästhetische Version von der Landschaft. Es sollte eine karge, irisch anmutende Landschaftsformation heranwachsen. Das deckte sich zumindest theoretisch mit den Möglichkeiten, die auf deponierten Altlasten und deren Einkapselung einigermaßen tragfähig erscheinen.

Schließlich nimmt die langgestreckte Ost-West-Achse Kontakt mit dem regionalen Grünzug auf, der reichlich schmal eben noch die Städte Herne und Castrop-Rauxel voneinander trennt, führt also hinaus in den Emscher Landschaftspark bzw. in diesen hinein bis vor die Mauern der kleinen historischen Stadt.

Damit ist die Struktur dieses innerstädtischen Parks beschrieben, der das prägende Gerüst für einen Gewerbestandort darstellt, womit also die Bezeichnung „Arbeiten im Park" nicht aus der Luft gegriffen ist.

Auch dieser Park wird erst 1999 fertig und in seiner Gesamtgestalt bewertbar sein. Noch ist nicht ausreichend sichtbar, wie sich die Gewässerlandschaft wirklich darstellt und wie die Vegetationsformationen in der Realität aussehen. Viel, um nicht zu sagen fast alles, wird davon abhängen, wie gerade dieser Park in Zukunft gepflegt wird. Er wird viel Pflege und vor allem eine besondere Form der Pflege erfordern. Ansonsten ist die Gefahr groß, daß sich sehr schnell eine begrünte Deponie statt einer „irischen Landschaft" und ein schmuddeliges Gewässer statt einer zierenden und zugleich ökologischen vernünftigen Wasserlandschaft einstellt. Allein die große Wasserachse macht schon heute von sich reden und straft so manchen Kritiker, der diese große Geste als bombastisch und überzogen betitelte. Sie ist so stark, daß auf beiden Seiten manche eher abschreckende Gewerbebauarchitektur gefaßt wird und in milderem Licht erscheint.

Im Grunde genommen hat der Erinpark keinen eigentlichen Entwerfer und Bauherren gehabt. Die Ausgangsentwürfe für die städtebauliche Figur stammen von der Landesentwicklungsgesellschaft (LEG). Der Landschaftsarchitekt Pridik wurde gerufen, als es um die Ausformung der landschaftli-

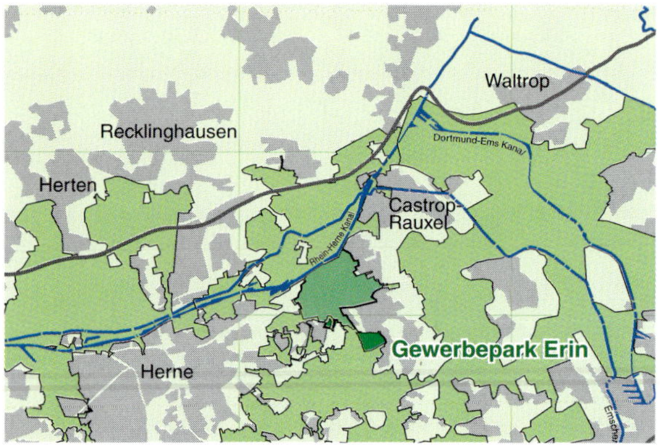

Lage des Erin Parks zwischen der Innenstadt von Castrop-Rauxel und dem Regionalen Grünzug E.

chen Strukturen ging. Für die Erschließungsmaßnahmen inklusive der wasserbaulichen Maßnahmen erhielt das Büro Schlegel und Spiekermann den Auftrag. Natürlich gestaltete auch die Stadt Castrop-Rauxel in Person ihrer vielen Ämter mit. Und all dieses wurde in unzähligen Arbeitskreisen diskutiert, modifiziert, durch tatsächliche oder selbst konstruierte Sachzwänge verändert, an Kosten gebrochen. Am Ende möchte man sagen, daß ein „kooperatives System" als Gesamtverfasser gilt und dabei doch ganz Erstaunliches zustande gebracht hat.

Gleichwohl bleibt zu wünschen, daß in der nun eintretenden Pflegephase die eigentliche Idee dieses Parks im Gewerbepark herauspräpariert wird und nicht zum gesichtslosen Abstandsgrün in des Wortes wahrstem Sinn „verwässert".

Wohn- und Gewerbestandort Holland

Die ehemalige Zeche Holland in Bochum-Wattenscheid, stillgelegt 1974, nahm einen ähnlichen Verlauf wie der Standort Erin in Castrop-Rauxel. Das Gelände lag lange nach der Stillegung herum und bewegte sich nicht. Der Grundstücksfonds des Landes übernahm die Fläche um 1984. Danach gab es mancherlei planerische Übungen, die zwischen Ge-

Das erhaltene und sanierte Gebäudeensemble der Zeche Holland mit der ehemaligen Kaue und der Lohnhalle, heute Sitz des Technologiezentrums Ecotextil.

Schrägluftbild des Wohn- und Gewerbestandortes Holland aus dem Jahr 1998.

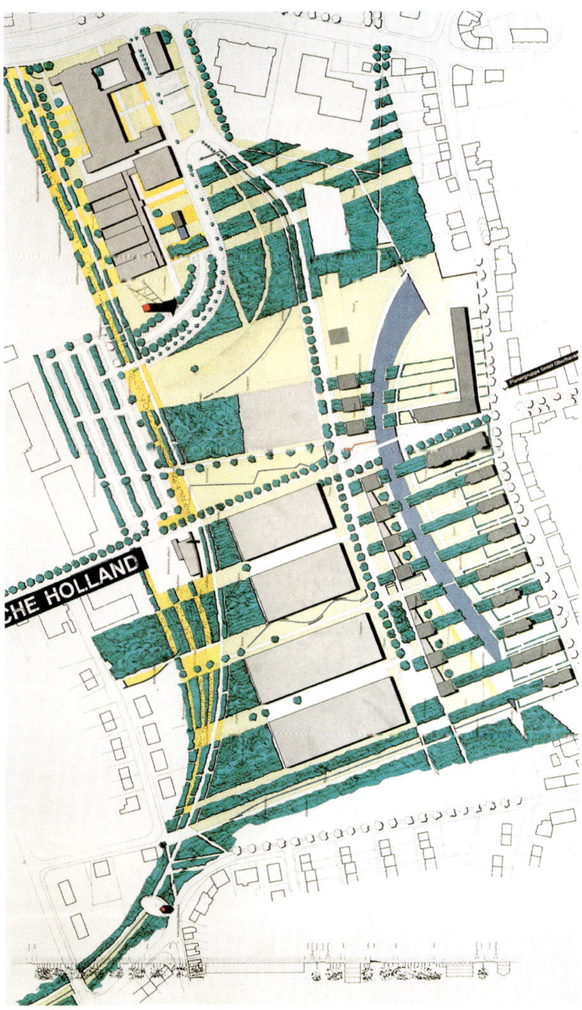

Entwurf für die „Landschaft auf Holland“ von der Planergruppe Oberhausen.

staltanspruch und denkmalrechtlicher Verantwortung einerseits und rascher Verwertung durch die Wirtschaftsförderung andererseits hin und her geschoben wurden.

Es gab sogar lange Zeit ernsthafte Kräfte, die das denkmalwerte Ensemble der expressionistischen Zechenarchitektur von Fritz Schupp ohne Wenn und Aber abreißen wollten. Nur der Auslagerung der Zuständigkeit in den Grundstücksfonds des Landes war es zu verdanken, daß solches Tun erst verzögert und später verhindert wurde.

Als die Stadt Bochum dieses Vorhaben dann in die Internationale Bauausstellung einbrachte, entstand die Idee, daraus einen ökologischen Gewerbe- und Wohnpark zu schaffen. Damals 1991 erregte das ökologische Bauen viel Symphatie, praktisch verwirklicht wurden aber lediglich Wohnbauten, und diese zumeist in kleinen Neubaueinheiten. Daher war es ein wohl einmaliges und auch mutiges Unterfangen, einen Gewerbestandort nach ökologischen Gesichtspunkten zu entwickeln.

Deshalb wurden die damals führenden Architekten, ausgewiesen im ökologischen Bauen, zu einem „Gemeinschaftswerk“ zusammengerufen, um einen Plan aus einem Guß vorzulegen, der Städtebau, Architektur, Bauweise, Erschließung, Entwässerung, Energieversorgung und Landschaft bis hin zu

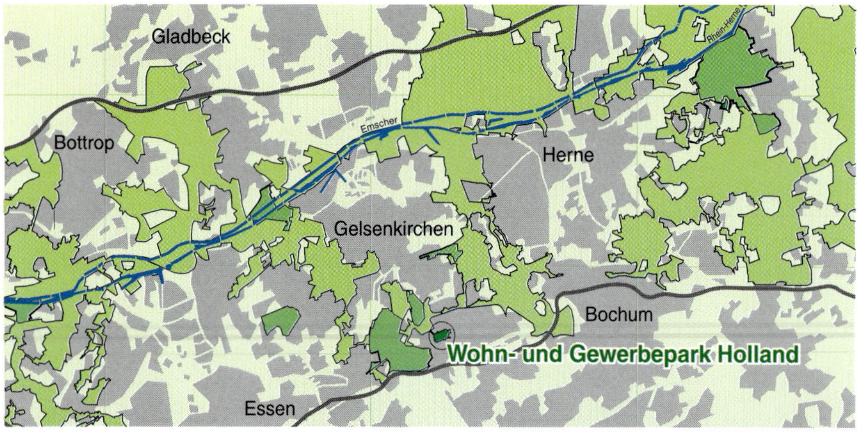

Lage des Wohn- und Gewerbestandortes Holland am regionalen Grünzug C.

ökologisch wirtschaftenden Unternehmen berücksichtigen sollte.

So entstand ein städtebaulicher Leitplan mit folgender Einteilung:

- Wohnen am Rande zur gewachsenen Stadt an der Weststraße;
- als Trennstreifen zwischen Wohnen und Gewerbe ein großer, langgestreckter Regenwassersee;
- als abstandhaltender Nutzungspuffer ein Streifen für gewerbliche Ansiedlungen im nicht störenden Bereich;
- dahinter die Möglichkeit, auch störendes Gewerbe anzusiedeln, ein Damm aus Bergematerial, noch zu Zechenzeiten geschüttet;
- dahinter die Bestandsgebäude der Zeche Holland, gewidmet als Gründer- und Technologiezentrum;
- und schließlich die Parkplätze auf den stark kontaminierten Böden der ehemaligen Kokerei.

Der anfängliche Entwurfsprozeß wurde nach der Ideenphase abgebrochen. An die Stelle eines Entwurfs- und bauleitenden „Gesamt-Architekten“ trat wiederum das am Beispiel von Erin schon beschriebene System von Arbeitskreisen mit verschiedener Zusammensetzung. Für den Bereich der Bestandsgebäude wurde ein beschränkter Wettbewerb ausgelobt. Für die Wohnbebauung an der Weststraße gab es eine Mehrfachbeauftragung. Für den mittleren Teil des Gewerbegebietes dagegen wurde kein systematisiertes Verfahren zur weiteren Konkretisierung der Idee entwickelt.

Im Laufe der weiteren Bearbeitung wurden dann die Landschaftsarchitekten der Planergruppe Oberhausen gerufen, um aus der „übrigbleibenden“ Fläche für landschaftliche Gestaltung etwas mit ökologischem Anspruch und ästhetischer Handschrift zu machen. Das ist nach den vielfältigen Vorbestimmungen von Teilflächen ein ziemlich aussichtsloses Unterfangen. Es widerspricht der eingangs aufgestellten Regel, einen städtebaulichen Entwurf vom Landschaftsraum her zu denken.

Schrägluftbildaufnahme der neuen Wohnsiedlung im Wohn- und Gewerbepark Holland.

Trotz dieser großen Prozeßschwierigkeiten präsentiert sich der Gewerbestandort Holland heute mit einem eindrucksvollen Freiraum, dessen Ausdruckskraft vom Regenwasser her kommt. Die Dachwässer der Gebäude werden in gliedernde, naturnah gestaltete Zwischenräume abgeleitet und versammeln sich als offen geführte kleine Wasserläufe in dem großen, schmalen, sielartigen Regenwassersee. Auf besondere gestalterische Maßnahmen oder gar Blüheffekte wurde absichtlich verzichtet. Hier wird sich erst im Laufe der Jahre herausstellen, wie sich durch kenntnisreiche und behutsame Pflege die Vegetation auf diesen „Kunstböden" einstellt, die im Rahmen der Altlastensanierung und der Bodenaufbereitung sowie der Erschließung und der Baumaßnahmen vielfach hin und her gefahren, zerknetet, verdichtet und strukturlos geworden sind.

Regenwassersee mit neuem Gewerbebau im Hintergrund.

Parkanlagen der vorindustriellen Kulturlandschaft

Landschaftspark Mechtenberg

Ein Landschaftsraum mit Profil

Ein Beitrag von Michael Schwarze-Rodrian

Mit seinen 290 Hektar ist der Landschaftspark Mechtenberg eines der großen Projekte, mit seiner Flächenaufteilung auf die drei Kommunen Essen, Gelsenkirchen und Bochum ein ganz typischer Vertreter aus den regionalen Grünzügen des Emscher Landschaftsparks.

Dieser Teil des Regionalparks ist noch kein Park, es ist vielmehr ein Flächenmix aus Landwirtschaftsflächen, drei landwirtschaftlichen Betrieben, übererdeten Deponien, einem Feuchtbiotop in einem Bergsenkungsgebiet, Waldresten, zwei betonierten Bächen des Emschersystems, Hochspannungsleitungen, einer stark befahrenen Bundesstraße, die als südliche Haupteinfahrt nach Gelsenkirchen fungiert, einer Bundesautobahn als Zäsur zu den weiter südlich liegenden Teilen des regionalen Grünzugs C, Bahntrassen der Deutschen Bahn AG sowie alten Gleisen der Bergbaubahnen und schließlich eines in dieser Landschaft einliegenden Gewerbegebiets auf einem ehemaligen Zechenstandort.

Und dennoch – dieser Landschaftspark Mechtenberg ist viel mehr als nur eine Herausforderung für Regionalparkplaner: es ist ein einmaliger Ort, ein Ort mit Identität, mit Geschichte und fester Verankerung in der Bevölkerung. Die Ursache hierfür ist ebenso einfach wie prägend: Der Landschaftsraum hat trotz aller Unordnung, Barrieren und vergrabener Altlasten eine erkennbare Gestalt, einen Höhepunkt, einen Anziehungspunkt: den kleinen Berg, den Mechtenberg, einen von der Eiszeit geformten, 80 Meter hohen Hügel, der im Laufe der Industrialisierung und dichten umgebenden Stadtentwicklung nicht bebaut wurde. Als einziger natürlicher Berg zwischen all den Halden und Deponien hat der Mechtenberg für die Bevölkerung dort von jeher einen ganz besonderen Stellenwert.

Zu diesem Berg wird gewandert, in seinem kleinen verwilderten Wäldchen auf der Bergkuppe wird gespielt, hierauf bezogen sich unsere Vorfah-

Der Mechtenberg von Osten aus betrachtet.

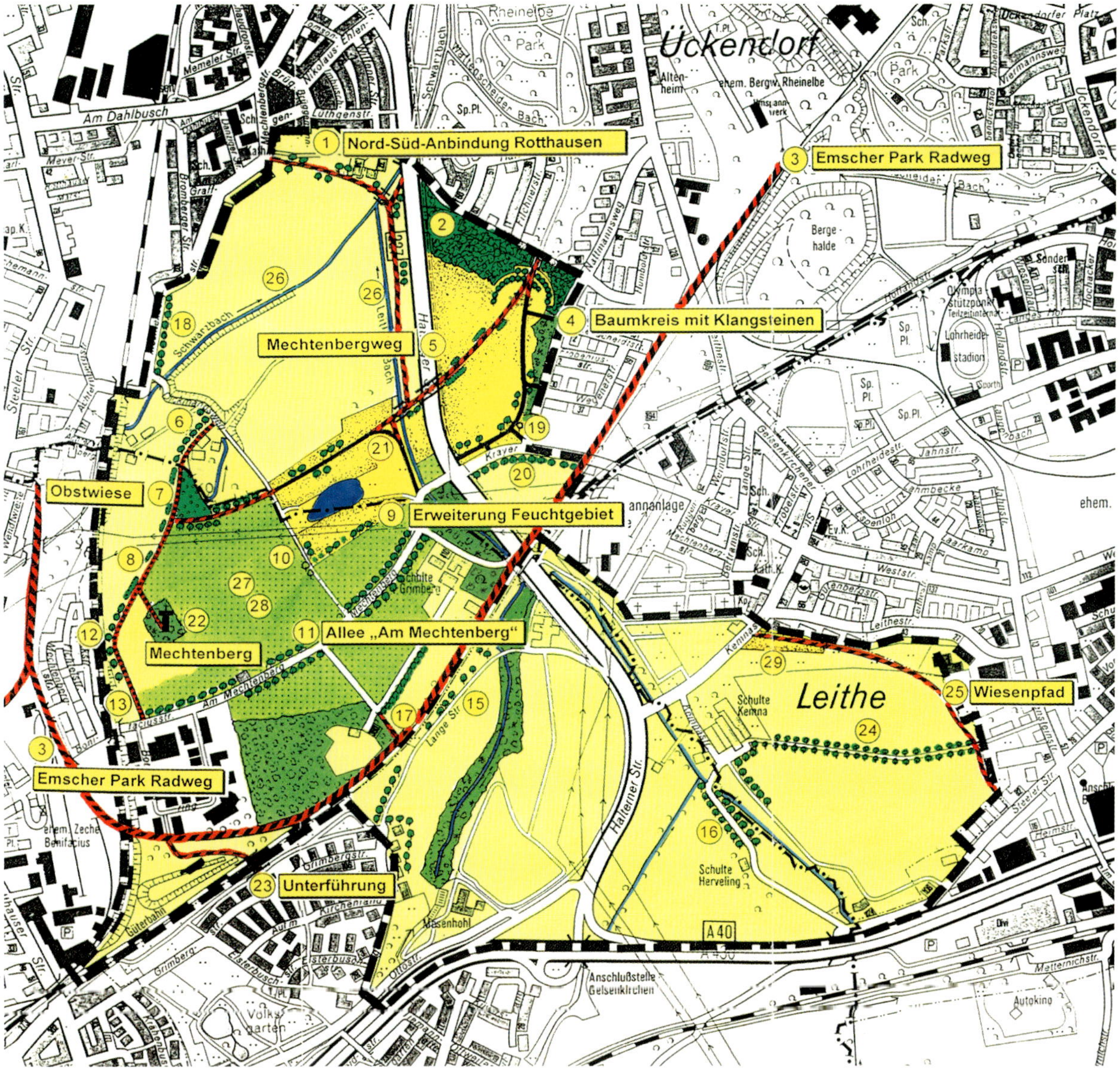

Übersicht des Maßnahmenplanes für den Landschaftspark Mechtenberg.

Umsetzung der Einzelmaßnahmen durch:
(● bereits fertiggestellt)

Kommunalverband Ruhrgebiet
1 Nord-Süd-Anbindung Rotthausen mit 1 Brücke
2 Waldentwicklung
3 Emscher Park Radweg
4 Baumkreis mit Klangsteinen
5 Mechtenbergweg mit 2 Brücken
6 Eichenreihe
7 Obstwiese
8 Hecken
9 südliche Erweiterung Feuchtgebiet
10 Ackerrand am „Dickmannsweg“
11 Allee „Am Mechtenberg“ aus Linden
12 Lindenreihe
13 Instandsetzung u. Absperrung Weg „Am Nettelnbusch“
14 Wildobstreihe
15 Obstbaumreihe „Lange Straße“
16 Obstbaumallee
17 Anbindung Emscher Radweg

Stadt Gelsenkirchen
18● Eichenreihe Mechtenbergstraße
19● Weg mit Biotopentwicklung
20● Lindenreihe Krayer Straße
21● Weg u. Erweiterung des Feutgebietes

Stadt Essen
22● Instandsetzung Bismarckturm
23● Bahnunterführung Kray – Mechtenburg

Stadt Bochum
24● Kirschbaumallee
25 Wiesenpfad Leither Feld

Emschergenossenschaft
26 Ökologischer Umbau Leither- und Schwarzbach

Sonstige Maßnahmen
27● Landart am Mechtenberg 1994 (KVR)
28 Landart-Galerie 1997–99 am Mechtenberg (KVR, IBA)
29● Leither Spielfeld (KVR, IBA, BO)

Schrägluftbild vom Landschaftspark Mechtenberg, von Westen über die Kuppe hinaus gesehen, mit der Blühbildinstallation des Jahres 1998 im Rahmen der Land Art Galerie.

ren, als sie den damals üblichen Bismarkturm errichteten und hierauf beziehen sich auch die Planer und Künstler, wenn sie sich heute mit den Flanken, Wegen und Feldern und mit der Wahrnehmung dieses Hügels auseinandersetzen.

Zwei Bürgervereine in den benachbarten Stadtteilen – einer in Essen-Kray und einer in Gelsenkirchen-Rotthausen – wachen über die Entwicklung ihres Berges, sei es als Rodelhang, als Aussichtspunkt oder als Sorgenkind, wenn jugendliche Motorradfahrer aus anderen Stadtteilen draußen zuviel Unsinn machen. Die unteren Landschaftsbehörden, die Umweltämter der Städte Essen und Gelsenkirchen, wachen – unterstützt von zwei Landschaftsbeiräten – ebenfalls darüber, daß die grünen und künstlerischen Interventionen des regionalen Parkprojektes ihre unter Naturschutz und Landschaftsschutz gestellten Landschaftsreste nicht zu sehr verändern.

Etappen der Parkentwicklung

Weil diese Landschaft doch mehr ist als Restlandschaft, mehr auch ist als die Summe von etlichen Landschafts-, Verkehrs- und Wirtschaftsfunktionen, war es spannend, sich mit ihr als Teil des Emscher Landschaftsparks auseinanderzusetzen.

Den Ausgangspunkt bildeten die Untersuchungsschritte und die Planungsempfehlungen der Rahmenplanung für den regionalen Grünzug C zu Beginn der 90er Jahre. Das Votum war klar: eine behutsame, die ökologischen Qualitäten des Raumes fördernde Entwicklung sollte verbunden werden mit einer Anzahl ergänzender Maßnahmen zur besseren Erreichbarkeit und Erschließung für die Erholungssuchenden aus den anliegenden Stadtteilen.

Zur Konkretisierung und Umsetzung dieser Entwicklungsziele wurden Workshops, kleine Wettbewerbe, diverse Planungsaufträge sowie zwei umfangreiche Kunstaktionen durchgeführt. Die beteiligten Städte einigten sich zusammen mit dem Kommunalverband Ruhrgebiet auf ein entsprechendes Maßnahmenpaket und setzen dies seit 1994 im Rahmen der Förderprogramme des Emscher Landschaftsparks arbeitsteilig Schritt für Schritt um.

Eine Vielzahl der dauerhaften Maßnahmen ist bereits umgesetzt, neue Linden-, Eichen- und Kirschenalleen säumen die Straßen und Feldwege, neue Wanderwege werden angenommen und durch die drei neuen Fußgängerbrücken, die kurz vor der Realisierung stehen, in Kürze auch miteinander verbunden. Ein neues Wäldchen im Verbund mit einem Baumkreis und der Pflege der offenen Brachflächenvegetation geben der ehmaligen Deponieoberfläche am Nattmannsweg eine ganz neue Gestalt. Der geplante Ausbau der Bundesstraße 227 bereitet weiterhin Sorgen, und der angekündigte naturnahe Umbau des Leither Bachs und des Schwarzbaches lassen noch (zu) lange auf sich warten.

Von großer Bedeutung für das regionale Parksystem ist die mittlererweile gelungene Anbindung des Landschaftsparks Mechtenberg an den Emscher Park Radweg. Durch den Ankauf und den Umbau einer alten Zechenbahntrasse zum Regionalen Radwanderweg durch den Kommunalverband Ruhrgebiet ist der Mechtenberg heute nach Westen bis zum Zentrum der Industriekultur, der früheren Zeche Zollverein XII in Essen Katernberg angebunden und nach Osten über die ehemalige Kray-Wanner-Eisenbahn mit dem benachbarten Grünzug D verbunden; hier erreicht er die sogenannte Erzbahn mit ihrem ebenso industriekulturell spektakulären Brückenensemble. Zu dem Verbund mit anderen ELP-Projekten gehört auch die enge Zusammenarbeit mit dem in unmittelbarer Nachbarschaft liegenden Rheinelbe-Gelände und seinem sogenannten Restflächenprojekt, das neue, behutsame und experimentelle Wege beim Umgang mit Brachflächen der Industrielandschaft geht (siehe S. 146ff.).

Gravurbild des Jahres 1994.

Temporäre Kunstaktionen – Landschaftsgestaltung der besonderen Art: Land Art

Die vielen Einzelmaßnahmen rund um den Mechtenberg dienen nicht dazu, hier ein Highlight, etwas Besonderes zu realisieren, sondern sie sind bis heute der behutsamen und nachhaltigen Landschaftsentwicklung verpflichtet. Maßstab sind die Qualitäten der Landschaft sowie ihre Attraktivität und Nutzbarkeit für die Anwohner in den umliegenden Stadtteilen.

Daß der Landschaftspark Mechtenberg dennoch Aufmerksamkeit weit über das Gebiet hinaus erlangt hat und immer noch erzielt, liegt an der hier bereits seit fünf Jahren gewählten Kombination von dauerhaften Landschaftsbaumaßnahmen mit temporären Kunstaktionen, deren Ziel es war und ist, neue Sichtweisen für die Stadtlandschaft zu entwickeln.

Die Idee für temporäre Kunstaktionen entsprang einer intensiven Diskussion zwischen den beteiligten Planerinnen und Planern in der interkommunalen Arbeitsgemeinschaft des regionalen Grünzugs C. Es war eine Debatte um die Prioritäten: sollte man mehr Gestaltung, mehr Landschaftsbau, mehr Landschaftsgärtnerisches oder mehr Behutsamkeit, mehr ökologische Biotopentwicklung, mehr Eigenentwicklung anstreben? Wie ließe sich dies auf diesen Chaosflächen realisieren, was würden die Flächeneigentümer bzw. -nutzer dazu sagen und wie würde der jeweilige Weg von der Bevölkerung angenommen werden?

Die gefundene Lösung ist bis heute tragfähig: der dauerhafte Landschaftsbau wurde auf das funktional notwendige Minimum reduziert, und zur Frage der Landschaftsgestaltung wird experimentiert – und zwar temporär begrenzt, mit Mut zum Irrtum und mit einer nun schon mehrfach praktizierten Lust auf den nächsten Versuch.

In einer ersten Landschaftswerkstatt, einem zweiteiligen „Entwurfsseminar Mechtenberg", wurden 1992 und 1993 Künstler und Landschaftsarchitekten aus dem Ruhrgebiet und aus dem Bundesgebiet eingeladen. Unter aktiver Beteiligung der Bürgervereine, der Stadtverwaltungen, des Kommunalverbandes und der IBA Emscher Park wurden Ideen und Konzepte für temporäre Inszenierungen des Mechtenberges diskutiert, verworfen und schließlich zur weiteren Bearbeitung ausgewählt. Das Entwurfsseminar wurde 1993 ausführlich als *IBA Emscher Park – Wettbewerbe H. 28* dokumentiert. Weitere Kreativgespräche und Kreativspaziergänge schlossen sich 1994 mit weiteren Teilnehmern an.

Die Vorschläge für „Dornröschen-Installationen" des Landschaftsarchitekten Dieter Kienast wurden lange favorisiert, dann aber zu Gunsten des Blühbild-Konzeptes fallengelassen. Die Idee, mit Ackerblumen einen Sommer lang ein großes Gemälde auf die Flanken des Mechtenberges zu „malen", verband die scheinbar widersprüchlichen Interessen optimal: viel Ökologie, wenig Eingriff und Veränderung und dennoch viel Wahrnehmung – ggf. sogar Spektakuläres in einer zeitlich befristeten Aktion.

Segeltuchinstallation am Mechtenberg von Jens J. Meyer im Jahr 1994.

Blühbild des Jahres 1994 nach dem Entwurf von Peter Lörincz.

Den Zuschlag für seine Ideen zur Umsetzung des Blühbildes bekam der Graphiker Peter Lörincz aus Mainz, der zusammen mit dem Essener Künstler Jens J. Meyer als Farbinszenierung das „Mechtenberg-Diadem“ für die sommerliche Blühphase und ein anschließendes herbstliches Gravurbild mit der Tuchinstallation „Flugbahn“ entworfen hatte. Die Umsetzung dieses Konzeptes erfolgte im Sommer 1994 durch die beiden Künstler, den ortsansässigen Landwirt Stricker, der in diesem Sommer Kunst statt Getreide anbaute und den KVR.

Die Aktion wurde 1994 begleitet durch das Projekt „Leither Spielfeld“, das ebenfalls in der Landschaftswerkstatt ausgewählt worden war. Auf der Grundlage eines Konzepts des Münchner Landschaftsarchitekten Peter Latz hatten Kinder aus der Nachbarschaft die Gelegenheit, einen Sommer lang ein aus der landwirtschaftlichen Produktion herausgenommenes Feld nach eigenen Ideen zu bepflanzen, zu bespielen, zu gestalten. Die Spielfeldaktion wurde durch das Kinderbüro der Stadt Bochum betreut und im Sommer 1995 noch einmal für ein halbes Jahr verlängert.

Andere Vorschläge aus der Werkstatt wie z. B. die Klangsteine von Thomas Link werden zur Zeit nicht als temporäre, sondern als dauerhafte Installation realisiert.

Die Erfahrungen des Sommers 1994 waren sehr vielfältig und sie lösten eine Fülle von Diskussionen aus. In der Bevölkerung gab es die bekannte Debatte über den Sinn und Unsinn von Kunst und für die unmittelbar an der Umsetzung Beteiligten gab es Streß mit dem Wetter. Ein zu feuchtes Frühjahr und ein zu plötzlich heißer und trockener Sommer brachten die gewünschten gleichzeitigen Blühereignisse von rotem Inkarnatklee, gelbem Raps und blauer Phacelia durcheinander . Die Natur war zwar Mittel der künstlerischen Inszenierung, ihre Zeitabläufe gestaltete sie jedoch selber.

Das Medienecho der Aktion blieb regional (wenn man von der Fachpresse der Landschaftsarchitektur absieht), und es gipfelte in den vom Bund der Steuerzahler NRW formulierten Vorwurf, daß temporäre Land-Art-Aktionen im Ruhrgebiet der Verschwendung von Steuermitteln gleichkämen.

Mit lebendigen Erfahrungen ausgestattet und durch das Unverständnis der freiwilligen Steuergeldhüter geadelt, wurde 1995 ein weiterer Anlauf gesucht und 1996 mit der Unterstützung der Münchner „Allianz Stiftung zum Schutz der Umwelt" auch gefunden: Für die Jahre 1997–1999 wurde die „Land-Art-Galerie Mechtenberg" ins Leben gerufen.

Zum Auftakt dieser nun privat finanzierten Kunstaktion unter freiem Himmel wurde im Frühjahr 1997 ein bundesweiter Ideenaufruf unter Künstlern, Landschaftsarchitekten und Ökologen ausgeschrieben. Insgesamt 51 Arbeiten gingen aus dem Bundesgebiet und dem benachbarten Ausland ein. Fünf Entwürfe wurden zur weiteren Bearbeitung ausgewählt, um schließlich das Projekt „Erd-Energiespuren – Übertage/Untertage" von dem Künstler Peter F. Strauss aus Bad Endorf und dem Landschaftsarchitekten Hartmut Solmsdorf aus Berlin zur Realisierung zu empfehlen.

Die handwerkliche Grundlage war wiederum eine Art Blühbild in Zusammenarbeit mit dem Bauern Stricker – ein Konzept Kunst zu säen, um Natur zu ernten. Die Bedeutung und die gewählten Bezüge waren jedoch anders als bei den Aktionen von 1994.

Das Team Strauss/Solmsdorf sah den Berg als „topographische Bodenskulptur" mit einer über die Höhenlinien vermittelbarten Oberfläche und mit einer Tiefenstruktur, die sich durch ein radiästhetisch auffindbares „Stollenkreuz", dem Verlauf vorangegangener Bergbautätigkeit und in Form einer „Anregungszone" unterirdisch verlaufender Wasseradern darstellen läßt.

Auch bei der zweiten großen Umsetzung im Sommerhalbjahr 1998 hielten sich Zustimmung

Bohnenstangenreihe auf einer „Wasserader" als Element des Blühbildes im Sommer 1998 am Mechtenberg.

und Kritik über den gewählten Weg die Waage. Wieder spielten die Witterung und die Pflanzen nicht in der gewünschten Weise mit. Auch diesmal gab die Kunstinstallation vielfältige Möglichkeiten der Interpretation, und Einzelheiten, wie z. B. der Bohnenstangenweg in der „Anregungszone", fanden großen Zuspruch bei der Bevölkerung.

Die Verantwortlichen der Land-Art-Galerie entschieden, für 1999, bei der dritten Umsetzung der temporären Aktion am Mechtenberg neue Wege zu gehen. Drei Künstler wurden direkt zur Erarbeitung von Konzepten eingeladen: der Essener Matz Schulten, der Japaner Tadashi Kawamata sowie die Amerikanerin Martha Schwartz.

Während die vorgeschlagenen Bauminstallationen des Essener Künstlers in dem kleinen Wäldchen auf der Spitze des Mechtenberges zweifellos sehr bewußt und behutsam mit dem Ort umgegangen, – dabei aber auch nur sehr begrenzt wahrnehmbar geworden wären, erschien die große stegartige und begehbare, bis zu 25 Meter hohe Holzskulptur „View of Ruhrgebiet – Terrace of Mechtenberg" von Kawamata einmalig in ihrer Form, aber doch ohne den rechten Bezug zum Mechtenberg. Die freie Architektur dieser Skulptur schien eher für eine der Halden, die Landmarken des Emscher Landschaftsparks, geeignet zu sein.

Mit der Auswahl des Entwurfes „Morphing Perception" von Martha Schwartz war auch die Entscheidung verbunden, sie als Finissage der Landmarken-Ausstellung im Schloß Oberhausen zu realisieren. Die Überzeugungskraft dieser Arbeit ist entsprechend erst im September 1999 am Mechtenberg zu begutachten, wozu die Leserinnen und Leser herzlich eingeladen sind.

Schrägluftaufnahme des Blühbildes von Strauss und Solmsdorf im Sommer 1998.

Gehölzgarten Ripshorst

Mit dem Gehölzgarten rund um den ehemaligen Bauernhof Haus Ripshorst entsteht ein weiterer Park, jedoch mit ganz anderem Charakter als die zuvor gezeigten Beispiele. Es wird auch ein Park für die Anwohner werden, diesmal auf ehemaligen Landwirtschaftsflächen der Firma Thyssen in Oberhausen.

Anfang der 90er Jahre verkaufte das Unternehmen diese rund 40 Hektar Reserveflächen an den Kommunalverband Ruhrgebiet (KVR). Seit Jahrzehnten im Unternehmensbesitz, waren sie jedoch nie zu industriellen Produktionszwecken herangezogen worden, sondern landwirtschaftliches Pachtland für den Nebenerwerbsbetrieb geblieben. Mitten an der Schnittstelle des Ost-West-Grünzuges mit dem regionalen Grünzug B gelegen und unmittelbar an den Rhein-Herne-Kanal angrenzend, ist dieses Gelände ein Filetstück für den Aufbau des Emscher Landschaftsparks.

Unter dem Motto „Ökologischer Gehölzgarten" hat der Kommunalverband Ruhrgebiet (KVR) diese Flächen als eines von insgesamt acht Modellprojekten in sein „1. Handlungsprogramm Emscher Landschaftspark" aufgenommen.

Den Projektstart bildete 1991 die Durchführung eines Entwurfsverfahrens, zu dem der KVR drei Landschaftsarchitekten-Teams und drei Brückenbauingenieure eingeladen hatte.

Die erste Aufgabe lautete, an einem Standort im Emscher Landschaftspark exemplarisch die landschaftlichen Gestaltungsmöglichkeiten mit Gehölzen auszuschöpfen und die ökologischen Dimensionen der Bäume zu thematisieren. Gesucht wurde ein Parkentwurf als Modellprojekt für die

Schrägluftbild des Gehölzgartens Ripshorst, von Westen aus betrachtet.

Landschaftsgestaltung an den Siedlungsrändern der Emscherzone.

Die zweite Aufgabe war der Entwurf einer neuen Fußgängerbrücke über den Rhein-Herne-Kanal: das bis dahin fehlende Stück für eine neue Nord-Süd-Verbindung für Wanderer und Radfahrer im Regionalen Grünzug B.

Seit 1994 ist das Projekt **Gehölzgarten Ripshorst** im Bau. Bis zum Frühjahr 1999 sollen alle Parkteile fertig und erschlossen sein: der Park mit seinen Bäumen und Freiflächen, die 1997 bereits eröffnete neue Fußgängerbrücke und der Neu- und Umbau des alten, dreiteiligen Bauernhausensembles zum Haus des Gartens, zum Haus des Naturschutzes und zum Haus des Parks.

Der östliche Eingang des Gehölzgartens in der Nachbarschaft zum Centro Oberhausen

Der Gehölzgarten und das Haus Ripshorst

Nach den Entwürfen der Arbeitsgemeinschaft der Landschaftsarchitektin Lohaus und des Landschaftsarchtitekten Diekmann aus Hannover wird ein 60 Meter breites und 2.000 Meter langes Gehölzband entlang der westlichen, südlichen und östlichen Ränder der Freiflächen gepflanzt. Die nördliche Kante des Gehölzgartens bildet die bereits bepflanzte Böschung des Rhein-Herne-Kanals mit seinem Kanaluferweg und der direkten Anbindung an den Emscher Park Radweg. Hier liegt der künftige Haupteingang für die radelnden und wandernden Parkbesucher. Den Eingang zur Stadt Oberhausen hin markiert ein an der westlichen Spitze des Gehölzgartens ausgestalteter, quadratischer Baumplatz an der Osterfelder Straße. Die Signalwirkung seiner Gestaltung zielt auf die Wahrnehmbarkeit des Gehölzgartens gegenüber der angrenzenden „Neuen Mitte Oberhausen“ ab.

Das Gehölzband folgt dem willkürlichen Verlauf des Siedlungsrandes und nimmt dessen Form als Gestaltungselement in den neuen Park hinein. In diesem Band wird die Entwicklungsgeschichte der Bäume und die Vielfalt ihrer Erscheinungsformen dargestellt. In strenger, zunächst an Baumschulkulturen erinnernder Nord-Süd-Aufstellung sind Baumreihen, Merkreihen und Gehölzgruppen in thematischen und ästhetischen Zusammenhängen gepflanzt worden.

In vier größere Abschnitte ist dieses neue Arboretum, diese öffentliche und zugleich wissenschaftli-

Seite 118 und 119: Ansichten des Gehölzgartens.

Entwurf für den Gehölzgarten Ripshorst von den Landschaftsarchitekten Diekmann und Lohaus.

chen dendrologischen Ansprüchen entsprechende Gehölzsammlung gegliedert:

- den „Tertiärwald“ mit den voreiszeitlich hier heimischen Gehölzen entlang der Ripshorster Straße,
- den „Bruchwald“ mit den Bäumen der wechselfeuchten Standorte entlang des Läppkes Mühlenbaches,
- die „Wiederbewaldung“ mit den sogenannten heimischen Baumarten entlang des Sammelbahnhofs Frintrop und
- die „Kultivierung“ mit den verschiedensten vom Menschen kultivierten Frucht- und Obstbäumen entlang des östlichen Parkrandes.

Die Entwicklung der Gehölze, die Qualität der Pflanzung und der Anwuchs- und Entwicklungspflege sowie die Umsetzung des dendrologischen, baumkundlichen Konzepts wird von einem fachkundigen Beirat begleitet und kontrolliert.

Die großen Freiflächen, die von dem Gehölzband eingefaßt werden, bleiben als offenes Grasland frei und dienen der extensiven Erholung. Mit den ver-

Ansicht des Hauses Ripshorst im Gehölzgarten

schiedenen hier eingesäten Gras- und Wildblumenmischungen zeigt sich neben der Vielfalt der Bäume, Blattformen, Blüten und Früchte auch das Grasland im Wechsel der Jahreszeiten.

Pfade und Rundwanderwege durch das Gehölzband und das Grasland erschließen den Gehölzgarten als Gesamtanlage und bieten die Schnittstelle zu dem eigenen Informationssystem. Auf den Wegen durch das Gehölzband gelangt man direkt an die einzelnen Bäume, wird gezielt an sie herangeführt – auf den Wiesenpfaden nimmt man den Habitus der Einzelbäume mit Abstand und im Zusammenhang der Baumgruppen und zukünftig auch als Waldrand wahr. Die Wiesenpfade führen durch das Grasland zum „Haus des Gartens".

Hier, in dem umgebauten alten Wohnhaus des Bauernhofes, kann man alles erfahren über die Bäume, die im Park stehen. Hier arbeiten künftig die Parkpfleger, von hier aus werden Führungen angeboten, hier bekommen die Besucher Informationsmaterialien für die eigenständige Entdeckung der Ökologie und Schönheit der Gehölze.

Im Unterschied zur wissenschaftlichen Bezeichnung der Einzelbäume, wie sie in Botanischen Gärten üblich ist, wird hier in einem offenen Park ohne Zäune, Tore und Aufsichtspersonal ein kombiniertes Informationsangebot bereitgehalten: Übersichtstafeln und temporäre Plakate zu ausgewählten Themen der Gehölzentwicklung, -pflege oder -verwendung erklären in Text und Bild die Zusam-

menhänge. Farbliche Markierungen an den Wegen, an Einzelbäumen oder an Baumgruppen unterstützen die fachlich betreuten Führungen zu weiteren Themen ebenso wie das selbständige Auffinden der Baumgruppen mit Hilfe der Informationsfaltblätter des Gehölzgartens Ripshorst.

Die nicht mehr sanierungsfähigen Stallgebäude des ehemaligen Bauernhofes wurden abgerissen, und an ihrer Stelle ist das „Haus des Naturschutzes“ entstanden. Dies ist ein moderner und nach den Kriterien des ökologischen Bauens errichteter Holzbau, der rund 20 Dauerarbeitsplätze der Landesbüros der anerkannten Naturschutzverbände in Nordrhein-Westfalen, des lokalen Zusammenschlusses der Oberhausener Umweltverbände sowie der Landesgeschäftsstelle der Schutzgemeinschaft Deutscher Wald aufgenommen hat. Auch die Wärmeversorgung des gesamten Ensembles bleibt dem Thema Bäume verpflichtet: eine Holzhackschnitzelanlage versorgt alle drei Gebäude. Das Brennmaterial wächst ständig in den großen regionalen Forsten des KVR nach.

Die ehemalige Scheune wird zum „Haus des Parks“ umgebaut und beherbergt ab Mai 1999 eine Dauerausstellung zum Emscher Landschaftspark. Damit wird ein neues Informationszentrum für den regionalen Emscher Landschaftspark entstehen: mitten im Park.

Schrägluftaufnahme der neuen Kanalbrücke von Jörg Schlaich im Gehölzgarten.

Die neue Kanalbrücke

Nach den Entwürfen des Stuttgarter Brückenbauers Jörg Schlaich ist 1996–1997 die neue Fuß- und Radwegebrücke über den Rhein-Herne-Kanal errichtet worden.

Der Brückenbau ist eine besondere Notwendigkeit zur Erschließung des Regionalparks und zur Überwindung der vielen Barrieren zwischen den Einzelflächen. Der Workshop mit renommierten Brückenbauingenieuren und Architekten zielte von Anfang an auf besondere ästhetische und konstruktive Qualitäten für diese erste große Fußgängerbrücke im Emscher Landschaftspark. Mit dem Entwurf von Professor Schlaich wurden beide Ansprüche in besonderer Verbindung eingelöst.

Ein bogenförmiger, stählerner Gehweg von 134 Metern Länge wird von einem ebenfalls dreidimensional ausgeführten stählernen Stabrohrbogen gestützt und überspannt dabei eine Distanz von 77 Metern. Streben verbinden den Gehweg mit dem Bogen in ganz unterschiedlichen Winkeln. Was räumlich schräg einläuft, steht physikalisch in Wirklichkeit im „rechten Winkel" der Kräfte. Die Brücke kommt daher mit einem extremen Materialminimum aus und leitet ihre auffallende und ansprechende Ästhetik fast vollständig aus der gewählten Konstruktion ab. Die Statik dieses neuartigen Brückenschlages erklärt sich aus der Verbindung und Anwendung der Physik des Kreises mit den Erfahrungen und statischen Berechnungen aus dem Bau von Hängebrücken.

Die Ripshorstbrücke hat neben ihrer gelungenen Verbundfunktion im regionalen Grünzug B auch die ihr zugedachte Anstoßwirkung erzielt. Sie hat bereits vielfältige Aufmerksamkeit erfahren – und: sie fand und findet Folgeprojekte im Emscher Landschaftspark. Anläßlich der Bundesgartenschau Gelsenkirchen 1997 wurde mit dem Entwurf des Brückenbauers Polony eine ebenfalls sehr attraktive Fußgängerbrücke realisiert. Im Landschaftspark Mechtenberg in Gelsenkirchen verwirklicht der KVR z. Zt. einen Entwurf einer Fußgängerbrücke über eine Bundesstraße von Professor Frei Otto, und am südlichen Anfang des Projektes „Erzbahntrasse" in Bochum realisiert der KVR einen weiteren Entwurf von Professor Schlaich, diesmal eine S-förmig gebogene Hängebrücke über die Gahlensche Straße und zwei darüberliegende Bahngleise.

Landschaftspark Bladenhorst/Kunstwald Teutoburgia

Südlich des Rhein-Herne-Kanals im regionalen Grünzug E liegt zwischen den Städten Castrop-Rauxel und Herne der Landschaftspark Bladenhorst mit seinen drei Teilprojekten:

- Castroper Holz (112 ha),
- Rückbau des ehemaligen Freizeitparks Bladenhorst (16,7 ha) und
- Kunstwald Teutoburgia (5,6 ha).

Ein weiteres aktuelles Teilprojekt ist die Integration und Wiederherstellung der früheren Schloßgartenanlage und des Schloßwaldes am feudalen Wasserschloß Bladenhorst aus dem 16. Jahrhundert.

Der Landschaftspark Bladenhorst vereinigt daher ein sehr breites Spektrum der Landschaftsentwicklung und Landschaftskultur in unmittelbarer Nachbarschaft. Mit den dazwischenliegenden Landwirtschaftsflächen, den Verkehrstrassen der Emschertalbahn, der Bundesautobahn A 42 und einigen Stadtstraßen sowie den großen Regenrückhaltebecken der Emschergenossenschaft am noch nicht umgebauten und daher hier offen in Betonrinnen geführten Abwasserableiter Deininghauser Bach ist die typische Mischung des Emscher Landschaftsparks vollständig.

Der Kommunalverband Ruhrgebiet (KVR) hat den Landschaftspark Bladenhorst 1992 als fünftes Modellprojekt in sein „1. Handlungsprogramm Emscher Landschaftspark" aufgenommen und realisiert die Teilprojekte seitdem schrittweise.

In der Broschüre zu den Zielen und zum Stand des Projektes Bladenhorst (KVR, 1996) wird der Kunstwald Teutoburgia u. a. wie folgt vorgestellt:

„... Im Herner Stadtteil Börnig liegt das 5,6 ha große Gelände der ehemaligen Zeche Teutoburgia. Hier findet sich, an zwei Seiten von der zeitgleich entstandenen Bergarbeitersiedlung umgeben, ein Zeuge der Industriegeschichte des nördlichen Ruhrgebiets. Die Kohleförderung auf Zeche Teutoburgia wurde 1911 aufgenommen, aber 1925 wieder eingestellt, da die Kohle nicht verkokbar war. 1984 wurden die Gebäude der Zeche weitgehend abgebaut, so daß heute nur noch die Fördermaschinenhalle und der Förderturm von Schacht 1 mit Aussichtsplattform und sogenanntem deutschem Strebengerüst von 1907/08 zu sehen sind. Maschinenhalle und Förderturm stehen unter

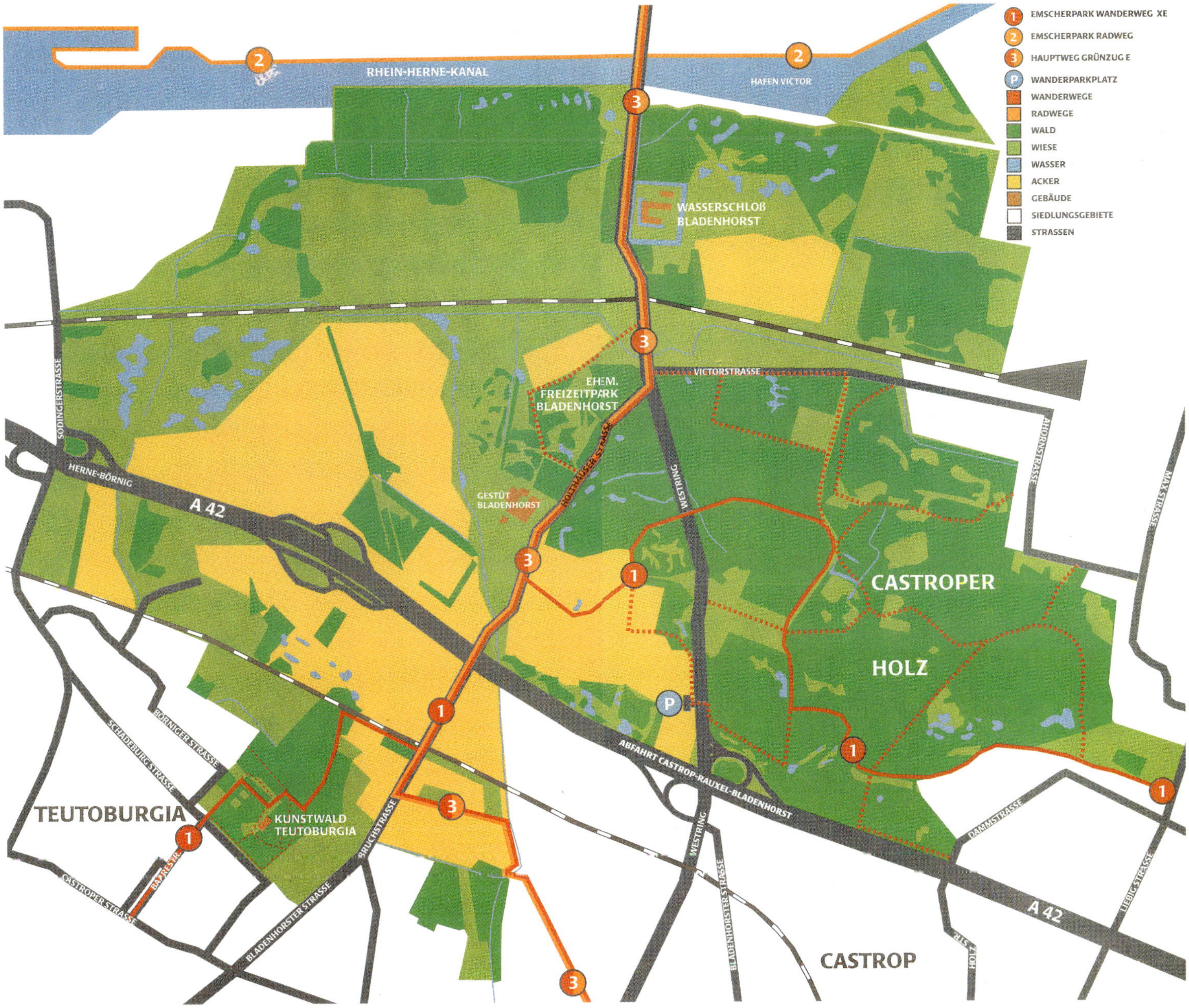

Gesamtplan des Landschaftsparks Bladenhorst.

Denkmalschutz und sind inzwischen renoviert worden.

1987 gründete sich der Förderverein Teutoburgia. Hervorgegangen aus einer privaten Initiative, engagiert sich der Verein für die Bestandssicherung und eine künstlerisch ausgerichtete Nutzung von Maschinenhalle und umgebendem Gelände. 1991 richtete man zum Beispiel das Festival „Bergaufsicht" aus: An zwei Tagen waren auf dem gesamten Gebiet der ehemaligen Zeche und in der Maschinenhalle zeitgenössische Kunst und Musik in den unterschiedlichsten Variationen zu sehen und zu hören. Diese und andere Aktionen weckten wieder das Interesse für das bis dahin funktionslose und daher unbeachtete Teutoburgia-Gelände.

Der KVR erwarb das Gelände 1992 und integrierte es seitdem mit etlichen Landschaftspflegemaßnahmen, Baumpflanzungen und behutsamem Wegebau in den Landschaftspark Bladenhorst.

Es ist auf die Anregung und konzeptionelle Vorarbeit des örtlichen Fördervereins zurückzuführen, daß das Teutoburgia-Gelände unter künstlerischen Aspekten betrachtet und zu dem heutigen Kunstwaldprojekt weiterentwickelt wurde. Ziel war nicht ein Skulpturenpark herkömmlicher Art, sondern die (Um)Gestaltung des alten Zechenareals mit künstlerischen Mitteln. Förderverein und

Der Kunstwald Teutoburgia mit dem alten Fördergerüst und dem Maschinenhaus der Zeche Teutoburgia.

Seite 125: „Der Fußgänger" von Monika Günther.

KVR luden 1993 Künstlerinnen und Künstler ein, Vorschläge für ihren Umgang mit diesem Ort zu unterbreiten. Die zukünftig das Gelände prägende Kunst, so die Vorgabe, sollte sich mit dem historischen Ort Teutoburgia auseinandersetzen und in der Natur aufgehen, statt sie nur als zufällige Umgebung zu verstehen. Im Herbst 1993 präsentierten zehn Künstlerinnen und Künstler im Rahmen eines Workshops mehr als 30 Vorschläge, von denen eine Jury letztlich acht für die Ausführung empfahl.

Nachdem die Zeche im Herbst 1994 aus der Bergaufsicht entlassen worden war, konnte im Frühjahr 1995 mit der Realisierung der Entwürfe begonnen werden. Bereits im Sommer 1995 konnte der Kunstwald Teutoburgia mit dem eigens dafür organisierten internationalen Festival der grenzüberschreitenden Künste „Audio & Vision" offiziell eröffnet werden.

Fußgänger

Betritt man das Gelände des Kunstwaldes Teutoburgia, so fällt zuerst die zwölf Meter hohe Stahlskulptur von Monika Günther auf. Die Künstlerin

„Die Zitatensteine“ von Monika Günther.

führt mit der Gestalt des „Fußgängers“ in den Ort ein. Der Stahlkörper verläßt den Weg, schreitet in den alten Baumbestand der Zeche und ist mit einer Gitter-Rankhilfe umkleidet, die – von Kletterpflanzen bewachsen – dem „Fußgänger“ ein organisches und im Jahreszeitenverlauf wechselnd buntes Kleid geben.

Zitatensteine

Ebenfalls von Monika Günther stammen die über das Gelände verteilten acht „Zitatensteine“ aus Ruhrsandstein. In ihre Oberfläche ist oft nur ein einziges Wort eingemeißelt. So liest man z. B. auf einem Stein ERINNERUNG, auf dem benachbarten VERSUNKEN, auf einem anderen DIE ZEIT HAT GEDULD. Alle Steine, ob vereinzelt oder paarweise plaziert, spielen auf die Geschichte des Ortes an und regen mit ihrer offenen Struktur zum Nachdenken an.

Wendepunkt

Der „Wendepunkt“, eine Stahlskulptur von Elke Bauer, flankiert die Biegung des Weges, der zur Maschinenhalle und weiter in den Park hinein führt. Sie besteht aus fünf gleichartigen und gleich geneigten Skeletten, die von Hopfen und wildem

„Wendepunkt“ von Elke Bauer.

„Wendepunkt“
von Hermann Kassel.

Wein begrünt werden sollen. und im Viertelkreisbogen aufgestellt sind. Der „Wendepunkt“ lenkt den Blick und thematisiert die Veränderungen von Teutoburgia.

„Eingesenkter Platz“
von Klaus Gärtner.

Eingesenkter Platz

Der „Eingesenkte Platz“ von Klaus Gärtner ist eine unregelmäßige Platzanlage, die von einer 80 Zentimeter hohen Ziegelsteinmauer eingefaßt ist. Die Form des Platzes und der Verlauf der Mauer folgen dem Grundriß der ehemaligen Schachtanlage.

Ariadnefaden

Hermann Kassel greift mit seiner Arbeit „Ariadnefaden“ auf die Reste einer ehemaligen Zechenmauer zurück. Er versteht die Mauer jedoch nicht länger als Grenze, sondern er nutzt sie, unterschiedlich hoch und niedrig und zum Teil unter das Bodenniveau absinkend, als Leitfaden in und aus dem Kunstwald.

Duft- und Klanggarten

Der „Duft- und Klanggarten" von Gudrun Banf und Frank Niehusmann liegt auf einer großen, freien Fläche vor dem alten Förderturm. Düfte und Klänge werden hier zu einem sinnlichen Erlebnis verknüpft. Minze, Zitronenmelisse, Maggikraut oder Baldrian sind mit vielen anderen Gerüchen in Beeten gepflanzt, zwischen denen große quadratische Holzpodeste liegen. Ein Geheimniss dieser Podeste sind die Töne, die aus den darunter angebrachten und damit unsichtbaren Lautsprechern erklingen.

Oben: Holzpodeste im Klanggarten.

Unten: „Obelisk" von Karin Kahlhofer.

„Aufgeklappte Fassade" von Margret Cramer.

Obelisk

Der „Obelisk“ von Karin Kahlhofer ist die künstlerische Umformung des vorhandenen Entgasungsrohres, mit dem von Zeit zu Zeit Methangas aus dem alten Schachtsystem abgelassen wird. Ein Düsenkranz in der Form eines Schirmskeletts umgibt das obere Ende der freistehenden Rohranlage. Eine kreisförmige Natursteinpflasterung, Sitzquader aus hellem Sandstein und die Umpflanzung mit Zypressen machen den Obelisk auch optisch zum Zentrum des Kunstwaldes.

Aufgeklappte Fassade

Auf der Nordseite der alten Maschinenhalle findet sich die „Augeklappte Fassade“ von Magret Cramer. Mit unterschiedlichen Natursteinpflasterarten ist die Ornamentik der alten Fassade wie ein imaginärer Schattenwurf auf dem Fußboden vor dem Halleneingang abgebildet. Dieser Schattenwurf ist Nord-Süd ausgerichtet und verläuft damit leicht angewinkelt zum Gebäude. Mit der „Aufgeklappten Fassade“ erhält die Maschinenhalle als bauliches und künstlerisches Zentrum einen befestigten Vorplatz, einen Fest-Platz.

Musik im Kunstwald

Besucht man den Kunstwald Teutoburgia, ohne einen Blick in die Maschinenhalle geworfen zu haben und ohne die Geräusch-Gestalten von Christof Schläger gehört und den Künstler selbst getroffen zu haben, so hat man – neben allen poetischen Qualitäten des Kunstwaldes – das Lebendigste wohl verpaßt. Christof Schläger ist Komponist, Instrumentenbauer und Musiker in einer Person, Er baut sich seine Musikmaschinen selbst, erzeugt darauf ganz ungewöhnliche und eigenwillige Töne und Klangskulpturen und führt mit der Kombination seiner technischen und kompositorischen Kreationen abendfüllende Werke auf.

Die Musikmaschinen des Christof Schläger hören sich nicht nur spannend an, sie sind auch fantastisch anzuschauen und haben ebenso klingende Namen : Federine, Knackdosen, Schellenbaum, Standzeit, Rauscher, Riller, Sauser, Quäker, Klapperappel und Sirenen.

Ist das Gartenkunst?

Ein Beitrag von
Donata Valentien

Die Projekte sind beschrieben. Verbrauchte, devastierte Landschaften haben sich verwandelt in Parks, Schütthalden wurden zu Objekten der „Land Art", Ackerflächen zu blühenden Bildern. Und nun die irritierend einfache Frage: Ist dies Gartenkunst?

Welchem der Projekte – und welchem der Kollegen – kann man bescheinigen, daß das Werk gelungen sei, welchem hingegen klarmachen, daß nun wirklich keine Kunst ist, was hier entstand?

Die Gärten, über die zu urteilen ich gerufen wurde, sind noch jung, ihr Charakter ist oft erst in Umrissen erkennbar. Sie werden wachsen, sich verändern, stündlich, täglich, jährlich, sie sind allenfalls auf dem Weg zu der Idee, der Utopie, die der Plan verhieß. Ist jetzt der richtige Zeitpunkt, sie zu beurteilen? Kann man den Weg vorausgreifend weiterdenken zu einem guten oder schlechten Ende, Irrwege des Denkenden eingeschlossen?

Freilich läßt sich erkennen, ob das Konzept kraftvoll ist und stimmig. Ob es die Natur des Standortes begriffen hat, mit diesen Kräften arbeitet oder sie nur mühsam domestiziert, ob es die Geschichte des Ortes fortschreibt oder auslöscht. Aber der Plan kann täuschen, ist nicht mehr als eine Absichtserklärung. Erst die Wirklichkeit wird zeigen, ob der Garten der Idee näher kommt über die Zeit. Manche entfernen sich davon, nicht immer zu ihrem Schaden. Manche werden besser, als die Idee gewesen war, wenn sich durchsetzt, was überdeckt werden sollte. Wenn plötzlich Pflanzen auftauchen, die mit dem Untergrund besser übereinstimmen als die ausgesuchten, oder Menschen, mit dem unschönen Namen „Nutzer", die eine andere Idee haben, was mit dem Park anzufangen sei. Die Gartenkunst betreten, beliegen, bespielen und durchaus nicht nur dort, wo es vorgesehen, sogar erwünscht war. Eigenmächtig verändern sie das Werk, machen es kaputt, schaffen sich ein neues, als Zerstörer, als Mit-Künstler.

Auch den Gärtner können wir nicht ausklammern. Über Zeiträume hinweg, an die man sonst bei der Gestaltung von Kunst nicht zu denken hat, verlangen die Werke Aufmerksamkeit und Pflege, entstehen recht eigentlich erst durch Pflege. Im glücklichen Fall ist der Gärtner derjenige, der das reale Bild des Gartens der Utopie zur größtmöglichen Annäherung bringt, der die Idee sich entfalten läßt. Im unglücklichen Falle wird er sie nicht verstehen, wird an ihr nagen, wie die Wühlmaus am Rosenstock, wird sie langsam, aber zielsicher zerstören. Ein Kunstwerk mit vielen Künstlern, vielen Zerstörern.

Was also ist Gartenkunst?

Ich verweigere die Aussage, bekenne mich unfähig zu objektiver, allgemeingültiger Beurteilung. Was ich allenfalls anbieten kann, ist an einigen Beispielen aufzuzeigen, was bei mir selbst, individuell und durchaus nicht repräsentativ, Gedanken und Gefühle auslöst, die ich mit Kunst assoziieren möchte: Faszination, Neugier, Freude oder auch Erschrecken, Lust, mich dort aufzuhalten, wieder zu kommen, mich damit weiterhin auseinanderzusetzen – notfalls im Nachdenken über Gartenkunst.

Kunstwald Teutoburgia (Duft- und Klanggarten Bladenhorst)

(siehe auch S. 122)

Zitatensteine führen dort hin: ERINNERUNG, DIE ZEIT HAT GEDULD, LEISE. Es ist ein leiser Platz zwischen hohen Bäumen. Einfache Holzplattformen liegen zwischen Kräuterbeeten, ästhetisch wenig aufregend. Bis man die Klänge hört, die man nicht einzuordnen und zu orten weiß, denen man dann nachspürt von Punkt zu Punkt, immer neuen Klangentdeckungen folgend, eine überraschende Erfahrung und ein Vergnügen der Sinne. Freilich, der Garten der Düfte kann noch nicht recht mithalten, wartet noch auf den begabten Gärtner, der die Komposition zur Vollendung bringt. Wenn man aber Glück hat und zudem noch eines der zauberhaften Geräuschkonzerte in der benachbarten Maschinenhalle hören durfte, dann war dies ein Nachmittag, der in Erinnerung bleibt, inmitten des täglichen Lärmes.

Zeche Zollverein

(siehe auch S. 30)

Ein spontan entstandener Wald von hellen Birken dominiert, der dennoch der Heiterkeit entbehrt. Die Türme und Schlote der ehemaligen Kokerei schimmern durch die Stämme, die Szene hat etwas verlassenes, ausgebeutetes Land, nutzlos zurückgelassen. Wege auf alten Gleisen führen durch den Wald zu den gewaltigen Granitskulpturen von Ulrich Rückriem, Setzungen von archaischer Wucht, Menhire. Durch sie erfährt der Wald eine seltsame strenge Art der Verzauberung. Natur, die Ausbeutung und Zerstörung widerspiegelt, kann in ihrer originären Schönheit gesehen werden, Perspektiven einer versöhnlicheren Koexistenz scheinen möglich.

Landschaftspark Duisburg-Nord

(Siehe auch S. 58)

Oft habe ich ihn schon gesehen und kenne ihn immer noch nicht. Durch diesen wirklich-unwirklichen Ort zu streifen, sich zu verlaufen, zurückzufinden, ist ein sinnliches und intellektuelles Vergnügen zugleich. Ungewohnte und eindrucksvolle Bilder drängen sich auf: Die Hochöfen mit ihren grazilen und zugleich gewaltigen Proportionen, die rauhen Oberflächen der verwitterten Metalle, die Wucht der Kohlebunker, die grafische Delikatesse der morbiden Mauern und die zart aber zäh wuchernde Vegetation. Die Gestaltungsmittel sind behutsam und sehr reduziert, erst auf den zweiten oder dritten Blick dringen sie ins Bewußtsein: ein Raster eiserner Bodenplatten, Baumhaine, kleine umschlossene Gärten, die hier fremd sind. Wo Gestaltung wirklich dominant ist, wie bei den nächtlichen Lichtspielen, ist sie vergänglich. Es sind künstlerische Eingriffe, die neue Perspektiven öffnen, aber auch Distanz schaffen zu diesem Ort, an dem gearbeitet und gelitten wurde, die vor allem die Dinge selbst erzählen lassen, Geschichten, deren Ende offen ist. Aneignung und Veränderung werden nicht nur geduldet, sie sind Teil des Ganzen. Kletterer versuchen sich an den Bunkerwänden, Taucher erforschen den Untergrund, Künstler fühlen sich durch die Einmaligkeit der Kulisse inspiriert. Der Ort wird spannend bleiben, solange er den Charakter des Provisorischen nicht verliert: ein soziales, ökologisches und ästhetisches Laboratorium.

Nordsternpark Gelsenkirchen

(siehe auch S. 74)

Der Park der Zeche Nordstern, Schauplatz der BUGA 1997, ist Antipode dazu. Er ist künstlerisch hoch ambitioniert und ungleich kostbarer gebaut, besticlit durch ästhetische Vielfalt und handwerkliches Können und läßt (-mich-) dennoch merkwürdig unberührt. Zu dominant ist die „Ästhetik der Vermarktung“ (Nohl), die schnell und effektvoll überzeugen muß, um sich zu rechtfertigen. Prototyp der Zeit ist der Park aber auch in seiner formalen Sprache. Landschaftsarchitekur, zu lange im Banalen, kann nun des intellektuellen Spiels nicht genug bekommen, aber die Symbolik, elegant inszeniert, ist zu erklärungsbedürftig. Es gibt wenig Spielräume, die Geschichten sind zu Ende erzählt. Im Inneren der großen Kohlenwaschanlage dagegen, in den langen dunklen Gängen, behutsam künstlerisch gedeutet, kommt zum Sprechen, was dieser Ort zu sagen hat.

Auch sonst tut es gelegentlich wohl, die Außenwelt auszublenden. Waren Sie im Gasometer Oberhausen? Ein überwältigender Raum, atemberaubend. Gehen Sie nicht aufs Dach, wenn Sie Gartenkunst lieben. Schauen Sie nicht zum CentrO! Oder ist dies die wirkliche, die authentische Gartenkunst der Zeit?

Wenn ich es aussuchen darf, dann steige ich lieber auf den Tetraeder, das Ruhrgebiet auf die Spitze getrieben, oder laufe durch die flüchtigen Bilder des Mechtenberg. Die Serra-Skulptur auf der Schurenbachhalde möchte ich in 10 Jahren sehen, auch den Seepark in Lünen-Horstmar, dessen kraftvoll strenge Architektur schon heute ein Ereignis ist und der, verständige Pflege vorausgesetzt, im Alter immer besser werden wird.

Mit der Zeit, mit größerer Distanz, wird sich die Bedeutung und Qualität der neuen Gärten und Parks klarer voneinander unterscheiden. Heute aber schon läßt sich erkennen, daß die Projekte der IBA über das Ruhrgebiet hinaus eine neue Entwicklung in der Gartenkunst begründet haben, und damit vielleicht auch eine Veränderung im Verhältnis der Menschen zu ihrer gebauten und natürlichen Umwelt signalisieren. Mir scheint, als sei dieses Verhältnis illusionsloser, realistischer, aber durchaus nicht weniger teilnehmend, als es sich aus den gartenkünstlerischen Zeugnissen früherer Epochen ablesen läßt. Denn immer waren Gärten zugleich künstlerisches Abbild dieser spannungsvollen und wechselhaften Beziehung.

Die in liebevollen mittelalterlichen Miniaturen dargestellten Gärtchen sind voller Harmonie und Schönheit, sie sind Sinnbild des Paradieses, geschützt, friedlich und einer als feindlich empfundenen Natur abgerungen, die ausgeblendet wird, werden zum abstrakten Objekt. Die Gärten der Renaissance und des Barock lösen sich ganz vom Standort, inszenieren in höchster Perfektion die Beherrschung von Natur. Verlorene Illusionen, wo tritt deren Nicht-Beherrschbarkeit deutlicher zutage, als in den Landschaften des Ruhrgebietes?

Spuren der Romantik scheinen bis in die jüngste Zeit in der Gartenkunst auf, Hoffnung auf Erlösung durch die Natur, die Idealisierung von Natur, die sich von den Schäferidyllen der englischen Parks über die Landschaftssurrogate der Nachkriegs-Gartenschauen, bis hin zu den „Naturgärten“ der ökologischen Heilslehrer wiederfinden.

Die neuen Gärten der IBA sind dort überzeugend und eindrucksvoll, wo sie auf Illusionsmalerei verzichten. Wo sie nicht versuchen, hinweg zu täuschen über das gestörte Verhältnis des Menschen zur Natur, über die rauhe Realität der vorgefundenen Situation. Wo Strukturen, Materialien und Geschichte des Ortes gelesen und respektiert, zugleich aber begriffen werden als Ressource und Rahmen einer noch zu gestaltenden Zukunft. Der Garten ist dabei das Modell eines neuen Umganges mit Natur, nicht aber dessen Ersatz.

Der Ort ist die Kunst – die Kunst ist, den Ort zum Sprechen zu bringen.

Granitskulptur von Ulrich Rückriem, Zeche Zollverein.

Neue „Wildnis“

Ein Beitrag von Jörg Dettmar

Einleitung

Die Orte der neuen Gartenkunst und der Umgestaltung wurden bereits beschrieben. Sie versuchen, zumindest teilweise eine neue Sprache zu finden, eine Interpretation und Neugestaltung der Industrielandschaft für die Zukunft. Dies geschah mal mit mehr, mal mit weniger Aufwand. Eines der wichtigen neuen Elemente ist die Einbeziehung dessen, was an „Natur“ auf den Industriebrachen vorhanden ist. Ein besonders herausragendes Beispiel hierfür ist der Landschaftspark Duisburg Nord (siehe S. 58).

Aus naturkundlicher Sicht betrachtet ist die „Industrienatur“ das einzig Originäre, was in der Industrielandschaft neu entstanden ist. Ähnlich wie für die Schwäbische Alb die Trockenrasen, für den Solling die Buchenwälder, für die Lüneburger Heide die Besenheide oder für die Nordseeküste die Salzwiesen, ist für die Industrielandschaft an der Emscher die Vegetation der Industriebrachen das charakteristische Element.

Industrienatur hat sich an vielen Stellen in der Emscherzone breit gemacht. Sie wird von den Menschen hier mit gemischten Gefühlen wahrgenommen. Einerseits ist sie sichtbarer Ausdruck des „Untergangs der Schwerindustrie“, andererseits wird sie fast überall genutzt als Zeiger neu verfügbarer Freiräume.

Industrienatur ist vielgestaltiger Ausdruck der Verhältnisse auf industriebedingten Standorten. Der erste Blick reicht jedoch nicht aus, um die Vielfalt und Schönheit wirklich wahrzunehmen. Wir wollen uns deshalb diesen Lebensräumen auf verschiedene Weise nähern. Es beginnt „seriös“ naturwissenschaftlich mit den Augen des Biologen. Doch dies alleine ist nicht genug – man muß die Schönheit und die bizarren Formen auch mit den Augen des Malers sehen. Wissenschaft und Ästhetik werden dann ergänzt um die soziale Komponente der Nutzung dieser Lebensräume durch den Menschen.

Querschnitt eines Industriebodens.

Der Blick des Biologen

Im Rahmen eines Forschungsvorhabens wurden Ende der 80er Jahre rund 1600 ha genutzte und brachgefallene Industrieflächen im Ruhrgebiet näher floristisch, vegetationskundlich und bodenkundlich untersucht. Die Ergebnisse wurden bereits mehrfach veröffentlicht (siehe hierzu u. a. Dettmar 1989 a, b, 1991, 1992 a, b, c, d; 1993, 1996, Reidl & Dettmar 1993, Rebele & Dettmar 1996).

Es handelte sich um genutzte und brachgefallene Werksflächen der drei flächenintensivsten Industriezweige im Ruhrgebiet (Bergbau, Eisen- und Stahlindustrie, Chemische Industrie). Im Laufe der Untersuchung zeigte sich schnell, daß eine einfache Unterscheidung zwischen „genutzt“ und „brachgefallen“ oft nicht möglich ist. Auf den großen Werksflächen der Schwerindustrie im Ruhrgebiet (oft über 100 ha) gab und gibt es auch heute noch erhebliche Anteile extensiv oder überhaupt nicht genutzter Bereiche.

Industrieflächen, speziell die der Schwerindustrie, zählen zu den am stärksten vom Menschen überformten Standorten im besiedelten Bereich. Einige Standortbedingungen sind besonders charakteristisch für die Industrieflächen im Ruhrgebiet. Hierzu gehören massive flächenhafte Bodenaufschüttungen mit großen Anteilen an technogenen Substraten (z. B. Schlacken, Aschen, Bauschutt etc., siehe Blume et al. 1989). Unterschiedlichste Substratmischungen, Verdichtungen und Nutzungsintensitäten führen zu einer Vielzahl von kleinflächig wechselnden Standortbedingungen. Dunkle Substratfarben und relativ hohe Versiegelungsraten der Böden bewirken starke Aufheizungen und überdurchschnittlich hohe Temperaturen im Vergleich mit anderen Stadtzonen. Teilweise sind Immissionsbelastungen und kontaminierte Böden (Altlasten) charakteristisch.

Insgesamt wurden auf den untersuchten 1600 Hektar Industrieflächen rund 700 wildwachsende Farn- und Blütenpflanzensippen festgestellt. Nach Abgleichung mit der Florenliste von Nordrhein-Westfalen sind dies rund 30% der Gesamtflora von NRW. Die Artenzahlen auf den einzelnen Flächen schwanken beträchtlich, sie sind einerseits abhängig von der Flächengröße, andererseits lassen sich deutliche Beziehungen zur Nutzungsintensität und zum Versiegelungsgrad nachweisen (siehe Dettmar 1992a).

Vergleicht man die Ausstattung von Industrieflächen mit anderen städtischen Flächennutzungen, wie dies Reidl (1989) am Beispiel von Essen aufzeigt, wird deutlich, daß sie zu den artenreichsten Flächen gehören (siehe Tabelle S. 136). Mit insgesamt 615 Arten weisen in Essen die Industrie- und Verkehrsbrachen mehr als 67% der Gesamtflora des untersuchten Stadtgebietes auf. Besonders bemerkenswert ist, daß bereits sehr kleinflächige industrielle Brachen einen Beitrag zur Artenerhaltung im Stadtgebiet leisten können. Essener Industriebrachen haben bei einer Flächengröße von einem Hektar durchschnittlich annähernd 100 Farn- und Blütenpflanzen, öffentliche Grünflächen erreichen diesen Wert erst bei einer Flächengröße von nahezu vier Hektar (Reidl 1989, Reidl & Dettmar 1993).

Charakteristisch für die Pflanzenwelt der Industriebrachen sind hohe Anteile nicht einheimischer Arten (um 50%). Innerhalb der Botanik wird, sehr vereinfacht dargestellt, unterschieden zwischen

Klebriger Alant (Inola graveolens): Ein typischer Neophyt auf jungen Zechenbrachen im Ruhrgebiet.

einheimischen Arten, Alt- und Neueinwandern. Zu den Alteinwandern (Archäophyten) zählen alle Arten, die im Gefolge des Menschen vor 1500 n. Chr. in das betreffende Gebiet einwanderten. Neueinwanderer (Neophyten) sind jene Arten, die nach 1500 durch die Tätigkeit des Menschen einwandern konnten. Die Grenze 1500 wurde gewählt, weil mit der Entdeckung Amerikas 1492 der regelmäßige Güteraustausch zwischen den Kontinenten begann.

In urbanen Lebensräumen, so auch auf Industrieflächen, findet man in der wildwachsenden Pflanzenwelt Vertreter aus fast alle Kontinenten. Besonders großen Anteil haben Neophyten aus Nordamerika und Asien. Die ursprünglich aus Nordamerika stammenden *Solidago*-Arten (Goldruten) gehören seit Jahrzehnten zum typischen Bild unserer Städte, so daß viele Nicht-Botaniker ehrlich erstaunt sind, daß diese Pflanzenarten erst seit Anfang des Jahrhunderts bei uns häufiger vertreten sind. So gibt es viele Beispiele einer „multikulturellen Gesellschaft“ in der Pflanzenwelt unserer Städte. Es kann vermutet werden, daß eine Reihe von Neophyten auch auf Industrieflächen,

Übersicht der floristischen und vegetationskundlichen Ausstattung ausgewählter Flächennutzungen der Stadt Essen (aus Reidl & Dettmar 1993).

	Durchschnittliche Fläche (ha)	Artenzahl	Seltene Arten (max. 10 Fundorte)	Vegetationseinheiten
Innerstädtische Mischbebauung	3,8	45–95	0–1	6–15
Blockbebauung	4,2	17–120	0–1	7–14
Zeilen- und Hochhausbebauung	4,4	61–137	0–2	6–14
Einzel- und Doppelhausbebauung	3,9	85–124	0–4	6–14
Gewerbeflächen, stark versiegelt	4,8	53–99	0–1	3–12
Industrieflächen	6,3	86–148	0–8	8–23
Große Parkanlagen	26,5	226	20	31
Stadtteilparks	12,4	141–196	2–11	16–23
Kleine Grünanlagen	1,5	58–147	0–2	3–10
Grünplätze	0,5	31–71	–	2–4
Große Friedhöfe	20,3	250–306	15–23	15–26
Große Stadtteilfriedhöfe	12,0	194–235	4–11	8–13
Kleinere Stadtteilfriedhöfe	3,3	89–179	0–6	5–11
Kleine Friedhöfe	2,4	83–189	0–3	2–9
Sammel- und Güterbahnhöfe	8,5	87–205	1–16	12–34
Personenbahnhöfe	1,6	60–133	0–2	7–20
Große Industriebrachen	86,4	344	36	70
Kleine Industriebrachen	6,1	72–163	0–7	14–31
Gewerbebrachen	2,0	80–177	0–9	8–19
Zechenbrachen	8,5	108–197	0–11	10–26
Bahnbrachen	14,5	147–243	11–28	25–33

angeschlossenen Häfen und Bahnhöfen, eingeschleppt wurden. Dies ist eine Folge des massiven Güterumschlags z. B. von Erz, Kohle und Gesteinen. Einige der „Exoten" konnten Fuß fassen und sich dann auch auf diesen Flächen ausbreiteten. Bezogen auf das Ruhrgebiet trifft dies z. B. für *Inula graveolens* (Klebriger Alant) zu. Dieser aus dem mediterranen Raum stammende Korbblütler fällt vor allem durch seinen intensivem Kampfergeruch auf, wenn man ihn berührt. Die eher unscheinbar gelb blühende Pflanze kommt fast nur auf Bergbaustandorten, insbesondere jüngeren Zechenbrachen, vor. Sie ist also eine Art „Zeigerpflanze" für den zurückgehenden Bergbau (ausführliche Erläuterungen zu dieser Art siehe Dettmar & Sukopp 1991)

Einige Neophyten sind auffällig genug, daß auch botanische Laien ihre plötzliche Ausbreitung wahrnehmen. Hierzu zählt z. B. *Senecio inaequidens* (Schmalblättriges Greiskraut), ein Neophyt aus Südafrika, desssen Vorkommen in den letzten fünf Jahren auch im Ruhrgebiet explosionsartig zugenommen haben. Auf Industrieflächen nimmt dieser hübsche, gelb blühende Korbblütler heute besonders große Areale ein. Derartige „Invasionsereignisse" von Neophyten hat es immer wieder einmal gegeben, und dies ist zwischenzeitlich auch recht gut untersucht (siehe Kowarik 1996). In den meisten Fällen „nischten" sich neue Arten offensichtlich ohne gravierende Verdrängungsprozesse in die vorhandene Pflanzenwelt ein.

Schmalblättriges Greiskraut (Senecio inaequidens) – ein ausbreitungsfreudiger Neophyt aus Südafrika.

Dem Vorkommen bzw. dem Anteil seltener und gefährdeter Arten wird bei der Beurteilung der Naturschutzbedeutung von Flächen ein besonderes Gewicht zugemessen. Für die untersuchten Industrieflächen im Ruhrgebiet konnten 1991 insgesamt 72 Pflanzensippen nach Vergleichen mit den vorliegenden floristischen Daten als selten eingestuft werden, darunter sind u. a. auch rund 30 Arten, die auf der Roten Liste der Farn- und Blütenpflanzen von Nordrhein-Westfalen (Stand 1988) stehen.

Der Vergleich der auf den einzelnen Werksflächen aufgenommenen Florenlisten zeigt, daß es Arten gibt, die ausschließlich oder mit deutlichem Schwerpunkt entweder auf den Flächen der Eisen- und Stahlindustrie oder auf den Flächen der Chemischen Industrie und des Bergbaus vorkommen. Als Hauptursache für diese „industriezweigspezifischen Vorkommmen“ werden die industriezweigspezifischen Unterschiede bei den jeweils auf den Werksflächen vorherrschenden Substraten angenommen.

Aus dem Vergleich der Ergebnisse des Forschungsvorhabens mit den bis dahin aus dem Ruhrgebiet vorliegenden floristischen Daten (u. a. DÜLL & KUTZELNIGG 1987, REIDL 1989, HAMANN 1988, SCHULTE 1985 sowie zahlreiche Angaben lokaler Floristen, siehe auch HAEUPLER 1992) wird deutlich, daß bestimmte Arten offensichtlich deutliche Schwerpunkte in industriell geprägten Stadtzonen zeigen oder in ihrem Vorkommen sogar auf Industrieflächen begrenzt sind. Als industriespezifisch, also nur auf Industrieflächen vorkommend, waren nach dem Kenntnisstand 1991 jene Sippen anzusehen, die im Rahmen des Forschungsvorhabens erstmals für das Ruhrgebiet bzw. den entsprechenden Naturraum nachgewiesen wurden (siehe Tabelle S. 138).

Natürliche Prozesse sind niemals starr; entsprechend können sich Veränderungen ergeben und Arten beispielsweise auch von den Industrieflächen ausgehend neue Lebensräume erschließen oder aber völlig verschwinden. Die dargestellten Ergebnisse stellen den Stand Anfang der 90er Jahre dar. Zwischenzeitlich wurde z. B. *Apera interrupta* (Unterbrochener Windhalm) auch vereinzelt in Sand- und Kiesgruben gefunden. *Atriplex rosea* (Rosen-Melde) ist in den letzten Jahren verstärkt von Osten einwandernd auf Bahnflächen aufgetreten (siehe VOGEL & AUGART 1992) und ist heute vermutlich nicht mehr als industriespezifisch für das Ruhrgebiet anzusehen. Neu entdeckt wurde auf Industrieflächen in den letzten Jahren z. B. *Agrostis scabra* (Rauhes Straußgras) (siehe VOGEL & AUGART 1992), das vermutlich ebenfalls zu dieser Gruppe gezählt werden kann.

Als industrietypisch kann man jene Sippen einstufen, die nach der Auswertung der vorliegenden floristischen Untersuchungen im Ruhrgebiet vereinzelt auch in anderen Flächennutzungen auftreten, aber nur auf Industrieflächen größere Vorkommen haben.

Wertet man die vorliegenden floristischen Untersuchungen aus Städten Mitteleuropas hinsichtlich der Pflanzenarten aus, die vorrangig oder ausschließlich auf industriellen Standorten vorkommen, ergibt sich eine Gruppe von Arten (siehe S. 139). Dies ist sozusagen die floristische „Essenz“ der Industrienatur.

Industriespezifische Pflanzensippen im Ruhrgebiet

Industriespezifische Sippen im Ruhrgebiet mit größeren Vorkommen auf Industrieflächen
Apera interrupta (Unterbrochener Windhalm)
Cerastium pumilum s.str. (Dunkelgrünes Zwerghornkraut)
Oenothera chicaginensis (Chicago-Nachtkerze)
Oenothera rubricaulis (Rotstengelige Nachtkerze)
Tragopogon dubius (Großer Bocksbart)
Industriespezifisch mit Einzelvorkommen auf den Industrieflächen:
Atriplex rosea (Rosenmelde)
Atriplex tatarica (Tataren-Melde)
Bromus carinatus
Gymnocarpium robertianum (Ruprechts-Farn)
Hypericum hirsutum (Behaartes Johanniskraut)
Linaria repens (Kriechendes Leinkraut)
Poa × figertii
Rubus contractipes
Rubus lasiandrus (Wollmännige Brombeere)
Rubus nemorosoides
Rubus parahebecarpus
Rubus raduloides

(alle Angaben zu *Rubus*-Sippen hinsichtlich der Zuordnung mit Vorbehalt aufgrund ungenügender Datengrundlagen zur Verbreitung)

Industrietypische Pflanzensippen im Ruhrgebiet

Cerastium glutinosum (Klebriges Hornkraut)
Chenopodium botrys (Klebriger Gänsefuß)
Corrigiola litoralis (Hirschsprung)[1])
Hordeum jubatum (Mähnengerste)
Inula graveolens (Klebriger Alant)[2])
Illecebrum verticillatum (Knorpelmiere)[3])
Lycium chinense (Chinesischer Bocksdorn)
Oenothera parviflora s.str. (Kleinblütige Nachtkerze)
Puccinellia distans (Salzschwaden)[4])
Rubus calvus[5])
Rubus nemorosus[5])
Salsola kali subsp. *ruthenica* (Ruthenisches-Salzkraut)

1) Zu Vorkommen von *Corrigiola litoralis* im Ruhrgebiet siehe auch neuere Angaben bei VOGEL & AUGART (1992)

2) Neuere Angaben zum Vorkommen von *Inula graveolens* bzw. *Dittrichia graveolens* im Ruhrgebiet siehe bei HAEUPLER (1992). Diese Art wurde von HARD (1993) auch in Osnabrück auf einer Industriefläche gefunden.

3) Zu Vorkommen von *Illecebrum verticillatum* im Ruhrgebiet siehe auch neuere Angaben bei VOGEL & VOGEL (1992)

4) Siehe auch VOGEL (1993)

5) Alle Angaben zu *Rubus*-Sippen hinsichtlich der Zuordnung mit Vorbehalt aufgrund ungenügender Datengrundlagen zur Verbreitung)

Ergebnisse der vegetationskundlichen Untersuchung

Insgesamt wurden 197 verschiedene Vegetationseinheiten (34 Assoziationen, 21 Gesellschaften „unbestimmten Ranges“ und 142 Dominanzbestände) festgestellt. Darunter sind u. a. 37 Erstbeschreibungen für das Ruhrgebiet sowie 21 Neubeschreibungen von Einheiten. REIDL (1989) führt für das untersuchte Essener Stadtgebiet insgesamt 262 Vegetationseinheiten (55 Assoziationen, 146 Gesellschaften und 61 Bestände) auf. Allein auf den Industrie- und Gewerbebrachen kommen davon 100 Einheiten (rund 40%) vor. Auch bei der Vegetation konnten „industriezweigspezifische Vorkommen“ nachgewiesen werden, die sich wiederum vor allem auf die angesprochenen Unterschiede bei den vorherrschenden Substraten zurückführen lassen.

An vegetationskundlichen Arbeiten, die die unterschiedliche Ausstattung der städtischen Flächennutzungen untersuchen, lag aus dem Ruhrgebiet zum Zeitpunkt der Bearbeitung nur die Untersuchung von REIDL (1989) vor. Weiterhin gab es eine Anzahl kleinerer Untersuchungen über Einzelflächen (Zusammenstellung siehe DETTMAR et al. 1991), sowie verschiedene Arbeiten über bestimmte Pflanzengesellschaften (siehe Übersicht bei HAEUPLER 1992). Auf der Basis dieser noch lückenhaften Kenntnisse ergeben sich einige Vegetationseinheiten, die im Ruhrgebiet vor allem auf Industrieflächen vorkommen (siehe Tabelle rechts). Neun Einheiten haben im Ruhrgebiet ausschließlich auf Industrieflächen größere Vorkommen und kommen nur sehr selten an anderen Stellen vor. Weitere dreizehn Einheiten haben im Ruhrgebiet größere Vorkommen mit Schwerpunkt auf Industrieflächen oder in industriell geprägten Stadtzonen.

Analog der Flora lassen sich auch für andere Regionen Vegetationseinheiten mit deutlichen Schwerpunkten in industriell geprägten Stadtzonen feststellen.

Beispiele von Arten, die regional oder überregional in Mitteleuropa den Schwerpunkt ihres Vorkommens auf industriellen Standorten haben (aus REBELE & DETTMAR 1996)

Art	Status – Herkunftsareal	Industrieller Standort, Substrat	Schwerpunkt des Vorkommens
Agrostis scabra Rauhes Straußgras	Neophyt – Nordamerika/Ostasien	Bergematerial, Asche	Ruhrgebiet
Amaranthus albus Weißer Amarant	Neophyt – subtropisch-meridion. Amerika	Schotter	überregional
Apera interrupta Unterbrochener Windhalm	Neophyt – Europa-Westasien	Schlacke	Ruhrgebiet
Atriplex rosea Rosen-Melde	Neophyt (?) – Europa-Westasien	Schlacke/Kalkstein	Ruhrgebiet, östliches Mitteleuropa
Atriplex tatarica Tataren-Melde	Neophyt – Europa-Westasien	Schutt, Gleisschotter	Ruhrgebiet, östliches Mitteleuropa
Chaenorhinum minus Kleiner Orant	Neophyt – Europa	Schotter, Kohle, Schlacke	überregional
Chenopodium botrys Klebriger Gänsefuß	Neophyt – Eurasien	Sand, Kies, Asche, Schlacke, Bauschutt	überregional
Chenopodium pumilio Australischer Gänsefuß	Neophyt – Australien	Bergematerial, Asche	Ruhrgebiet
Hordeum jubatum Mähnengerste	Neophyt – Nordamerika-Ostasien	Bergematerial, Kies, Schutt, Schlacke	Ruhrgebiet
Inula graveolens Klebriger Alant	Neophyt – Südeuropa	Bergematerial	Ruhrgebiet
Petrorhagia prolifera Sprossendes Nelkenköpfchen	Neophyt – Europa	Sand, feine Schlacke	überregional
Plantago arenaria Sand-Wegerich	Neophyt – Europa – Westasien	Sand, Kies	überregional
Reseda luteola Färber-Resede	Neophyt (?)	Bergematerial	überregional
Salsola kali subsp. *ruthenica* Salzkraut	Neophyt – Europa	Sand, Kies, Schotter	überregional
Senecio viscosus Klebriges Greiskraut	Einheimisch	Schotter, Kohle, Kies	überregional
Tragopogon dubius Großer Bocksbart	Einheimisch	Sand, Kies, Schotter, Schlacke	überregional

Rufende Kreuzkröten in einem „Schlammloch" auf einer Industriebrache im Ruhrgebiet.

Industrietypische Vegetationseinheiten im Ruhrgebiet

Vegetationseinheiten, die ausschließlich auf Industrieflächen größere Vorkommen haben
– Apera interrupta-Arenaria serpyllifolia-Gesellschaft
– Crepis tectorum-Puccinellia distans-Gesellschaft
– Inula graveolens-Tripleurospermum inodorum-Gesellschaft
– Chaenarrhino-Chenopodietum botryos
– Salsola kali subsp. ruthenica-Bestände
– Reseda luteola-Carduus acanthoides-Gesellschaft
– Agrostis gigantea-Bestände
– Cerastium glutinosum-Bestände
– Cerastium pumilum s.str.-Bestände
Vegetationseinheiten mit Schwerpunktvorkommen auf Industrieflächen
– Sisymbrietum loeselii
– Lactuco-Sisymbrietum altissimi
– Conyzo-Lactucetum
– Chaenarrhinum minus-Bestände
– Resedo-Carduetum nutantis
– Reseda luteola-Bestände
– Carduus acanthoides-Bestände
– Poa plustris-Bestände
– Diplotaxis tenuifolia-Bestände
– Saxifraga tridactylites-Bestände 1)
– Epilobium ciliatum-Bestände
– Betula pendula-Bestände
– Buddleja davidii-Betula pendula-Gesellschaft

1) Aufgrund der massenhaften Ausbreitung von Saxifraga tridactylites auf Bahnflächen im gesamten Ruhrgebiet ist diese Vegetationseinheit heute nicht mehr hierzu zu zählen

Faunistische Ergänzungen

Die Bedeutung von Industrieflächen und -brachen als Lebensraum ist auch aus faunistischer Sicht inzwischen vielfach belegt. Es gibt eine Reihe von Beispielen für das Vorkommen von Arten, die in der landwirtschaftlich geprägten Kulturlandschaft selten geworden sind. Ersatzlebensräume stellen insbesondere die vegetationsarmen sandig-kiesigen Abgrabungs- und Aufschüttungsflächen und die trocken-warmen Ruderalstandorte dar. Bei den Vogelarten handelt es sich z. B. um den Flußregenpfeifer, das Braunkehlchen, die Schaftstelze, den Steinschmätzer, das Rebhuhn, den Eisvogel und die Uferschwalbe. Unter den Amphibienarten werden häufig die Kreuzkröte, die Wechselkröte und die Geburtshelferkröte erwähnt (siehe u. a. REIDL 1989, ABS 1992, GEBHARD et al. 1993, HAMANN & UTHOFF 1994).

Wie bei verschiedenen Pflanzenarten und Vegetationseinheiten bereits festgestellt, haben einige Tierarten inzwischen den Schwerpunkt ihres Vorkommens in industriebedingten Lebensräumen. So befand sich z. B. das in Deutschland größte Vorkommen der Wechselkröte auf dem Gelände eines seit 40 Jahren brachliegenden Rangierbahnhofs im Norden von München (GEBHARD et al. 1993). Alle in Bayern bekannt gewordenen Populationen der Geburtshelferkröte hatten ihre Laichplätze in Basalt-Steinbrüchen (PLACHTER 1983). Von elf im Jahr 1987 in Gelsenkirchen erfaßten Brutplätzen des Flußregenpfeifers lagen zehn auf Industriebrachen oder anderen industriebedingten Standorten (HAMANN 1988). HAMANN & UTHOFF (1994) untersuchten über den Zeitraum von 1982 bis 1994 die Herpetofauna von Gelsenkirchen. Es wurden zehn Amphibienarten und vier Reptilienarten nachgewiesen. Davon haben der Bergmolch, die Kreuzkröte und die Geburtshelferkröte ihren Schwerpunkt auf Industriebrachen. Insgesamt erwiesen sich bei der qualitativen und halbquantitativen Erfassung der Herpetofauna in Gelsenkirchen die Rasterflächen mit urban-industriellen Brachen am artenreichsten.

Die Schönheit der Industrienatur

Man muß erst sehen lernen, bevor sich die Schönheit der Industrienatur eröffnet. Sie ist bei den meisten Brachen nicht sofort und leicht zugänglich, sondern man muß sich vorarbeiten. Zunächst einmal ist es notwendig, die Bilder von „idealer Natur", die man im Kopf hat, beiseite zu legen. Dies ist keine alte, agrarisch geprägte Kulturlandschaft, mit geordneter Struktur, die einem einen Rahmen gibt, in den man sich einfügen kann. Wir kennen seit Jahrhunderten diese Bilder von Äckern, Wiesen, Hecken, Wäldern, Bächen und Seen. Selbst wenn es diese „romantischen" Kulturlandschaften in dieser Form kaum noch gibt, weil auch sie längst der industrialisierten Landwirtschaft zum Opfer gefallen sind, können wir selbst mit den Fragmenten noch umgehen. Was man auf Industriebrachen findet, ist anders. Es gibt kaum harmonische Übergänge, dafür Chaos, Wirrwarr und viele Brüche.

Der erste Bruch ist das Wissen um die Vergangenheit dieser Flächen. Es waren Orte der Arbeit, der Mühsal, des Lärmes und des Drecks. Dies alles scheint völlig konträr zu dem, was volkstümlich mit „Natur" verbunden wird.

Die aufkommende Natur auf stillgelegten Industrieflächen ist sichtbarer Ausdruck des Niedergangs einer bestimmten wirtschaftlichen Epoche. Sie ist Ausdruck von Veränderung und Wechsel, womit soziale Not und viele Ängste verbunden sind. Das schafft Unsicherheit zumindest bei den Menschen, die hier leben.

Außerdem sind wir „ungeordnete" Natur in Mitteleuropa nicht mehr gewohnt. In unseren Landschaften herrscht Ordnung; geht sie verloren, ist das Ausdruck von Mißwirtschaft und „Unkultur". Selbst unsere Wälder, gerade in Deutschland Sinnbild für Natur sind ordentlich geführte Wirtschaftswälder zur Holzproduktion. Die wenigen Naturwaldzellen oder sonstige „wilde" Naturreservate fallen kaum auf und sind ja auch unter Kontrolle geplant und eingerichtet worden. Entscheidet man aber wie z. B. aktuell im Nationalpark Bayrischer Wald, große ehemalige Wirtschaftswaldbereiche (10 000 ha) einfach der natürlichen Entwicklung zu überlassen, und führt dies zu einem großen Absterben der einstmals angepflanzten Nadelhölzer, wird dies rasch als bedrohlich empfunden.

Ein gelbgrüner Moosteppich überzieht stillgelegte Gleise.

Aber damit sind wir immer noch nicht am Ende der bedrohlichen Gefühle angelangt. Städte waren jahrhundertelang Orte der Verteidigung – auch vor den bedrohlichen Kräften der Natur. Die „Natur" blieb draußen vor dem Tor und wurde, wenn überhaupt, dann nur in domestizierter Form in die Gärten und Parks hineingelassen. Der Barockgarten war Ausdruck des absoluten Anspruchs des Menschen als Herrscher auch über die Natur. Der englische Landschaftsgarten ist Ausdruck eines aufklärerischen Naturideals, aber alles in vorgegebenen Regeln.

Oben: Ein stillgelegtes Gleis wächst zu mit Storchschnabel (Geranium robertianum).

Rechts: Ein Schleier des Frühlingsgreiskrautes (Senecio vernalis) zieht sich über stillgelegte Schienen.

„Ungeordnete" Natur in den Städten, beispielsweise in Form von Unkraut, wird bis heute als Anzeichen von wirtschaftlichen und sozialen Problemen gewertet. Die Sozialstruktur einer Stadt spiegelt sich recht deutlich im Ausmaß des „Unkrautes" an den Straßen und auf den Grundstücken (siehe Hard 1985). Spontane Natur ist Ausdruck von Zerstörung oder Untergang. Die Wildnis kehrt zurück, „nature strikes back". Das stärkste Symbol hierfür war der bewachsene Trümmerschutt in den zerstörten Städten nach dem Zweiten Weltkrieg. Die spontan aufgewachsenen Baum- und Gebüschbestände in den Slums amerikanischer Großstädte gehören ebenfalls in diese Kategorie.

Dies alles muß man wissen, um zu begreifen, welche Gefühle „Industrienatur" bei den Besuchern auf Industriebrachen freisetzt, vielfach ohne daß es ihnen bewußt ist. Auch deshalb ist die Annäherung im Rahmen einer Führung einfacher. Hier ist man in einer schützenden Gruppe und bekommt viele Dinge gezeigt, die einem allein kaum aufgefallen wären.

Es liegt eine merkwürdige Atmosphäre über gerade stillgelegte Industrieflächen. Je größer die Werke oder Zechen im Ruhrgebiet waren, desto mystischer wirken ihre Ruinen. Wurden die Gebäude und Anlagen noch nicht abgerissen, geht man wie durch Kultstätten einer untergegangenen Kultur. Der Unterschied zu genutzten Zechen oder Stahlwerken ist monumental, am stärksten spürt man es an der Stille der Brachen. Wo vorher die Züge quietschten, die Sirenen heulten, die Kräne kreischten, die LKWs brummten, ist jetzt nichts mehr außer einem verlorenen Stück Blech, das im Wind gegen einen Stahlträger schlägt. Plötzlich hört man den Turmfalken schreien und die vielen Tauben gurren.

Und nahezu überall tauchen Pflanzen auf. In der Sonne leuchtet ein zartes Grün, das im Kontrast steht zu den schwarzen oder grauen Industrieböden, dem rostenden Stahl und dem Beton. Die Vegetation ist schnell: wo die Bedingungen günstig sind, braucht sie nur wenige Jahre, und schon ist kein blankes Substrat mehr zu sehen.

Leuchtend gelbgrüne Moosteppiche überziehen auf einmal nicht mehr genutzte Wege und Lagerplätze. Gräser wie z. B. die Dachtrespe tanzen mit zartem Graugrün über die alten Gleise, fragil und transparent und ständig im Spiel des Windes. Greiskräuter zeigen ihre gelben Blüten. Stellenweise schweben die gelben Blüten des Frühlingsgreiskrautes wie ein lose gewebtes Gespinst über Schienen und Wege.

Oben: Bizarr gewachsener Natternkopf (Echium vulgare) auf einer Industriebrache.

Unten: Blütenmeer mit Nachtkerzen, Königskerzen und Weidenröschen.

Überall tauchen die Farben Grün und Gelb auf, in allen nur denkbaren Schattierungen. Gelb ist die häufigste Blütenfarbe auf jungen Industriebrachen. Romantisch religiös ausgedrückt scheint es, als wollte die Natur Millionen kleiner Sonnen scheinen lassen, um Helligkeit auf die dunklen Böden zu bringen.

Dazwischen gibt es bizarre Gewächse, die aus Wüsten zu kommen scheinen, wie etwa den Salzschwaden, den Wanzensamen oder stachelige Disteln. Ihre sparrige grüne Struktur ist die natürliche

Ergänzung zu zerborstenem Beton mit der herausragenden rostigen Armierung. Es scheint, als wären sie Pioniere auf besonders schwierigen Standorten. Man ahnt ihre Leistung durch die bizarren Formen.

Stellenweise entfaltet die Vegetation eine besonders üppige Farbenpracht. Dies gilt insbesondere für die Bestände der Nachtkerzen, Königskerzen und des Natternkopfs. Sie entwickeln sich auf den schuttreichen groben Böden recht häufig und zeigen dann von Mai bis August eine Farbpalette mit Gelb, Blau und Rot. Dies ist nichts Spezifisches auf Industriebrachen, man findet diese Vegetation auf vielen Baulücken und Stadtbrachen. Selten findet man sie aber in so großer Ausdehnung. Allerdings gibt es diese Blütenpracht nie mehrere Jahre hintereinander. Wenn die natürliche Sukzession nicht gestört wird, nehmen sehr bald andere Arten wie z. B. die Birken oder der Schmetterlingsstrauch ihren Platz ein.

Besonders eindrucksvoll ist die Industrienatur immer dann, wenn Reste der Industrie wie Gleise, Bauwerke oder Anlagenteile überzogen werden. Der Gegensatz von technischer Struktur und aufkommender Natur erzeugt eine ganz spezielle Atmosphäre. Dies alles hat also durchaus viele romantische Aspekte, wenn man die Bilder nicht weiter hinterfragt. Es hat auch viel Symbolik nach dem Motto „auf den Ruinen blüht neues Leben". Es gibt kaum bessere Orte, um Menschen die Leistungsfähigkeit und vitale Kraft der Natur anschaulich vorzuführen und damit automatisch auch deutlich zu machen, wie vergänglich auch die größten menschlichen Bauwerke sind.

Allerdings sollte man den Bogen nicht überspannen. Romantik, Mystik und Naturbewunderung dürfen nicht dazu führen, nach dem Motto „letztlich richtet die Natur es ja doch" neue Landschaftszerstörungen zu legitimieren.

Von den Standortbedingungen hängt es ab, wie lange die Pioniergehölze wie Birken, Weiden, Pappeln oder Sommerflieder brauchen, um dichte Bestände aufzubauen. Manchmal reichen schon 10 Jahre, und ein neuer Wald ist entstanden. Durch die kleinflächig wechselnden Standortbedingungen, die immer wieder auftretenden Störungen und zufällige Faktoren, wie z. B. welches Gehölz zu erst Fuß faßte, entstehen ausgesprochen vielfältige Gehölzbestände. Von total undurchdringlich mit Brombeeren, Hopfen und Weinrebe durchzogen bis zum lichten, lockeren, transparenten „Steppenwald" kommt alles vor. Man sieht diesen Wälder sofort an, daß sie nicht durchforstet sind. Zumindest strukturell ähneln sie Urwäldern sehr viel

Der „wilde Industriewald" auf einem ehemaligen Gleis (etwa 40 Jahre alt).

Kinder suchen auf einer Industriebrache nach Kaulquappen.

mehr als unsere Wirtschaftswälder. Hier und da ragt noch ein Relikt der industriellen Nutzung hervor und gibt Zeugnis von der Vergangenheit, die man sich kaum noch vorstellen kann.

Prinzip Hoffnung

Einerseits ist die Industrienatur auf den Brachen sichtbarer Ausdruck des Untergangs einer Epoche im Ruhrgebiet; andererseits eröffnen sich damit auch völlig neue Möglichkeiten für die Zukunft.

Sicher ist es sinnvoll, bei echtem Bedarf alte Produktionsflächen für neue bauliche Nutzungen zu verwenden. Dies ist im Rahmen der IBA Emscher Park und darüber hinaus in den letzten Jahrzehnten auf vielen Brachen im Ruhrgebiet geschehen. Ein Kreislauf bei der Bodennutzung ist gerade in ausufernden Ballungsräumen eine der wesentlichsten Bedingungen für eine dauerhaft umweltgerechte Entwicklung. Beim Recycling und der Neugestaltung dieser Flächen kann und sollte man auf Industriekultur und Industrienatur Rücksicht nehmen. Es gibt viele Möglichkeiten, Teile der Vergangenheit ökonomisch, ökologisch und ästhetisch gewinnbringend in die neue Nutzung zu integrieren. Auch hierfür findet man im Rahmen der IBA gelungene Beispiele.

Bei einigen 1000 ha Industriebrachen im Ruhrgebiet gibt es aber angesichts einer schrumpfenden Bevölkerung und sich stetig ändernder Arbeitsformen für viele der Brachen keinen Bedarf für neue bauliche Nutzungen. Außerdem unterliegen einige Flächen Restriktionen, die eine erneute Bebauung unmöglich machen. Dies müssen nicht immer die so oft beschworenen Altlasten sein, auch die Lage in der Stadt und schwierige Erschließungsmöglichkeiten sind hier zu nennen. Gleichzeitig liegen viele dieser Flächen an Schnittstellen der regionalen Grünzüge. Jahrzehntelang bildete hier eine unzugängliche Werksfläche eine Barriere. Nun lassen sich die Brachen öffnen und im Rahmen einer „Grünentwicklung" als neue Bausteine in die Freiraumstruktur des Emscher Landschaftspark einfügen.

Sehr plakativ ausgedrückt „frißt hier Landschaft Stadt" oder „die Natur kehrt zurück". Dies ist in einem verdichteten Ballungsraum eine große Chance zur Verbesserung der ökologischen Situation und der Naherholungsmöglichkeiten der Bevölkerung. Führt man sich die vorhandene städtebauliche Situation im Ruhrgebiet vor Augen, wird schnell klar, daß es angesichts der gesichtslosen Siedlungsstrukturen kaum eine wirklich durchgreifende bauliche Verbesserung in dieser Region geben kann. Die einzige wirkliche Ordnungs- oder Gestaltungsmöglickeit zur Verbesserung der Qualität liegt hier im Freiraum. Dies ist der Ansatz des Emscher Landschaftsparks.

Über die unterschiedlichen Typen der Gestaltung ehemaliger Brachen wurde bereits berichtet (siehe S. 145). Die gesamte Palette hat ihre Berechtigung und jeder Typ seine spezifischen Aufgaben und Nutzer. Eine besondere Funktion haben jene Flächen, die nicht so aufwendig umgestaltet werden, sondern auf denen die spontan aufgewachsene Industrienatur im Vordergrund steht.

Diese „Wildnis" bietet mitten in der Stadt, in unmittelbarer Nähe von Wohnsiedlungen und Schulen, einzigartige Naturerlebnisflächen. Dies ist eine Chance, um der zunehmenden Naturentfremdung insbesondere bei den Kindern und Jugendlichen in den Städten entgegenzuwirken. Aus medizinischer oder psychologischer Sicht ist nur sehr schwer festzustellen, welche Auswirkungen mangelnder Naturkontakt auf die Entwicklung eines Menschen hat. Es gibt durchaus ernstzunehmende Vermutungen, daß die mangelnde Möglichkeit, sich mit anderen Elementen der Natur auseinanderzusetzen, negative Folgen auf die Persönlichkeitsstruktur haben könnte (siehe GEBHARD 1993). Selbst wenn man aber nicht gleich Schädigungen annimmt, scheint doch relativ einleuchtend, daß für das Verständnis natürlicher Zusammenhänge persönliche, vor allem auch emotional geprägte Erlebnisse in der Natur hilfreich sind.

Naturerlebnis in der Stadt setzt geeignete Flächen voraus. Die Eignung ergibt sich aus Lage, Zugänglichkeit, Sicherheit und einer abwechslungsreichen Naturausstattung sowie deren Belastbarkeit. Viele Industriebrachen im Ruhrgebiet erfüllen die meisten dieser Punkte ganz hervorragend.

Route der Industrienatur

Im Rahmen einer sogenannten „Route der Industrienatur" werden ab 1999 die 20 schönsten Industriebrachen im Emscher Landschaftspark präsentiert und zugänglich gemacht. Diese Route ist ein ergänzender Bestandteil der Route der Industriekultur. Die ausgewählten Brachen zeigen das gesamte Spektrum der Industrienatur. An fünf zentralen Ankerpunkten (Landschaftspark Duisburg-Nord, Zeche Zollverein Essen, Stadtpark West Bochum, Industriemuseum Zollern Dortmund und Kokerei Hansa Dortmund) wird es spezifische Ausstellungen, markierte Rundwege und spezielle Führungen zur Industrienatur geben. Für alle ausgewählten Brachen gibt es Hinweistafeln, Faltblätter und eine zusammenfassende Broschüre sowie Führungen. Die Route der Industrienatur soll dauerhaft im Rahmen der Trägerschaft Emscher Landschaftspark betrieben und ausgebaut werden (Informationen und Anmeldungen unter Telefonnummer 01 80/4 00 00 86).

Der Wilde Industriewald – Beispiele für neue Erlebnisräume in der Industrielandschaft

Im Rahmen der IBA wurde 1995 das sogenannte „Restflächenprojekt" gestartet. Dieses Projekt versucht einen anderen Ansatz zur Entwicklung und Gestaltung von Industriebrachen zu nutzbaren Freiflächen. Zugrunde liegen die Erfahrungen aus den diversen anderen Parkprojekten im Emscher Landschaftspark, wo mit relativ hohem Aufwand industrielle Brachflächen umgestaltet wurden. Daraus lassen sich folgende Schlüsse ziehen:

- Für mehrere 1000 ha Industriebrachen im Ruhrgebiet, die potentiell für eine Freiflächenentwicklung in Betracht kommen, ist eine kostenaufwendige Umgestaltung nicht finanzierbar. Bereits die neugebauten Parkanlagen bereiten in der Unterhaltung den finanzschwachen Kommunen Probleme.
- Trotz aufwendigem Wettbewerbsverfahren und intensiver Betreuung der Umsetzung ist es längst nicht bei allen Projekten gelungen, die Besonderheiten der industriellen Standorte und ihrer Geschichte in den neuen Parkanlagen zu bewahren. Der Aspekt „Herausarbeitung des Typischen, Eigenständigen" ging verloren.
- Das „normale" Verfahren über Wettbewerb, Entwurf des Landschaftsarchitekten, Ausschreibung, Umsetzung durch einen Garten- und Landschaftsbaubetrieb und Übergabe an die städti-

schen Grünflächenämter zur Dauerpflege hat seine Schwächen. Der Landschaftsarchitekt gewinnt mit einem ambitionierten Entwurf. Der Gala-Bau setzt dies – meist mit Abstrichen aufgrund realer Zwänge – um. Die städtischen Grunflächenämter haben ihre eigenen Erfahrungen in der Pflege und unterliegen drastischen Sparzwängen. Es gibt in diesem System niemanden, der von Anfang bis Ende verantwortlich für den Park ist und alles steuern kann. Alle Beteiligten haben ihr ureigenes Interesse und nur eine genau festgelegte Arbeitspanne. Das gesamte Verfahren ist kostenintensiv, aber nicht unbedingt sensibel.

Nun könnte man auf eine einfache Idee kommen: Wenn die Gestaltung der „sensiblen" Industriebrachen nicht die gewünschten Ergebnisse bringt, dann könnte man sie doch einfach sich selbst überlassen. „Die Natur wird es schon richten", und die Menschen nehmen diese Niemandsländer nach und nach in Besitz. Dies reicht aber aller Erfahrung nach nicht, denn die Brachen sind permament von Vandalismus aller Art bedroht.

Einfach strukturierter Vandalismus sind die vielfach zu beobachtenden wilden Müllablagerungen. Sie sind ein Zeichen dafür, daß bestimmte Gruppen von Menschen die wilde Struktur der Brachen als Einladung zur Lösung ihrer Müllprobleme begreifen.

Ein andere Form des Vandalismus ist die Nutzung von Brachen für Motocrossfahrten mit Motorrädern, Geländewagen und Schrottautos. Die entsprechende Klientel ist aufgrund der vorherrschenden Verbote ständig auf der Suche nach geeigneten Flächen. Die „Motorsportler" gehen bei ihrem „Sport" in aller Regel völlig rücksichtslos mit der Naturausstattung der Brachen um. Neben Lärm und Abgasen werden die nicht straßentauglichen Maschinen oft genug noch auf den Brachen gewartet und gelegentlich auch „entsorgt".

Perfidere Formen des Vandalismus drücken sich in der auch heute noch oft ungenehmigten Nutzung

Wilder Industriewald auf einer alten Halde der Zeche Zollverein in Essen.

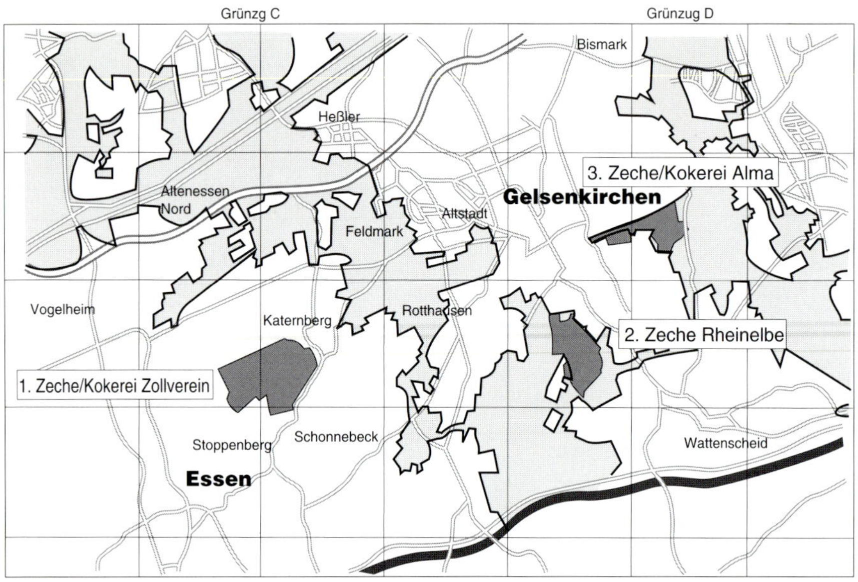

Oben: Lage der Testflächen für das Restflächenprojekt (aus IBA Emscher Park 1994, nach REBELE/ DETTMAR *1996).*

Unten: Die Förster des Restflächenprojektes im Einsatz.

von Brachen als Zwischen- oder Endlager für überschüssige Bodenmassen aus. Auch bei der Altlastenbehandlung ist das Resultat für die Naturausstattung einer Brache oft nur als blanker Vandalismus zu charakterisieren. Lange herrschte hier die Meinung vor, daß die Sicherung oder Sanierung einer Altlast alle Opfer rechtfertigen muß. Schließlich wird dies ja zur Sicherung der Umwelt durchgeführt. Es ist rational oft nur schwer nachvollziehbar, warum gerade eine bestimmte Fläche für eine Sanierung ausgewählt wird, obwohl die Sanierung einer sehr viel brisanteren benachbarten Brache viel sinnvoller wäre. Dies hat mit den gesetzlichen Bedingungen und den Eigentumsverhältnissen zu tun.

Wenn für eine Fläche eine Sanierung bestimmt wurde, sieht sie im Ruhrgebiet unabhängig von der Belastung und der Sanierungsart am Ende doch meist gleich aus: Die Empfehlung der Gutachter lautet „Überdeckung der Fläche mit bindigem Boden“, je nachdem in Stärken von 20 bis 200 cm. Ist ein Sanierungsverfahren über eine Fläche hinweggerollt, so ist das Altlastenproblem vielleicht beherrschbarer geworden, aber die spezifische Charakteristik der Fläche ist mit den meist aufgewendeten Millionenbeträgen verschwunden. Auf der Abdeckung aus bindigem Boden siedelt sich etwas an, was nichts mehr mit industriespezifischen Lebensräumen oder der beschriebenen Ästhetik zu tun hat.

Es ist also keine Lösung, die Flächen einfach sich selbst zu überlassen. Der Vandalismus oder die Altlastenbehandlung beeinträchtigt oder zerstört den spezifischen Arten- und Biotopschutzwert und die ästhetische Qualität. Aus diesen Gründen wurde im Rahmen der IBA Emscher Park lange darüber nachgedacht, wie ein alternatives Modell zur Entwicklung von Industriebrachen aussehen könnte. Im Ergebnis heißt der Ansatz „pflegende Entwicklung“. Zentrales Element ist die persönliche Verantwortung von Menschen für die Entwicklung einer Brache. Gefordert ist nicht die Dreiteilung zwischen Planer, GaLa-Bauer und Dauerpfleger, sondern die Vereinigung aller Aufgaben in einer Person oder Einheit.

Betrachtet man die natürliche Entwicklung auf Industriebrachen, so stellt sich über kurz oder lang auf weiten Flächenteilen der Wald ein. Wir haben diesen Waldtyp im Ruhrgebiet als „Wilden Industriewald“ bezeichnet. Vegetationskundlich handelt es sich dabei auf den Standorten im Ruhrgebiet meist um einen Birken-Salweiden-Vorwald. Wichtiger ist, daß diese Bestände nach den existierenden Gesetzen als Wald behandelt werden müssen. Aus diesem Grund lag es nahe, zu fragen, welche Vorteile eine formale Ausweisung dieser Flächen als Wald mit sich bringt. Ein ganz wesentlicher Vorteil liegt in einem deutlich niedrigeren Niveau bei der Gefahrenabwehr, etwa im Vergleich zu einer öffentlichen Parkanlage. Dies erlaubt z. B. deutlich niedrigere Standards beim Öffnen der Brachen für Besucher im Rahmen des Wegebaus und der Vegetationspflege.

Für Wald ist traditionell die Forstverwaltung zuständig, deshalb lag es nahe, zusammen mit der Landesforstverwaltung Nordrhein-Westfalen ein Experiment zu beginnen. Ausgewählt wurden drei

ehemalige Bergbauflächen in Gelsenkirchen und Essen. Es handelt sich um die ehemaligen Zechen Alma und Rheinelbe in Gelsenkirchen und das Umfeld der Zeche Zollverein-Schacht XII in Essen. Größere Teile dieser Flächen hatte der Grundstücksfonds des Landes Nordrheinwestfalen erworben und für das Experiment zur Verfügung gestellt.

Die Forstverwaltung stellt einen Förster und zwei Forstwirtschaftsmeister für das Projekt ab, die formal dem Forstamt Recklinghausen angegliedert sind. Auf dem Rheinelbe-Gelände in Gelsenkirchen wurde ein altes Schalthaus der Zeche zu einer Forststation umgebaut. Dieser Stützpunkt ist quasi die Pflegestation für die drei Brachen und entsprechend ausgestattet.

Das Alma Gelände in Gelsenkirchen, Schrägluftbild aus dem Jahr 1997, mit Blick auf die ehemalige Rennbahn.

Die Flächen des Grundstücksfonds betragen auf allen drei Brachen zusammen etwa 100 ha. Von Anfang an war beabsichtigt, weitere angrenzende Flächen privater Grundstückseigentümer über Betreuungsverträge mit einzubeziehen. Dies wird über die sogenannten „Beförsterungsverträge“ oder normale Pachtverträge abgewickelt. Konkret wurden Vereinbarungen mit der Thyssen Guß AG und der Ruhrkohle Bergbau AG abgeschlossen.

Blick auf das wilde Hinterland der Zeche Zollverein mit einer großen Skulptur von Ulrich Rückriem.

Die Aufgabe der „Förster“ besteht seit 1996 in der kontinuierlichen Überwachung und Kontrolle der Flächen sowie der schonenden Entwicklung des Freiflächen- bzw. Naturschutzpotentials. Der Rahmen und die Entwicklungsziele für die einzelnen Flächen werden von einem mit Fachleuten besetzten Sachverständigenrat vorgegeben. Das Arbeitsprogramm wird vom Autor als Projektleiter in Zusammenarbeit mit den Förstern erstellt. Die größeren Bauarbeiten werden in Kombination mit einem Gelsenkirchener Arbeitsmarktprojekt realisiert. Die Pflegearbeiten bei den Vegetationsbeständen, z.B. Erhaltung bestimmter Sukzessionstadien, Wiesenmahd, Auflichtung von Gehölzbeständen oder Beseitigung von Gefahrenquellen, führen die Förster weitgehend selbst aus.

Die Aufgabe der Förster liegt aber auch in einer umfangreichen Öffentlichkeitsarbeit. Die Besucher der Flächen werden generell nicht verjagt oder gegängelt. Die freie Eroberung der Flächen in gewissen Grenzen ist gewollt. Kinder und Jugendliche können hier „Buden“ oder Baumhäuser bauen und unter Anleitung und Betreuung der Förster auch mal einen Baum fällen oder ein Lagerfeuer machen. Über falsches Verhalten wird aufgeklärt. In den Räumen der Forststation werden Schulklassen empfangen; sie können hier Teile ihres Biologie- oder Heimatkundeunterrichts durchführen. Dazu gibt es Exkursionen mit den Förstern durch den „Wilden Industriewald“.

Die Zielrichtung der einzelnen Flächen ist unterschiedlich. Das **Alma-Gelände** wird in Zusammenarbeit mit dem BUND-Gelsenkirchen und der Unteren Landschaftsbehörde vorrangig naturschutzbezogen entwickelt. Hier sind zwischenzeitlich eine ganze Reihe von Arten- und Biotopschutzmaßnahmen umgesetzt, wie z.B. Entschlammung und Neuanlage von Amphibienlaichgewässern und Rodung von Pionierwäldern zur Wiederherstellung von früheren Stadien der Sukzession.

Auf dem **Rheinelbe-** und **Zollverein-Gelände**

Künstlerisch gestalteter Aufgang zu einer Halde auf dem Rheinelbe-Gelände – die Treppe von Herman Prigann.

wird eine Kombination von Freiflächenentwicklung, Kunst und Naturschutz versucht. Hier sind bereits verschiedene Wege, kleinere Brücken und sonstige Infrastrukturelemente realisiert worden. Die Brachen sind nun für Besucher erschlossen und frei zugänglich.

Ein wichtiger Baustein liegt in der künstlerischen Bearbeitung dieser beiden Brachflächen. Auf dem Zollverein-Gelände hat der Bildhauer Ulrich Rückriem insgesamt fünf größere Steinblöcke als eine Art Skulpturenpark installiert (siehe Knierim 1996). Die Granitblöcke „besetzen" die Brache, geben ihr ein anderes räumliche Gefüge und locken viele Kunstliebhaber, die das Industriedenkmal Zollverein besuchen, auch in das „wilde Hinterland", wohin sie sich ohne Kunst niemals begeben hätten. Die strenge Formalistik der Skulpturen erzeugt ein Spannungsfeld zur wilden Industrienatur, die sich auf der 25 ha großen Fläche weitgehend ungestört entfaltet.

Auf dem Rheinelbe-Gelände hat der Künstler Herman Prigann zehn verschiedene Skulpturen und skulpturale Orte geschaffen. Der Künstler hat sich sehr intensiv mit der Geschichte der Brache beschäftigt und sich im wahrsten Sinne des Wortes in die Fläche eingelebt. Seine Setzungen greifen in Material, Form und Wahl der Standorte das Thema „Transformation und Wandel" auf den Brachen auf. Dies ist entsprechend in dafür ausgebauten Austellungsräumen in der Forststation Rheinelbe dokumentiert. Es ist ein Versuch, über die künstlerische Interpretation den Besuchern einen neuen Zugang zur Eigenwilligkeit der Industrienatur zu bieten.

Interessant sind in diesem Zusammenhang die Ergebnisse einer sozialempirischen Untersuchung über das Besucherverhalten auf der Rheinelbe-Brache (siehe Keil 1998). Das neu erschlossene Freiraumangebot auf der Brache wird bereits nach kurzer Zeit von relativ vielen Menschen entdeckt und angenommen, obwohl es keine Werbung oder Mitteilungen in Zeitungen darüber gab. Die Erwartung, daß Kinder und Jugendliche die reichhaltige Naturstruktur der Brache nutzen würden als Naturspielplatz, hat sich voll erfüllt. Der für die Kinder entstandene neue Freiraum, gerade auch Freiraum von übermäßiger Kontrolle oder massiven Verboten, wurde schnell erobert. Auch die Kunstwerke von Prigann werden durchaus positiv bemerkt und als Hinweis auf die „Inwertsetzung" verstanden. Die Entstehungs- und Veränderungsprozesse bei den Setzungen wurden von vielen Besuchern aufmerksam begleitet.

Fazit

Nach zwei Jahren Laufzeit des Restflächenprojektes kann man inzwischen beobachten, daß die sanfte Entwicklung der Brachen von der Bevölkerung mehr und mehr zur Kenntnis genommen wird.

Probleme mit Vandalismus, insbesondere durch wilde Müllablagerung, haben fast völlig aufgehört. Mit vergleichsweise wenig Geld ist speziell auf den beiden Brachen Rheinelbe und Zollverein ein ergänzendes Angebot zur Freiraumstruktur der Städte entstanden. Die Industrienatur und der Wilde Industriewald ermöglichen mitten in der Stadt einen völlig unerwarteten Naturgenuß und stellen insbesondere für Kinder und Jugendliche echte Naturerlebnisräume dar. (Weitere Information bei der Forststation Rheinalle unter 0209/ 1474844)

Literatur

Abs, M. (1992): Die Bedeutung von Industrieflächen aus tierökologischer Sicht. LÖLF-Mitteilungen 2/92, 27–31.

Blume, H. P., Burghardt, W., Cordsen, E., Finnern, H., Fried, G., Grenzius, R., Kneib, W., Kues, J., Pluquet, E., Götz-Schraps, W., Siem, W., Siem, H. K. (1989): Kartierung von Stadtböden. UBA Texte 89–056. 171 S.

Dettmar; J. (1989a): Bemerkenswerte Pflanzenvorkommen auf Industrieflächen im Ruhrgebiet und einige kritische Anmerkungen zur Bewertung der Neophyten in der Roten Liste der Gefäßpflanzen NRW. Floristische Rundbriefe 22(2), 104–122

Dettmar, J. (1989b): Die Apera interrupta-Arenaria serpyllifolia Gesellschaft im Ruhrgebiet. Natur und Heimat 49(2), 33–42.

Dettmar, J. (1991): Industriebrachen – Vergiftete Wüsten oder lebendige Oasen ? Ein Führer zur Pflanzenwelt von Industriebrachen im Ruhrgebiet. Hrsg. v.d. Internationalen Bauausstellung Emscher Park mbH. Gelsenkirchen. 55 S.

Dettmar, J. (1992a): Industrietypische Flora und Vegetation im Ruhrgebiet. Dissertationes Botanicae 191

Dettmar, J. (1992b): Vegetation auf Industrieflächen. Die Bedeutung von Industrieflächen für den Naturschutz aus floristischer und vegetationskundlicher Sicht. LÖLF-Mitteilungen 2/92, 20–26.

Dettmar, J. (1992c): Industrietypische Flora im Ruhrgebiet. Verhandlungen der Gesellschaft für Ökologie. Bd. 21, 49–52.

Dettmar, J. (1992d): Grüngestaltung und „ökologische Aufwertung" in Industrie- und Gewerbegebieten – welche Effekte lassen sich tatsächlich erzielen ? Exwost-Experimenteller Wohnungs- und Städtebau 7, 24–32.

Dettmar, J. (1993): Puccinellia distans-Gesellschaften auf Industrieflächen im Ruhrgebiet – Vergesellschaftung von Puccinellia distans in Europa. Tuexenia 13, 445–465.

Dettmar, J. (1996): Industriebedingte Lebensraume in Europa. Schriftenreihe für Vegetationskunde H. 27, 111–118.

Dettmar, J. & Sukopp, H. (1991): Vorkommen und Gesellschaftsanschluß von Chenopodium botrys L. und Inula graveolens (L.) DESF. Im Ruhrgebiet (Westdeutschland) sowie im regionalen Vergleich. Tuexenia 11, 49–65.

Düll, R. & Kutzelnigg, H. (1987): Punktkartenflora von Duisburg und Umgebung. 2. Auflage IDH-Verlag. 378 S.

Gebhardt, A., Kemper, A. & Zaby, E. (1993): Naturschutz am Rangierbahnhof. Garten + Landschaft 3, 29–34.

Haeupler, H. (Hrsg.) (1992): Exkursionsführer. 42. Jahrestagung und Exkursionen Flor. Soz. AG. – 24.–28.7.1992 in Bochum. 120 S.

Hamann, M. (1988): Vegetation, Flora und Fauna – insbesondere Avifauna – Gelsenkirchener Industriebrachen und ihre Bedeutung für den Arten- und Biotopschutz. Dipl. Arbeit Univ. Bochum (n.p.) 236 S.

Hamann, M. & Uthoff, H. D. (1994): Amphibien und Reptilien in Gelsenkirchen. Zeitschrift für Feldherpetologie (Magdeburg) 1, 103–134.

Hard, G. (1985): Vegetationsgeographie und Sozialökologie einer Stadt. Ein Vergleich zweier „Stadtpläne" am Beispiel von Osnabrück. Geogr. Zeitschr. 73, 125–144.

Keil, A. (1998): Industriebrachen: Nicht nur Nischen für Pflanzen und Tiere. LÖBF Mitteilungen 2/98, 62–69.

Knierim, W. (1996): Ein Park auf Zeche Zollverein. Topos 14/96, 22–28.

Kowarik, I. (1996): Auswirkungen von Neophyten auf Ökosysteme und deren Bewertung. UBA Texte 58, 119–155.

Müller, N. (1989): Flora und Vegetation einer Industriebrache – das Diering-Gelände in Augsburg – Berichte d. Naturwiss. Ver. f. Schwaben (Augsburg) 93, 39–48.

Plachter, H. (1983): Die Lebensgemeinschaften aufgelassener Abbaustellen. Ökologie und Naturschutzaspekte von Trockenbaggerungen mit Feuchtbiotopen. Schriftenreihe Bayerisches Landesamt für Umweltschutz. H. 56. 112. S.

Rebele, F. (1986): Die Ruderalvegetation der Industriegebiete von Berlin (West) und deren Immissionsbelastung. Landschaftsentwicklung und Umweltforschung TU Berlin 43. 224 S.

Rebele, F. (1988): Ergebnisse floristischer Untersuchungen in den Industriegebieten von Berlin (West). Landschaft + Stadt 20(2), 49–66

Rebele, F. & Dettmar, J. (1996): Industriebrachen – Ökologie und Management. Eugen Ulmer Verlag Stuttgart. 188 S.

Reidl, K. (1989): Floristische und vegetationskundliche Untersuchungen als Grundlagen für den Arten- und Biotopschutz in der Stadt – Dargestellt am Beispiel Essen – Diss. Univ. GHS Essen. 811 S.

Reidl, K. & Dettmar, J. (1993): Flora und Vegetation der Städte des Ruhrgebiets, insbesondere der Stadt Essen und der Industrieflächen. Ber. z. dt. Landeskunde (Trier) 67 (2), 299–326.

Schulte, W. (1985): Florenanalyse und Raumbewertung im Bochumer Stadtbereich. Diss. Ruhr Univ. Bochum Materialien z. Raumordnung. Geograph. Inst. Univ. Bochum. Forschungsabt. f. Raumord. 30. 394 S.

Vogel, A. & Augart, P. M. (1992): Zur Flora und Vegetation des Bundesbahn-Ausbesserungswerks Witten in Westfalen. Floristische Rundbriefe 26(2), 91–106.

Das Emschertal, die Kunst und wie sich ein Bild von Landschaft formt

„Es ist umsonst, wenn wir von einer Wildnis träumen, die in der Ferne liegt. So etwas gibt es nicht. Der Sumpf in unserem Kopf und Bauch, die Urkraft der Natur in uns, das ist es, was uns diesen Traum eingibt. Nie werde ich im fernsten Labrador eine größere Wildnis finden als in einem Winkel in Concord, d. h. als die, welche ich dort hineintrage."

(Henry David Thoreau, 1856)

Ein Beitrag von Marion Taube

Landschaft will geliebt sein. Wenn Menschen über Landschaft sprechen, sie fotographieren, malen oder einfach nur in ihr spazieren gehen, dann ist das Ur- und Sinnbild dieser Gegend, über die sie nun gerade sprechen, die sie fotographieren, die sie malen, oder in der sie spazieren gehen, ein mit Sicherheit positiv besetztes. Mit Landschaft assoziieren wir Schönheit, Sehnsucht, Weite, Erhabenheit, Stille, Harmonie. Seit den Tagen der Renaissance hat die Landschaft sich als positiver Bildtypus emanzipiert: In unseren Köpfen, auf dem Papier, in fast allen rituellen kulturellen Reflexionen. Die Landschaft als kultivierte Natur.

Die Künstler fast aller Epochen haben sich mit den Erscheinungsformen von Landschaft auseinandergesetzt. Spätestens seit dem Quattrocento spannt sich die Linie zuerst in der Malerei, später dann auch in der Skulptur bis in unsere Tage fort, von der präzisen Naturbeobachtung eines Albrecht Dürer über die sehnsuchtsgeleitete Empfindung bei Caspar David Friedrich oder William Turner in der Romantik, den akademiesprengenden „Freiluftbewegungen" der Impressionisten bis schließlich in unser Jahrhundert, in dem die Plastik der Malerei den Rang abläuft und ihren Vormarsch in den freien Raum, in die Stadt, in die Landschaft fortsetzt und neue sinnliche Bezüge aber auch Brechungen herstellt.

Die Kunst hat Landschaft auf vielfältige Weise interpretiert, sie hat sich an ihr gerieben, sie erhöht, verfremdet, vielleicht sogar negiert – sie hat sie antizipiert, aber sie hat sie nicht konzipiert.

Niemals zuvor ist Landschaft durch Kunst erst geschaffen worden.

Ein Spiegel für das Emschertal

Eine Landschaft wird zu Landschaft, wenn wir sie als solche wahrnehmen. Das Emschertal war eine Landschaft, bevor die Industriegesellschaft sie in ein ungeliebtes „wasteland" verwandelte.

Vor 100 Jahren hat das Emschertal aufgehört, Landschaft zu sein, und mit ihr verschwand das Bild davon. Mit dem Bild verschwand die Sehnsucht danach. Und mit der Sehnsucht verschwand zuletzt sogar die Erinnerung daran.

Ende der 80er Jahre entdeckten erste „Spurensucher" unter dem Schutt, den Kontaminationen, den verklebten Schichten des Industriemülls ein Stück Hoffnung, das wie Natur aussah und eine Vision auferstehen ließ: Den Emscher Landschaftspark.

Das 70 km lange Tal des ehemaligen Flusses und der heutigen Kloake Emscher als Rückgrat eines regionalen Landschaftsparks? Dieser Kontrapunkt aller Sehnsüchte, eher ein Tal des Jammers, selbst morphologisch tief verstrickt im Abschiedskampf von der „Unterwelt", vollends jenseits von Schönheit und Erhabenheit.

Ende der 80er Jahre haben das Emschertal viele so empfunden, und vielen geht es noch heute so.

Erst die Planung, dann die Kunst

Auch am Anfang der IBA Emscher Park stand lediglich eine formale Vorstellung von dieser Landschaft an der Emscher, sozusagen ein „weißes Blatt" oder besser ein „grünes", das es erst auszumalen galt.

Wo die Siedlungsdichte an 2.000 Einwohnern pro km^2 heranreicht und kaum noch größere zusammenhängende Landschaft vorhanden ist, macht es Sinn, Landschaft wiederaufzubauen, denn der Mangel an Landschaftsqualitäten könnte für die mangelhafte Standortgunst und das schlechte Image dieser Region mitverantwortlich sein. Und wo Landschaft ganz einfach als billiger und jederzeit verfügbarer Bodenvorrat für beliebige Nutzungszwecke verstanden wird, da sollte man den planerischen Auftrag, Siedlungsflächen zu begrenzen, Freiräume zu schützen und besonders ernst nehmen.

Industrielandschaft im Emschertal.

Diesen Überlegungen sieht man an, daß sie aus klassischen planerischen Überlegungen abgeleitet, und erst einmal abseits von kulturellen oder poetischen Visionen geboren sind.

Immerhin haben diese ersten „phantasiearmen" Überlegungen ausgereicht, um einer Internationalen Bauausstellung den Namen zu geben: „Emscher Park".

Die Unabhängigkeit von gestalterischen Vorstellungen hatte den großen Vorteil, daß der Blick frei wurde für das genaue Hinsehen und das Aufnehmen dessen, was dort ist, was sich entwickelt und was im Gegensatz dazu gar nicht geht.

Als erstes hat sich der Begriff „Wiederaufbau von Landschaft" als einer entlarvt, aus dem das „Wieder" gestrichen wurde. Denn der genauere Blick auf diese Landschaft der Industrielandschaft lehrte sehr schnell, daß ein Zurück zum Emschertal aus der vorindustriellen Zeit einen ebenso radikalen Eingriff zur Voraussetzung gehabt hätte, wie es durch den „Totalumbau" während der Industrialisierung tatsächlich geschehen ist. Herausgekommen wäre am Ende eine neue Landschaft, abgeleitet aus den sterilen Vorbildern einer vorindustriellen Idylle.

Dieser Irrweg war also alsbald versperrt, obwohl viele in der Region von dem Zurück zur schönen alten Idylle träumten und träumen, wenn sie vom Emscher Landschaftspark hören, in dem sie die Lachse (wieder) in der Emscher schwimmen sehen.

Mit dem Wissen um das, was nicht geht, kam dann die große Offenheit und Unsicherheit, was denn das Leitbild für den Emscher Landschaftspark sein könnte.

Allmählich zeichnet sich das Schema einer neuen Kulturlandschaft in der Industrielandschaft ab, das auf der Vergänglichkeit derselben gründet. Das aber dauerte viele Jahre, und eine Vielfalt von chaotisch anmutenden Experimenten waren wohl notwendig, um die Umrisse eines Gesamtbildes erkennbar werden zu lassen.

Da waren zum Beispiel die lokalen Gruppen aus dem BUND-Naturschutz und aus den Nischen der botanischen Wissenschaft, die auf Industriebra-

Entwurf „The Wall" von Christo und Jeanne-Claude für den Gasometer Oberhausen.

chen außergewöhnliche Pflanzenformationen entdeckten und als schützenswert erachteten, welche einem üblichen Naturschützer nicht ans Herz gehen. Solche Gruppen wurden von ihrer Zunft nicht ganz ernst genommen und von den mächtigen Lobbyisten der tatsächlichen oder vermeintlichen wirtschaftlichen Entwicklung als Blockierer des Fortschritts und Feinde neuer Arbeitsplätze gebrandmarkt.

Da sind die vielen Lokalgruppen zu sehen, die an ihrer eigenen örtlichen Geschichte hingen und hängen, ihr kleines Zeugnis der Industriegeschichte erforschten und gegenüber der Zerstörung verteidigten, häufig genug mißverstanden von der eigenen Zunft der Denkmalpflege und wiederum bekämpft von denen, die glauben und glaubten, ein Förderturm sei als Markierung für die Industriegeschichte im Ruhrgebiet eben mal genug.

Und da besetzten Kulturschaffende aller Sparten die verdeckten und die freien Räume auf den großen Industriearealen, um mit ihrer Phantasie und einfachsten Mitteln Landschaft und Bauwerke neu zu deuten, und sei es nur für sich selbst, ein kleines Publikum und auch nur für wenige Tage.

Auf diese Weise bekam das zerfurchte Gesicht der Industrielandschaft plötzlich viele Sommersprossen, die ihre Liebhaber fanden. Heute läßt sich der Charakter dieses Gesichtes allmählich deuten in der Spannung zwischen „Industrienatur und Industriekultur".

Die Kunst-Schichtungen

Am 30. April 1999 eröffnet in der Galerie Ludwig Schloß Oberhausen die Ausstellung „Kunst setzt Zeichen" über die neuen Landmarken im Revier ihre Pforten. Ein historisches Datum. Markanter noch als das zeitgleiche Ereignis, an dem Christo und Jeanne-Claude ihre „Wall" im Gasometer Oberhausen öffentlich zugänglich machen werden. Historisch deshalb, weil dort weltweit erstmals eine Ausstellung zu sehen sein wird, die dokumentiert, wie mit und durch Kunst eine Landschaft entstanden ist, deren Bild neu gefunden werden mußte.

Daß in diesem Prozeß darüber hinaus international tätige Künstler beteiligt waren, deren Gesamtwerk eng mit den Beziehungen zwischen Objekt und Raum verflochten ist, steigert die Brisanz dieser Ausstellung in der Symbiose von Kunst und Leben.

Das Emschertal entsteht neu. Es formt sich also ein Bild von Landschaft, das mit den vorindustriellen Anmutungen für immer bricht, sondern sich gerade aus den brutalen industriellen Verwerfungen generiert.

Das ausbeuterische „Umschichtungssystem" der Industrialisierung hat die Typographie des Em-

schertales in weiten Teilen auf den Kopf gestellt. Gleichzeitig hat dieses Tal damit aber eine Prägung erhalten, gleich einem „Brandmal" tief eingekerbt, die sich im besten Sinne als einzigartige „Landschaftszeichnung" zur eigenen Identifikation eignet.

Sinnlichkeit der Industrielandschaft

Viele der großen international tätigen Künstler, die bereits seit den 60er Jahren den Begriff von Landschaft und raumbezogener Kunst neu definierten, haben in den letzten Jahren im Emscherraum gewirkt. In der konsequenten Weiterführung ihres Schaffens haben sie gerade hier, auf den verlassenen Flächen der Stahlproduktion und Kohleförderung, in den leerstehenden Industrieruinen oder mit den neu wachsenden Bergen des Reviers, ihre aufregendsten Werke der letzten Jahre hinterlassen.

Dabei besaß das Aufgehen und Entstehen dieser neuen Landschaft in einem Kunstprozeß in den Anfängen keinerlei systematische Planung. Dem Naturprinzip der „geordneten Wildnis" folgend, entstanden die ersten markanten Setzungen eher durch Zufall, glückliche Fügung, und natürlich die anregende Wechselwirkung zwischen Künstler und Ort.

Daß der alte Förderturm Teutoburgia und das angrenzende Maschinenhaus samt dem Umfeld zum „Kunstwald Teutoburgia" wurden, verdanken sie ausschließlich dem beharrlichen Wirken des Klangkünstlers Christoph Schläger vor Ort (siehe S. 130). Daß der große Vertreter der Minimal Art, Dan Flavin, sein wohl aufregendstes Leuchtstoffröhren-Konzept im Technologiezentrum des Wissenschaftsparks Rheinelbe realisierte, wäre ohne das Insistieren des Architekten Uwe Kiessler niemals geglückt.

Lichtkunst von Dan Flavin im Wissenschaftspark Rheinelbe in Gelsenkirchen.

Oben:
Schrägluftbild der Halde Schurenbach in Essen, Haldenplateaugestaltung nach einem Entwurf von Richard Serra.

Links:
Richard Serra auf der Schurenbachhalde.

Richard Serras zenbuddhistischer Garten, den er aus einer Haldengestalt formte und mit einer tonnenschweren Stahlbramme als feine Kompaßnadel krönte, lag in der Ausdauer des Künstlers begründet, diesen Berg zu wollen, dem Glück, einen Berater wie Manfred Schneckenburger zu haben und einen „Teilchenbeschleuniger“, wie es die Ruhrkohle in Person von Karl Kleineberg war.

Dieses frühe, mehr oder weniger bewußte „Zustolpern“ auf die Potentiale, die in diesem neuen Landschaftsbild stecken, hatte von Beginn an einen Gutteil seiner Motivation in dem unbedingten Glauben an die tiefe Sinnlichkeit dieser Situation im Umbruch.

So laßt uns denn ein Landschaftsbild malen

Wer kein Bild von sich hat, kann sich auch keines machen. Das Bild der Industrielandschaft war lange Jahre als düsteres Gewölk aus rauchenden Schloten und unwirtlichen Ödflächen in den Köpfen der Menschen virulent. Eine Wahrnehmung, die drinnen nicht besser war, und in Teilen ist, als draußen. In der Arbeit der letzten 10 Jahre im Emscher Landschaftspark hat sich allerdings Farbe und Kontur ins Bild geschoben. Am Horizont scheint eine Silhouette aufzusteigen, die das angebliche Prinzip der Abwesenheit des Schönen umkehrt zugunsten eines bereits anwesenden Schöpfungspotentials unglaublicher Orte und Raumbeziehungen.

Die Merkbarkeit eines landschaftlichen Raumes über klare topographische Konturen ist vermutlich eines der wesentlichsten Ziele, die bei der Entstehung des neuen Landschaftbildes „Emschertal“ von Bedeutung sind.

Die Kunstgeschichte hat uns die Rezeption des „Topos Landschaft“ seit Jahrhunderten eingeimpft. Albrecht Dürer und Caspar David Friedrich haben in der Renaissance wie in der Romantik in ihren Bildern Berge und Täler in der Landschaft gemalt. Das Abbild war das Bild.

Die Stahlbramme auf der Halde Schurenbach – Bramme für das Ruhrgebiet von Richard Serra.

Hier ist das Bild die Realität. Im Emschertal „malen die Künstler mit den Bergen" Landschaft, wie Manfred Schneckenburger es formulierte. Dies ist ein zutiefst authentischer Schaffensprozeß im Umgang mit den Urmaterialien, ja sogar Urgesteinen der Region, der hier und jetzt in der Emscher-Region eine Zeitenwende markiert in Auseinandersetzung zwischen Kunst, Raum und Landschaft.

Als die Künstler der Land-Art-Bewegung zu Beginn der 60er Jahre in die Wüsten Nevadas und Neumexikos gingen, um dort eine Expansion von Kunst zu manifestieren, die bis dahin ohne Vorbild war, war dies auch eine erste rauhe Konfrontation mit der Natur, ihren Gewalten und Materialmassen in einer neuen Dimension.

Als z. B. Michael Heizer, einer ihrer Protagonisten, 1969 rund 220 Tonnen Aushubmaterial in seinem „Double Negativ" am Virgin River in Nevada bewegt, um zwei schluchtartige Gräben anzulegen, gehört diese Materialschlacht bereits ins Guiness-Buch rekordverdächtiger Kunstproportionen.

Das Emschertal ist voll von Maßstäben die das Größer, Weiter, Höher des Industreizeitalters betreffen. 1.000 Meter lange Koksofenbatterie-Ab-

Links: Der Tetraeder auf der Halde Beckstraße in Bottrop.

Unten: Der Gasometer Oberhausen.

wicklungen, Gasometer mit einem Fassungsvermögen von bis zu 600.000 Kubikmetern, Zechenanlagen mit Fördervolumen bis zu 22.000 Tonnen am Tag, Hüttenwerke mit einer Roheisenproduktion von 12.000 Tonnen täglich, Haldenaufschüttungen mit einem Materialvolumen von bis zu 50 Mio. Tonnen.

Richard Serra hat so einen neu wachsenden Berg, die Schurenbach-Halde, gestaltet, mit nur „24,5 Mio. Tonnen" Schüttvolumen, fast bescheiden neben den Haldenbauwerken, die rings herum entstanden und entstehen.

Die Halde Schurenbach in Gelsenkirchen, künstlerisch gestaltet im Zusammenhang mit der benachbarten Siedlung Schüngelberg.

Aber es sind nicht die Volumen, die imponieren. Es sind die Orte selbst, die entstehen und Ausdruck einer Sehnsucht sind, die auch die empfinden, die von weither kommen, die mit allen Sinnen offen das begreifen und erahnen, was dieses Industrieland längst besitzt und immer noch nicht begreift: Orte von unverwechselbarer Kraft, die zu Orten der Erhabenheit werden können, wenn man ihnen nur einmal Raum zum Atmen gibt.

Das Koordinatensystem

Das Bild einer Landschaft muß lange geübt werden, damit es reproduzierfähig und ungefragt immer wieder vor unserem geistigen Auge aufersteht. Wer könnte nicht glasklar und ohne lange nachzudenken die großen Landschaften dieser Welt beschreiben, vermutlich sogar ohne jemals persönlich dort gewesen zu sein: das Pyramidenensemble in Ägypten, den Grand Canyon in den USA, das Amazonasbecken in Lateinamerika, den Verlauf der chinesischen Mauer usw. Und auch in den Stadtbildern sind wir weltweit virtuell zu Hause, in London sehen wir den Big Ben, in Paris den Eiffelturm, in Moskau den Roten Platz, in Peking den des Himmlischen Friedens, in Köln den Dom, in Manhattan die Skyline.

Die Emscher-Region findet ihr Koordinatensystem der Sinnbilder gerade erst. Dabei lassen sich die ersten markanten Orte bereits klar positionieren. Eine starke Mischung aus landschaftlichen und baulichen Typologien bildet das Grundraster, sozusagen das „Maßwerk" für ein völlig neues Beziehungsgeflecht: Das System der Landmarken.

Da gibt es einen West- und Ostpol mit den Fördertürmen der Bergwerke Rossenray am Eingang

Der „Westpol" im Landmarkensystem: Förderturm der Zeche Rossenray in Kamp-Lintfort.

Der „Ostpol" im Landmarkensystem: Förderturm der Zeche Königsborn in Bönen.

zum Revier und dem schon stillgelegten Königborn 3/4 in Bönen am Ausgang des Emschertales, da liegt in der typografischen Mitte ein Zentrum, das die Nord-Süd-Ausrichtung dieser Landschaft markiert und darüber hinaus das neue topografische Herz der Region ist, die Schurenbachhalde, von Richard Serra gestaltet. Da reihen sich an einer Nord- und einer Südkette Orte ganz unterschiedlicher Prägung auf, die zwischen Ruine, Wildnis, Berg, Höhle und Wüste alle Metaphern der Kulturgeschichte bedienen und sich gleichzeitig zu den Pilgerorten dieser neuen Landschaft entwickeln.

Da arbeitet sich ein Künstler wie Herman Prigann durch ein Naturdickicht, das erst 15 Jahre jung ist und doch in der Industriegeschichte der letzten 150 Jahre wurzelt, er schafft Pforten, Nischen, Irritationen, Erinnerungen und kommt zum Schluß auf einer künstlerisch überformten und überhöhten Bergehalde an.

Da findet Dani Karavan zwei ureigenste Orte der Kohleproduktion, einen Bunker und eine Mischanlage, verwandelt sie mit dem Komponisten Ulrich Humpert in einen „Kunstklangraum“, schickt zum ersten Mal Menschen durch eine Bandbrücke, die bisher allein der Kohleförderung vorbehalten war, deckt historische Schichten und damit neue Sinnbeziehungen im Emschertal auf. Da versteift sich Ulrich Rückriem darauf, sich an der documenta IX, wenn überhaupt, nur mit einer Außenstelle auf Zollverein XII zu beteiligen, plaziert dort seine Granit-Formationen und schafft auf ewig eine Kunst-Industrie-Natur-Oase, die die Stille eines „heiligen Haines“ atmet (siehe S. 131).

Landmarke Halde Rungenberg mit Pyramidenspitze und rundem Schienenplateau in Gelsenkirchen.

Das „Dortmunder U“ auf dem ehemaligen Gebäude der Union Brauerei.

Die Landmarken als Zukunftsaufgabe

Die Vision einer Landschaft, die geliebt und deren Bild kommunizierbar wird, braucht eine kreative Basis und einen handfesten Spielraum für die Zukunft. Dabei kann das einmal beschriebene System der Landmarken das handfeste Arbeitszeug sein, die künstlerische Interpretation der kreative Spielraum.

Dieses System entfaltet sich gerade erst. Für eine Perspektive, in der das Emschertal über seine unverwechselbare Typografie der Landmarken gerade durch aufregende und ungewöhnliche künstlerische Interpretationen hochwertige, zeichenhafte und erlebbare Bezugsgrößen erhält, braucht es auch eine Handlungsperspektive. Eine „Entwicklungsgesellschaft“ für Landmarkenkunst könnte eine solche Struktur abgeben, aus der heraus dieses Thema in allen Facetten vorangetrieben und lebendig gehalten wird. Ein vielschichtiges Aufgabenprofil, das neben der Moderation, Information und Präsentation die Entfaltung der kreativen Potentiale, die Steuerung von Entwurfsprozessen, die Sicherung von Qualität und immer wieder den kritischen Diskurs im Kontext der Gesamtentwicklung Emscher Landschaftspark in den Vordergrund stellt. Das Schloß Oberhausen könnte sich darin als eine Keimzelle der Präsentation und Reflexion über Landmarkenkunst etablieren.

„Holzplatz“ von Herman Prigann auf der ehemaligen Zeche Rheinelbe in Gelsenkirchen.

Das System der Landmarken

Der Westpol

1. ● Förderturm Schachtanlage Rossenray in Kamp-Lintfort-Entwurfsprozeß, Mischa Kuball, Waltraut Cooper

Die Nordkette

2. ● Halde Haniel in Bottrop – Entwurfsprozeß, Klaus Rinke, Josef Hermanns
3. ○ Kraftwerk und Halde Scholven in Gelsenkirchen, Magdalena Jetelová
4. □ Halde Rungenberg in Gelsenkirchen – Klaus Noculak, Hermann EsRichter
5. ○ Bergwerk Ewald/Halde Hoheward in Herten, James Turrell
6. ● Bergwerk Recklinghausen II in Recklinghausen – Entwurfsprozeß, Tadashi Kawamata
7. ○ Halde Großes Holz in Bergkamen

Der Ostpol

8. ● Förderturm Königsborn III/IV in Bönen – Entwurfsprozeß, Mischa Kuball, Waltraut Cooper

Die Südkette

9. □ Rheinorange in Duisburg – Lutz Fritsch
10. ● Altstadtpark im Innenhafen in Duisburg – Dani Karavan, Uwe Belzner
11. ● Mechtenberg, Land Art-Galerie 1999 in Gelsenkirchen, Essen und Bochum – Martha Schwartz, '97–'99 Positionslicht, Michael von Kaler
12. ● Halde Rheinelbe und Skulpturenwald in Gelsenkirchen – Herman Prigann
13. ● Stadtpark West in Bochum – Uwe Belzner, Stephan Hofmann
14. ● Halde Lothringen in Bochum – Entwurfsprozeß, Kirsten Kaiser, Guido Hofmann, Thomas Klegin, Adriaan H. Geuze/West 8
15. □ Halde Schwerin – Jan Bormann + Tag/Nacht-Panorama in Castrop-Rauxel, Dortmund, Herne und Bochum – Georg Kiefer, Manfred Walz
16. ○ Halde Rheinpreußen in Moers, Otto Piene

Das Emschertal

17. ○ Alsumer Berg in Duisburg
18. □ Landschaftspark Duisburg-Nord – Lichtdesign Jonathan Park, Entwurfsprozeß Bunkergalerie
19. ● Gasometer Oberhausen 1999 – Christo und Jeanne-Claude
20. □ Halde Beckstraße/Tetraeder in Bottrop – Wolfgang Christ,Jürgen LIT Fischer
21. □ Kunstklangraum/Nordsternpark in Gelsenkirchen – Dani Karavan, Ulrich Humpert
22. □ Halde Schurenbach in Essen – Richard Serra
23. ● Kokerei Zollverein in Essen – Jonathan Speirs, Mark Major
24. □ Zeche Zollverein Schacht XII in Essen – Ulrich Rückriem, Maria Nordmann
25. □ Wissenschaftspark Rheinelbe in Gelsenkirchen – Dan Flavin
26. ● Mont-Cenis-Park in Herne – Mischa Kuball
27. ○ Kokerei Hansa in Dortmund
28 ○ Zeche Minister Stein in Dortmund
29 ○ Dortmunder U
30. ○ Lanstroper Ei in Dortmund
31. ○ Lindenbrauerei in Unna

□ = Landmarken als Kunstorte
● = Landmarken im Entwurf
○ = Landmarken als Idee

Der Blick hinaus…

Ein Beitrag von Peter Latz

Eher zufällige als systematische Blicke lassen sich am Ende eines Buches nach außen werfen; nicht „was es alles gibt", sondern „was könnte mich faszinieren?" gilt es zu beleuchten.

Was läßt sich also – oder wie läßt sich Unvergleichliches vergleichen? Was hoffen wir noch zu entdecken – oder was gab es denn noch außer Tonnagen? Ideen etwa neben Ruinen, Zeugen nicht nur architektonischer, sondern auch sozialer Leitbilder und sozialer Utopien, neue Vorstellungen von Natur und Landschaft?

So wie sich im Ruhrgebiet die neuen Erden schwarz, zumindest tiefgrau, zeigen und sich die geformten Bergehalden und dunklen Hügel der Waschberge gegen den frischen grünen Bewuchs abheben (1), so steht das Grün in den Minettegebieten gegen rote Felsen, schroffe Kanten der Tagebaugruben, wüstenähnliche Schluchten (2). Fast die Hälfte der Hügel um Esch und Dudelange, Micheville und Longwy wurden an- und abgegraben, auf der Suche nach Erz ihr Inneres nach außen gekehrt. Hier hat Jaques Sgard eine neue Landschaft gestaltet – ein Plateau auf dem Sockel des alten Stahlwerks und den Boden einer künstlichen Schlucht (3).

Terres Rouges hieß eines der wichtigen Werke im Zentrum der dortigen Erzproduktion. Reste von Bunkeranlagen und Halden bleiben, fast selbstverständlich ein überdimensioniertes Eisenbahnnetz mit kühnen Viadukten (4). Schließlich mußte ja die Kohle irgendwie hierher zum Erz gelangen oder das wenig ergiebige Material abtransportiert werden. Auch Eingänge tiefer Stollen und Schächte sind zu finden, daneben Silhouetten noch produzierender Stahlwerke (5).

Eine ärmliche, aber unendlich reizvolle Vegetation auf magersten Steinsubstraten (6) läßt eine der farbigsten Landschaften entstehen, die man sich im Westen Europas vorstellen kann. An dieser Landschaft haben auch Ruinen und Restmaterialien

1

2

3

4

5

6

ihren Anteil: Ruinen, die auf neue Nutzung oder künstlerische Interpretation warten ⑦ + ⑧.

Kunst hat bereits begonnen, die Orte zu erobern, noch eng zusammen geschart, auf einem kleinen Fleck in den Tagebaugruben bei Esch.

Erkennbar ist, daß dort neben den Hüttenwerken vor allem Bergleute lebten ⑨ – in einfachen Siedlungen, vor patrimonial errichteten Fabrikorten. Hier muß man auch nicht lange nach den großen Leistungen des Massenwohnungsbaus suchen: Plattenbauten ⑩, heute zwar schlecht angesehen, doch in Lothringen zum Teil einfallsreich saniert oder, wie in Briay, eine Unité d'Habitation, die städtebauliche Utopie Le Corbusiers.

Esch ist im übrigen eine selbstbewußte moderne Kleinstadt mit 35 000 Einwohnern, mit dem Sitz des Konzerns Arbed, mit einer Einkaufszone, über deren schönen Belägen die Produkte dieses Konzerns, überschwere Stahlprofile ⑪, als Leuchten stehen und mit einer Innenstadt, um deren Gaststätten sie ähnlich große Städte des Ruhrgebietes nur beneiden können.

7

8

9

10

12

11

Man sollte weiter schauen – vielleicht nach Völklingen, wo ebenfalls Minette verhüttet wurde, auf einem Kohlestandort ⑫, wo eine Hochofenanlage zum Weltkulturerbe wurde ⑬ a+b und die Halden kegelförmig geschüttet sind, und wo jetzt, am Ende der Industriegeschichte, ein Kanalbau fertig wird, der den idyllischen Saar-Kohle-Kanal zu Marne und Rhein ⑭ ersetzt.

Häufig ist die Infrastruktur ja das beste Erbe der Produktion. Hier findet man handbetriebene Schleusen ⑮, und die Wohnkähne, ehemals von Pferden gezogen, lassen die Erinnerung an noch ältere Kanal- und Schiffssysteme wach werden – die Kanäle von Wales nach Manchester, ebenfalls für den Kohletransport gebaut.

Die wallisischen Schiefergruben in den Bergen ⑯ wurden zur touristischen Attraktion und zum landschaftlichen Kleinod ⑰, jetzt, nachdem niemand mehr auf Schiefer schreibt. Dort kann man zu mehreren tiefen Sohlen einfahren und den Stollen nachwandern ⑱, begleitet von der Musik der Wassertropfen, dem Rauschen des Wassers und dem feuchten Geruch des Berges. Die Schiffer der dortigen Kanäle sind Jugendliche, „Spontan"schiffer oder Vereine, die ihre Kähne pflegen und einmal jährlich zu einem Treff führen: 300–500 waren es in den ehemaligen Docklands in Manchester ⑲. Die Docklands – heute ein aufstrebender Stadtteil für Wohnen und Business ⑳, mit Einkaufs- und Vergnügungszentrum im Bau. Gemütlicher geht es an den engen Kanälen der Innenstadt zu ㉑. Hier, am Ende der alten Verbindung nach Wales und den Seehäfen, wurde der legendäre Reichtum der Stadt in Textilfabriken erarbeitet. Heute ist aus Manchester einer der größten Universitätsstandorte Europas geworden.

13a

13b

14

15

16

17

18

Man muß auch einen Blick über die Burgundische Pforte, heute das Zentrum der französischen Autoproduktion, hinaus werfen – in die Franche Comté. Hier liegt die Saline Royale (22), lange verfallen, jetzt restauriert. In dem ehemaligen Tempel der Produktion, erbaut 1775–79, heute wie so oft ein Museum, konzentriert sich die Utopie der frühen Industrialisierung des Claude Nicolas Ledoux (23) – eine absolutistische Moderne wie eine Zeche Zollverein des 18. Jahrhunderts: Nicht mehr die Kirche stand im Zentrum einer Handwerker- und Händlerstadt – im Zentrum war die „Produktion", umgeben von den Wohnstätten (24), ausgreifend in die Wälder, in „Rohstoff", nicht Landschaft, verbunden mit den Salzquellen über nie funktionierende Laugenpipelines.

Wer hatte das damals schon realisiert, – Licht, Luft und Sonne? Noch 100 Jahre danach war dies ein Traum der Zukunft. Bis in die Mitte dieses Jahrhunderts wurden an anderen Orten ganz andere Welten gelebt: In den Textilindustrien am spanischen Llobregat ist Gottesfurcht die Basis der Produktion. Es entstanden Kolonien wie Dörfer im Feudalismus, mit Herrenhaus und Dorf und Fabrik am Fluß – völlig autark, unter dem Erziehungsprimat der Kirche; Schule, Theater, Kirche und Gaststätte im festen Lebens-Produktions-Rhythmus (25). Durch Abwanderung vor allem in den Norden endete das physisch auskömmliche und moralisch repressive Modell. In den Sechziger Jahren, nach dem Ende des Franco-Regimes, wurde sie geschlossen, „die Gottesstadt als Produktionshilfe".

Eine utopische Ordnung des gesellschaftlichen Lebens, die Ordnung von Familie, Stadt und Staat führen uns in das Schottland des frühen 19. Jahrhunderts. Moral und Bildung, auch hier auf religiöser Grundlage, waren Basis der Produktion. Robert Owen gelang in New Lanark ein frühes sozialreformerisches Experiment (26), das er ab 1825 mit „New Harmony" in Indiana im wilden Westen Amerikas (27) wiederholen wollte – er scheiterte

19

20

21

22

23

25

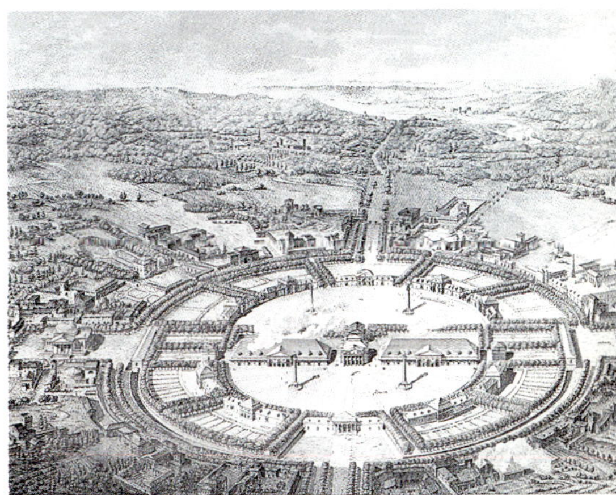
Vue perspective de la Ville de Chaux

24

dort jedoch an politischen und religiösen Differenzen.

In New Lanark lebten und arbeiteten noch bis zum Ende der Sechziger Jahre unseres Jahrhunderts bis zu 2500 Menschen. Heute findet man in dem alten Industriedorf die noch intakte energetische Infrastruktur der Wasserkraft (28), ein Luxushotel und rund 100 ausgebaute Wohnungen, didaktisch perfekt aufbereitete Geschichte und perfekte Maschinenpflege im Industriemuseum – eine instand gesetzte Historie zur Sozial- und Produktionskultur, gut gemacht für Touristen.

Heute fragen wir uns, warum dies solange Utopien blieben, warum der Kapitalismus an solchen Modellen vorbeigehen wollte oder mußte?

26

27

28

29

30

31

Was fasziniert uns an den verlassenen Produktionsstätten noch?

Es sind die Größenordnungen, wie sie allenfalls absolutistische Fürsten ermöglichten, sind die Ingenieurbauten, die sich an kaum eine Konvention halten mußten – Objekte, die uns faszinieren, gerade weil sie nicht das menschliche Maß haben.

Die Montanindustrie hat Größenordnungen, mit denen sich ganze Planer-Generationen befassen können. So entstehen im Norden Mailands Universitäten und Institute, neue Geschäftszentren in Standorten und Fabriken der Maschinen- und Automobilproduktion, suchen Planer in den ehemaligen Stahlwerken Falck von Sesto San Giovanni auf Werkflächen (29), so groß wie der Rest der Stadt, nach neuen Nutzungen und auch nach dem, was die Städte selbst nicht hatten: dem Freiraum, den Grünflächen, den Parks.

In Gang gesetzt werden auch dort Entwicklungen, für die es wie im Ruhrgebiet keine Vorbilder gab, keine Methode und keine Verfahren, die die „undenkbaren Lösungen", konträr zur vorher herrschenden Meinung, erzwingen.

Wie alte Industrielandschaft die Landschaftsarchitektur zu verändern vermag, hat in diesem Herbst Sydney demonstriert: Ein ehemaliger brick–pit (30), in dem bis in die Fünfzigerjahre Ziegel gebrannt wurden, wird nicht rekultiviert, sondern Objekt eines internationalen Wettbewerbes. Eine internationale Jury entscheidet über eine mit nationalen Fragen verknüpfte Problemstellung. Das Prinzip der Wertschätzung solcher Orte ist weltweit anerkannt, es ist Standard. In Sydney haben rund 150 Wettbewerbsteilnehmer sozusagen „Alles gedacht", doch die Hälfte von ihnen arbeitet mit den Gegebenheiten, nicht nur drei oder sechs. Die ungewohnten Methoden und die unerwarteten Ergebnisse werden heute akzeptiert.

Ebenfalls in Sydney, werden in Zukunft ein ehemaliges Öllager und eine Kohleumladestation mit gewaltigen Kaimauern ㉛ in schwindelnder Höhe über dem Wasser, eine Plattform, durchzogen von Tunneln schwarz-dunkler schachtähnlicher Räume ㉜, neu interpretiert: die Plattform prädestiniert für Veranstaltungen, die alten Konstruktionen als Ziel für Schiffstourismus, für die verrücktesten Sportarten oder einfach für den Blick zurück zur modernen City. Maße und Größe werden der Benutzung lange standhalten, ähnlich wie die Massenbauten des alten Rom.

Vielleicht werden aus solchen Gebilden Orte der Erinnerung und der Freiheit, freier in der Nutzung und freier in der Verfügung für alle als die bisher bekannten öffentlichen Räume und öffentlichen Gärten.

Die Bauwerke sind zu anerkannten Symbolen der Kulturüberlieferung geworden, eine Mischung aus archäologischem und touristischem Interesse, Picknickplatz und Freizeitpark, und Ort der Entdeckung einer neuen Natur – so wie ein verlassenes japanisches Bergwerk in Taiwan ㉝ Treffpunkt der Jugend ist, frei von Besitzern, frei von Einschränkungen durch Besitzer, frei von Einschränkungen durch Naturschutz, ein Ort des freien Lebens.

32

33

Der Emscher Landschaftspark – Bilanz und Ausblick

Ein Beitrag von Karl Ganser

Einiges an Kopfschütteln hat es gegeben, als Ende 1988 die Landesregierung von Nordrhein-Westfalen mit einer Internationalen Bauausstellung im Emscherraum an die Öffentlichkeit ging und dieser Ausstellung den Namen „Emscher Park" gab. Ausgerechnet an der Emscher, Deutschlands Muster-Kloake, ein Park? Eine Bauausstellung mit dem Thema Park, als ob es nichts Dringenderes zu tun gäbe! Eine Inflation von Parks, der Gewerbepark, Wohnpark, Landschaftspark, wo doch jeder Bauträger seine mäßige Qualität der Immobilie mit der Nachsilbe „Park" vermarktet!

Rückblickend von heute ist diese Zentrierung auf das Thema Landschaft in einer Internationalen Bauausstellung erst recht begründet: Die mangelnde ökologische und landschaftliche Qualität einer stark industrialisierten, dicht besiedelten und flächendeckend zersiedelten Region erweist sich als der eigentliche Standortnachteil gerade dann, wenn die anderen Infrastrukturen, die verkehrliche, die wissenschaftliche, die kulturelle und die bildungspolitische, gut entfaltet sind. In einer Epoche abgeschwächter regionalwirtschaftlicher Entwicklung im Verbund mit Deindustrialisierung und Globalisierung steckt paradoxerweise in der Landschaft die größte Dynamik. Zum einen werden große Areale aus der Produktion freigesetzt, auf denen in des Wortes wahrstem Sinne dann nur noch die Natur arbeitet. Zum anderen gilt die leidliche Rekultivierung ehemaliger Industriebrachen von der Dekontaminierung bis hin zur Erschließung auf Vorrat als ein Potential für die Beschäftigung von Arbeitslosen, Ingenieurbüros und Entsorgungsfirmen. Schließlich hat gestaltete Landschaft einen zunehmenden Aufmerksamkeits- und Unterhaltungswert, wie man an dem ungebrochenen Interesse an Gartenschauen ebenso sehen kann wie an den spektakulären Park-Projekten in Paris, Mailand oder in anderen Metropolen.

In einer vom Kommunalverband Ruhrgebiet (KVR) zu Beginn der IBA Emscher Park vorgelegten Machbarkeitsstudie wurden wesentliche Fragen zur Ausdehnung und zur Machbarkeit des Emscher Landschaftsparks ausgelotet.

Die Theorie und die Gestalt dieser Landschaft in der Industrielandschaft wurde dabei eher konventionell definiert. Von „Wiederaufbau von Landschaft" war die Rede, was den Schluß nahelegte, es könne die Landschaft wiederhergestellt werden, die vor der Industrialisierung da war. Durchaus im Sinne von Robert Schmidt und dem damaligen Siedlungsverband Ruhrkohlenbezirk hatte auch die Sicherung der Freiräume und der regionalen Grünzüge einen hohen Stellwert, wohlwissend, daß die Sicherungsaufgabe politisch immer sehr verlustreich verlaufen ist.

Vor diesem Hintergrund brachte die theoretische und die praktische Arbeit am Emscher Landschaftspark während der Laufzeit der IBA zwei sehr wichtige Erkenntnisse:

1. Ein Rückwärts kann es nicht geben, sondern nur ein Vorwärts zu einer Landschaft mit einem ökologischen Gefüge und einer Gestalt, für die es bislang kein Vorbild gibt. Das ökologische Gefüge bildet sich aus, wenn man auf den vernutzten Flächen der Natur möglichst lange und ungestört Entfaltungsspielräume gibt, sehr genau beobachtet und daraufhin allenfalls korrigiert und eingreift, dieser neuen Landschaft also „Prozeßschutz" gewährt. Die Form dieser Landschaft in der Industrielandschaft ist ebenfalls ohne Vorbild in den bis heute bekannten Kulturlandschaften und Parkgestaltungen. Sie entsteht im Dialog zwischen dem Formenschatz der industriellen Produktionsanlagen und der Kreativität von Architekten und Künstlern, die sich auf die vorgefundenen Situationen und deren Entwicklung vorbildlos einlassen.
2. Die Landschaft in der Industrielandschaft ist als wertvolle Landschaft mental und politisch nicht besetzt. Das vorherrschende Verständnis ist das eines Bodenvorrats, der je nach Bedarf schnell und ohne Restriktionen zum Verbrauch verfügbar ist. Deshalb spielt diese Landschaft im Freizeitverhalten der Bevölkerung kaum eine Rolle und wird auch gegen Eingriffe nicht verteidigt.

Eine Sicherung dieser Landschaft gegen weiteren beliebigen Verbrauch mit planerischen Mitteln – sei es Landschaftsplan, Landschaftsrahmenplan oder Gebietsentwicklungsplan – ist daher ohne öffentliche und politische Basis. Gleichwohl gehört die planerische Sicherung nach wie vor, in Zukunft erst recht zu den wichtigen Aufgaben. Diese Aufgabe ist allerdings erst als Fundament für die Wehrhaftigkeit zu bauen und dieses kann nur über die Inwertsetzung durch das Bewußtmachen der ökologischen Qualitäten und durch die Gestaltung zu aufregenden Formen erreicht werden.

Für dieses dialektische Verhältnis von Gestaltung und Sicherung ist also ein Prozeß zu gestalten, in dem die faktische Entwicklung der Landschaft die planerische Sicherung stützt und von dieser ausgehend die Entwicklungsmöglichkeiten vergrößert werden.

Landschaftsentwicklung als Landschaftsplanung und Landschaftsbau im eng verstandenen Sinne ist der Aufgabe nicht angemessen und für den politisch-praktischen Erfolg ziemlich chancenlos. Deshalb ist die Integration der Landschaftsentwicklung in die anderen Planungs- und Politikbereiche hinein unverzichtbar: Landschaft im Gewerbestandort, Landschaft in der Wohnsiedlung, Landschaft im Verbund mit Kunst, Kultur, Geschichte, Museen, Freizeit und Entertainment. Diese verschiedenen Richtungen der Integration vergrößern nicht nur die politische Loyalität und die Wertschätzung der Offentlichkeit, sie erschließen auch die finanziellen und organisatorischen Ressourcen anderer Politikbereiche, nicht zuletzt die der regionalen Wirtschaftsförderung.

Noch einmal sei erwähnt, daß diese Einsichten rückblickend schärfer und genauer zu formulieren sind als zu Beginn der IBA Emscher Park. Gleichwohl war schon zu Beginn das Bewußtsein vorhanden, daß man auf „normalen Wegen“ die Visionen einer neuen Landschaft in der Industrielandschaft nicht ausformen kann.

Aus dieser Unsicherheit heraus und der damit verbundenen Offenheit wurden die bewährten Planungssysteme nicht abgeschafft oder beiseite gelegt, aber durch ein verändertes Modell von Planung und Finanzierung überlagert.

1. In informellen, also rechtsunverbindlichen Rahmenplänen wurden Vorstellungen von der künftigen Gestalt der einzelnen regionalen Grünzüge „von unten her“ aus den Vorstellungen und Anregungen von bürgerschaftlichen Initiativen und von den einzelnen Gemeinden heraus entwickelt. Den organisatorischen Rahmen dazu bilden die „Interkommunalen Arbeitsgemeinschaften“, die durch Beschluß der in einem regionalen Grünzug gelegenen Städte geschaffen wurden. Für jeden der sieben regionalen Grünzüge konnten solche Interkommunale Arbeitsgemeinschaften eingerichtet werden und in Zusammenarbeit mit freischaffenden Büros für Landschaftsarchitektur und Landschaftsplanung solche Rahmenpläne entwickeln und auch politisch beraten.
2. Schon frühzeitig wurden aus dem Ideenfundus dieser informellen Rahmenplanung einzelne Projekte herausgelöst und sozusagen im Vorgriff auf eine verabschiedete Planung realisiert. Damit wurde der übliche Weg – das Projekt wird durch den Plan angeleitet – häufig ins Gegenteil verkehrt, indem der Plan vom Projekt lernt. Wichtiger aber ist, daß die abstrakten Ideen in den Rahmenplänen eine Sprache erhalten haben durch konkrete Beispiele und deren Realisierung.
3. Auf diesem Wege wurde Vertrauensarbeit geleistet, sowohl im planerischen System wie auch in Öffentlichkeit und Politik, und manches Vorurteil gegenüber Planung als hypertroph und hemmend zugleich wurde dabei abgebaut.
   Mit diesem Vertrauenskapital war es dann möglich, das Mindestmaß an planerischer Sicherung und Festschreibung von Entwicklungszielen in die formalisierte Planung hier in die Gebietsentwicklungsplanung zu übernehmen, die in Nordrhein-Westfalen zugleich Landschaftsrahmenplanung ist. 1995 war es soweit, daß die drei Gebietsentwicklungspläne, in die sich der Emscher Landschaftspark aufteilt, von den Bezirksplanungsräten in Arnsberg, Düsseldorf und Münster fortgeschrieben und mit den Zielen des Emscher Landschaftsparks beschlossen wurden.

4. Wenn die Richtung zwar klar ist, aber die Regeln im einzelnen unbekannt sein müssen und lediglich das Verbot zu beachten ist, bekannte Wege möglichst nicht zu gehen, dann rückt die Frage in den Mittelpunkt, wie man den Suchprozeß anlegt.
   Das Wettbewerbsprinzip hat sich im Rückblick als der entscheidende Modus für den Erfolg bewahrheitet. Für die allermeisten Projekte im Emscher Landschaftspark, angefangen von den großen Gartenschauen bis hinunter zu kleinmaßstäbigen Projekten, wurden Wettbewerbe oder alternative Planungsverfahren an den Beginn der Entwurfsarbeit gestellt. Grenzüberschreitungen zwischen Landschaftsarchitektur und Architektur, zwischen Denkmalpflege und Naturschutz und die Öffnung hin zu Design und Kunst haben ganz wesentlich mitgeholfen, um in tastender Weise dieser neuen Landschaft in der Industrielandschaft einen authentischen Ausdruck zu geben.
5. Fast alle Planungen leiden heute darunter, daß ihre Realisierung nicht nahtlos folgt, da die Realisierungsbedingungen mit Trägerschaft und Finanzierung nicht simultan abgeklärt werden. Von daher vergeht viel Zeit und die Verhältnisse ändern sich, die Planungen veralten. Die Glaubwürdigkeit von Planungen leidet.

Deshalb war es beim Emscher Landschaftspark so besonders wichtig, sehr früh ein Finanzierungsprogramm für die Realisierung geschaffen zu haben und vor allem durch den Kommunalverband Ruhrgebiet (KVR) einen Maßnahmeträger zu haben, der darin einen Schwerpunkt seiner Aufgaben setzte und fast immer dann zur Verfügung stand, wenn kommunale und andere Träger nicht bereit waren.

Zum Schlüssel in der Finanzierung entwickelte sich das Ökologieprogramm Emscher-Lippe, das mit der ausdrücklichen Zweckbindung, den Emscher Landschaftspark voranzubringen, 1991 in das Gemeindefinanzierungsgesetz (GFG) eingestellt wurde und seitdem jährlich mit etwa 30 Mio. DM dotiert ist.

Ebenso wichtig wie das finanzielle Volumen dieses Programms ist aber, daß es auf eine enge Zweckbestimmung im Verständnis von Ökologie oder Landschaft bewußt verzichtet und alle Sachverhalte prinzipiell fördert, die für eine ökologische und kulturelle Ausgestaltung des Emscher Landschaftsparks über die kreativen Entwurfsverfahren auf den Tisch kommen. So konnte zumindest im Prinzip vermieden werden, daß ein am traditionellen Verständnis von Ökologie und Landschaft, geronnen in Förderrichtlichen, Phantasie und neue Entwicklungen von vornherein ausschließt.

Auf diese Weise konnte im Kernbereich der Idee, inmitten einer großen Industrieregion eine neue Landschaft zu schaffen, soviel Interesse und Vertrauen eingeworben werden, daß ergänzend auch Projekte, die primär nicht dem Thema Landschaft zugewandt sind, den Aufbau und die Ausformung von Landschaft mit zu den wesentlichen Projektzielen hineingenommen haben. Dies gilt in erster Linie für den größeren Teil der Gewerbestandorte, die im Rahmen der IBA Emscher Park entwickelt wurden und insofern eben doch zurecht den Namen „Arbeiten im Park" tragen. Dies gilt auch für den Umbau der Schmutzwasserläufe im Emschersystem und für so manche Arrondierungsmaßnahme an der Nahtstelle zwischen besiedelter Fläche und freier Fläche.

Auf diese Weise bewirkte das Finanzierungssystem des Ökologieprogramms Emscher-Lippe einen Anschleppeffekt bei der Ausgestaltung und der Finanzierung anderer Projekte mit dem Ergebnis, daß der Emscher Landschaftspark als größerer zusammenhängender Freiraum sich bis tief in die besiedelten Bereiche hinein entwickelt.

Dies zusammengenommen führt zu einer Gestaltungsvielfalt, die auf S. 57ff.) typologisch geordnet ist.

Nach 10 Jahren Arbeit am Emscher Landschaftspark stimmt der Blick voraus optimistisch. Das wichtigste ist wohl, daß nun die Vision erlebbar ist, was eine neue Landschaft in der Industrielandschaft sein kann. Das sollte eigentlich die Kraft spenden, um an der begonnenen Aufgabe weitere zwei bis drei Jahrzehnte zu arbeiten, denn so lange Zeit dauert es mindestens, um die Transformation einer industriell benutzten Landschaft zu einer kulturell wertvollen Wirklichkeit werden zu lassen.

Man muß Geduld haben, denn ökologische und kulturelle Prozesse brauchen in erster Linie Zeit und nochmals Zeit, und für diese Prozesse des „langsamen Erfolgs" benötigt man eine stabile Organisation.

Gemeint ist der Träger für den Emscher Landschaftspark. Dazu sind die gedanklichen Vorarbei-

ten durch eine Reihe von Kommissionen geleistet. Das Jahr 1999 wird hoffentlich das Jahr der Entscheidung, diesen Träger einzurichten und ihn auch finanziell abzusichern.

Der Kommunalverband Ruhrgebiet (KVR) ist der „geborene Träger" für diese Aufgabe, legitimiert aus seiner Tradition und aus seiner gesetzlichen Verfassung. Aber der Kommunalverband Ruhrgebiet in seiner bisherigen Verfassung wird es nicht sein können; er ist nicht maßgeschneidert für diese neue Aufgabe.

Zwei Voraussetzungen sind entscheidend für den Erfolg:

1. Der Träger für den Emscher Landschaftspark muß exklusiv für diese Aufgabe tätig werden, da es um die Entwicklung eines neuen Typus von Kulturlandschaft geht, der bislang ohne Vorbild ist und eine Aufgabenvermengung mit den konventionellen Grünraumtätigkeiten von Forst bis Revierpark zu vielen Konflikten, Kompromissen und letztlich zur Unschärfe des Profils führen müßte.
2. Die Organisation muß weitgehend frei von administrativ-bürokratischen und formal-politischen Einflußnahmen sein, wie sie in einer klassischen Behördenstruktur üblich sind. Die Organisation muß genügend Freiheiten haben, um „kreativ fremd zu gehen" und „normenauflösend" wirken zu können.

Man kann das auch einfacher ausdrücken: Es wäre schade, wenn nach dem Ende der IBA Emscher Park nun eine Reorganisation die Aufgaben übernehmen würde, die nach dem Prinzip „weiter so" die Aufgabenvielfalt vereinfachen und einengen würde. Eigentlich steht die kreative Entwicklung dieser neuen Kulturlandschaft erst am Anfang, und deshalb muß die Suche nach neuen Ideen und neuen Wegen den Kern des Selbstverständnisses ausmachen.

Die in den letzten Jahren geschaffenen Institutionen sind eine gute Basis dafür.

1. Die Interkommunalen Arbeitsgemeinschaften sind weiterhin wichtig, um das „rechte Amt" gegen mutwillige Zugriffe und Eingriffe im Sinne

des immer noch dominierenden Verständnisses – „zum Verbrauch bestimmt“ – abzuwehren. Sie sollen Ideen aufspüren und sammeln und auf dieser Grundlage von Zeit zu Zeit die Rahmenpläne für die regionalen Grünzüge fortschreiben, und sie sollen die lokalen Pflegestationen in den einzelnen Grünzügen dabei unterstützen, ihre Aufgaben sehr wirtschaftlich, unter Mitbenutzung anderer Arbeitskapazitäten, durchzuführen. Sie sollen darauf achten, daß der Träger nicht irgendwann doch bürokratisiert und ein Eigenleben führt, indem er immer wieder zur Darlegung, Evaluation und Akzeptanzdiskussion gezwungen wird.

2. Die Verbindung zu den formalisierten rechtsverbindlichen Plänen muß aufrecht erhalten bleiben, denn informelle Pläne erhöhen die Wirksamkeit ganz erheblich, wenn sie zumindest in ihren Eckwertaussagen die Rechtsverbindlichkeit im Rücken haben.
3. Das Finanzierungssystem über ein im Gemeindefinanzierungsgesetz (GFG) angegliedertes, integratives Förderprogramm wird weiterhin dringend benötigt. Die derzeitigen Konditionen des Ökologieprogramms Emscher-Lippe müssen allerdings an einer Stelle ganz wesentlich verändert werden: Investitionen und Pflege müssen eine Einheit darstellen, während in der Logik der bisherigen Zweckzuweisungen des Landes lediglich die Investitionen gefördert werden. Die Förderungsfähigkeit von Pflege und Unterhaltung ist nicht nur eine finanzwirtschaftliche Notwendigkeit mit Blick auf die desolaten Haushalte der Gemeinden im Ruhrgebiet. Es ist vor allen Dingen eine sachliche Notwendigkeit, da die kleinteilige und prozeßhafte Entwicklung der Landschaft nicht zerlegt werden sollte in Investitionspakete und nachfolgende Pflege. Da ist der Begriff der „Entwicklung durch Pflege“ dem Wesen von Ökologie und Kultur erheblich angemessener. Er ist außerdem deutlich kostengünstiger. Auch das ist eine Erfahrung aus 10 Jahren Arbeit am Emscher Landschaftspark.

Die Frage wird an der Tagesordnung bleiben: Wie kann man in Zeiten des knappen Geldes und der hohen Arbeitslosigkeit in den scheinbaren Luxus von Landschaft investieren? Diese Frage kann mit einer Gegenfrage beantwortet werden: Gibt es andere Investitionsbereiche, die nachweislich zielsicherer und wirkungsvoller zur Innovation und mehr Beschäftigung führen?

Der Wörlitzer Park mit dem historischen Gartenreich war ein Werk der Aufklärung und der Gesellschafts- und Wirtschaftsreform.

Der Englische Garten in München oder der Tiergarten in Berlin geben der Stadtstruktur Format. Sie markieren bis heute die begehrtesten Investitionsstandorte in diesen Städten.

Es hat wohl eine große Plausibilität, daß die interessantesten Kulturlandschaften in der Welt auch zu den blühenden Wirtschaftsregionen gehören.

Es ist unbestreitbar von Vorteil, wenn die Geschichte große Kulturlandschaften hinterlassen hat. Es macht aber einen besonderen Reiz, diesen Schichten von Kulturlandschaften eine neue Schicht hinzuzufügen, die aus der jüngsten Epoche, der der Industriegesellschaft hervorgeht. Das wird besonders interessant für Industrieregionen, die auf eine reichhaltige geschichtlich geformte Kulturlandschaft nicht bauen können.

Insoweit ist die ambitionierte Zielsetzung, die mit dem Emscher Landschaftspark inmitten einer Industrieregion von über fünf Mio. Einwohnern entsteht, von viel weitergehender Bedeutung. Ähnliche Situationen und Voraussetzungen findet man in vielen anderen Industrieregionen Europas, in Deutschland nicht zuletzt in den ausgedehnten Tagebauregionen der Länder Thüringen, Sachsen, Sachsen-Anhalt und Brandenburg. Aber auch Berlin ist eine Industrieregion, wenngleich das Bild nach außen anders dargestellt wird. Die Industrialisierung des 19. und des frühen 20sten Jahrhunderts hinterläßt dort ähnliche Strukturen wie im Ruhrgebiet, wenngleich diese auf anderen Wirtschaftssektoren als dem Montansektor gründen.

Die IBA Emscher Park hat den Auftrag erhalten, dem Strukturwandel im Ruhrgebiet einen ökologischen und kulturellen Impuls zu geben. Das ist besonders dann wichtig, wenn die „harten Standortfaktoren“ nicht mehr nennenswert zu verbessern sind, die „weichen Standortfaktoren“ aber noch immer Not leiden. Was nun in der Mitte des Ruhrgebiets angefangen wurde, hat weit mehr allgemeine Bedeutung, als auf den ersten Blick zu erkennen ist. Deshalb trägt diese Internationale Bauausstellung zu recht den Untertitel „Werkstatt für die Zukunft alter Industrieregionen“.

Bildquellen

Fotos:

Umschlagfoto vorn: Industriewald (Foto Dirk Reinartz, Buxtehude)

Umschlagfoto hinten: Kokerei Zollverein (Foto Werner J. Hannappel, Essen)

Hans Blossey, Hamm: Seite 103 oben, 104, 162/163.

Thomas Brenner: Seite 27 rechts, 49 (2), 133, 148.

Jörg Dettmar, Gelsenkirchen: Seite 14 (2), 26 oben, 29 (2), 46 oben, 90, 93 oben, 106, 134, 135, 137, 141, 142 (2), 143 (2), 144, 145, 152.

Emschergenossenschaft, Essen: Seite 18 oben.

Fondation C.N. Ledoux, Besançon: Seite 171 (2), 172 oben links.

Martin Frank, Gelsenkirchen: Seite 12/13, 46 unten, 48, 72/73, 81, 86/87, 88, 99 unten, 108, 114, 115, 121, 158 oben, 160/161.

Michael Hamann, Gelsenkirchen: Seite 140.

Werner J. Hannappel, Essen: Seite 56/57, 64/65.

IBA: Seite 24, 27 links, 70 unten, 96, 98 unten, 161 rechts.

Kommunalverband Ruhrgebiet (KVR), Essen: Seite 10, 28, 59, 109, 110/111, 112, 118 oben, 124, 125, 126 (2), 127 (2), 128 (3).

Landesgartenschau Lünen GmbH: Seite 93 unten.

Peter Latz, Ampertshausen: Seite 168 (6), 169 (6), 170 (6), 171 (5), 172 (5), 173 (2).

Peter Liedtke, Herne: Seite 1, 2/3, 4/5, 33, 36/37, 47 unten, 66 links, 67 (2), 68, 69, 70 oben, 91, 92, 94, 113, 116/117, 119, 120.

Dirk Reinartz, Buxtehude: Seite 147, 150/151.

Ekkehart Reinsch, Dortmund: Seite 155.

Michael Scholz: Seite 102, 105.

Joachim Schumacher, Essen: Seite 38, 100, 101.

Stadt Gelsenkirchen, Amt für Stadtentwicklung und Wirtschaftsförderung: Seite 74/75, 149, 165.

Manfred Vollmer, Essen: Seite 7, 19, 30, 45, 47 oben, 50, 66 rechts, 71, 79, 80 (2), 82 (2), 84, 85, 97, 157, 158 unten, 159, 164 (2), 166 (2).

Grafiken und Karten:

Christo / Jeanne-Claude: Seite 156.

Danielzik & Leuchter, Duisburg: Seite 98.

Diekmann & Lohaus, Hannover: Seite 118.

Emschergenossenschaft, Essen: Seite 25, 26 unten.

Kommunalverband Ruhrgebiet, Essen: Seite 15, 16/17, 18 unten, 20/21, 40 (2), 41, 60, 76, 89, 97, 102, 104, 107, 123.

Latz & Partner, Ampertshausen: Seite 62/63.

Planergruppe Oberhausen: Seite 103.

Ein Teil der Karten wurde von Helmuth Flubacher, Waiblingen, überarbeitet.

Die Deutsche Bibliothek – CIP-Einheitsaufnahme

IndustrieNatur – Ökologie und Gartenkunst im Emscher Park /
hrsg. von Jörg Dettmar und Karl Ganser. Mit Beitr. von Peter Latz
... – Stuttgart (Hohenheim) : Ulmer, 1999
ISBN 3-8001-3521-3

Wollgrasweg 41, 70599 Stuttgart (Hohenheim)
Printed in Germany
Umschlaggestaltung: Prof. Uwe Loesch, Düsseldorf
Lektorat: Dr. Nadja Kneissler
Gestaltung und Herstellung: Jürgen Sprenzel
Satz und Repro: Dörr + Schiller GmbH, Stuttgart
Druck: Offsetdruckerei K. Grammlich, Pliezhausen
Bindung: E. Riethmüller, Stuttgart

Wenn Sie das Thema vertiefen wollen ...

Dieses Fachbuch vermittelt einen Überblick über die Freiraumentwicklung und die aktuellen Aufgaben und Ziele der Landschaftsplanung in der Stadt. Ökologische, ökonomische, politische und rechtliche Rahmenbedingungen werden aufgezeigt, die in der Praxis angewandten fachplanerischen Erfassungs- und Bewertungsmethoden werden vorgestellt. Anhand aktueller Beispiele wird verdeutlicht, in welcher Form Planungskonzepte entwickelt und wie sie umgesetzt werden können.

Landschaftsplanung in der Stadt. *Klaus Ermer. 1996. 304 S., 18 farbige Pläne auf Tafeln, 72 sw-Abb., 55 Tab. ISBN 3-8001-3355-5.*

Praxis der Eingriffsregelung. *Schadenersatz an Natur und Landschaft? Johann Köppel. 1998. 397 Seiten, 32 Farbf., 43 Zeichn., 87 Tab., 33 Übersichten. ISBN 3-8001-3501-9.*

Dieses Buch behandelt die gesamte Schrittabfolge, wie sie in §8 des Bundesnaturschutzgesetzes für den Vollzug der Eingriffsregelung vorgesehen und praxisrelevant ist. Viele praktische Fallbeispiele und informative Grafiken ergänzen den Text.

Adressbuch Naturschutz und Landschaftsplanung. *Eckhard Jedicke. 1999. 444 Seiten, mit CD-ROM. ISBN 3-8001-3509-4.*

Dieses Buch bietet rund 10.000 Postadressen, Telefon- und Fax-Nummern, E-Mail- und Homepage-Adressen sowie die entsprechenden Ansprechpartner von wichtigen nationalen und internationalen Organisationen und Verbänden.

Das Buch gibt auf der Grundlage der ökologischen Analyse des Lebensraumes „Industriebrache" Handlungshinweise zum Management derartiger Flächen. Anhand konkreter Beispiele werden Möglichkeiten zum Umgang mit Industriebrachen aus der Sicht der Ökologie, des Naturschutzes, der Landschafts- und Freiraumplanung und des Städtebaus aufgezeigt.

Industriebrachen. *Ökologie und Management. Franz Rebele, Jörg Dettmar, Hrsg. Dr. Eckhard Jedicke. 1996. 188 Seiten, 46 Farbfotos, 49 sw-Fotos und Zeichnungen, 20 Tabellen. ISBN 3-8001-3354-7.*

Renaturierung von Abbaustellen. *Sabine Gilcher, Diedrich Bruns. 1999. 355 Seiten, 32 Farbfotos und Karten, 81 Zeichnungen, 72 Tabellen. ISBN 3-8001-3505-1.*

Dieses Buch enthält vielfältige und umfassende Informationen zu den Lebensräumen in Abbaustellen, zu Standortspektren, Artenspektrum und Besiedlung und erläutert Maßnahmen zur Entwicklung und Gestaltung.

Naturschutz in Deutschland. *Strategien, Lösungen, Perspektiven. Karl-Heinz Erdmann, Dr. Lutz Spandau. 1997. 299 Seiten, 7 Farbabb., 27 Zeichnungen, 18 Tab. ISBN 3-8001-3485-3.*

Dieses Fachbuch identifiziert Probleme des Naturschutzes und diskutiert präventive Strategien sowie Lösungsansätze für aktuelle Aufgaben. Damit soll es einen wesentlichen Beitrag zu Schutz, Pflege und Entwicklung der Natur- und Kulturlandschaften leisten.

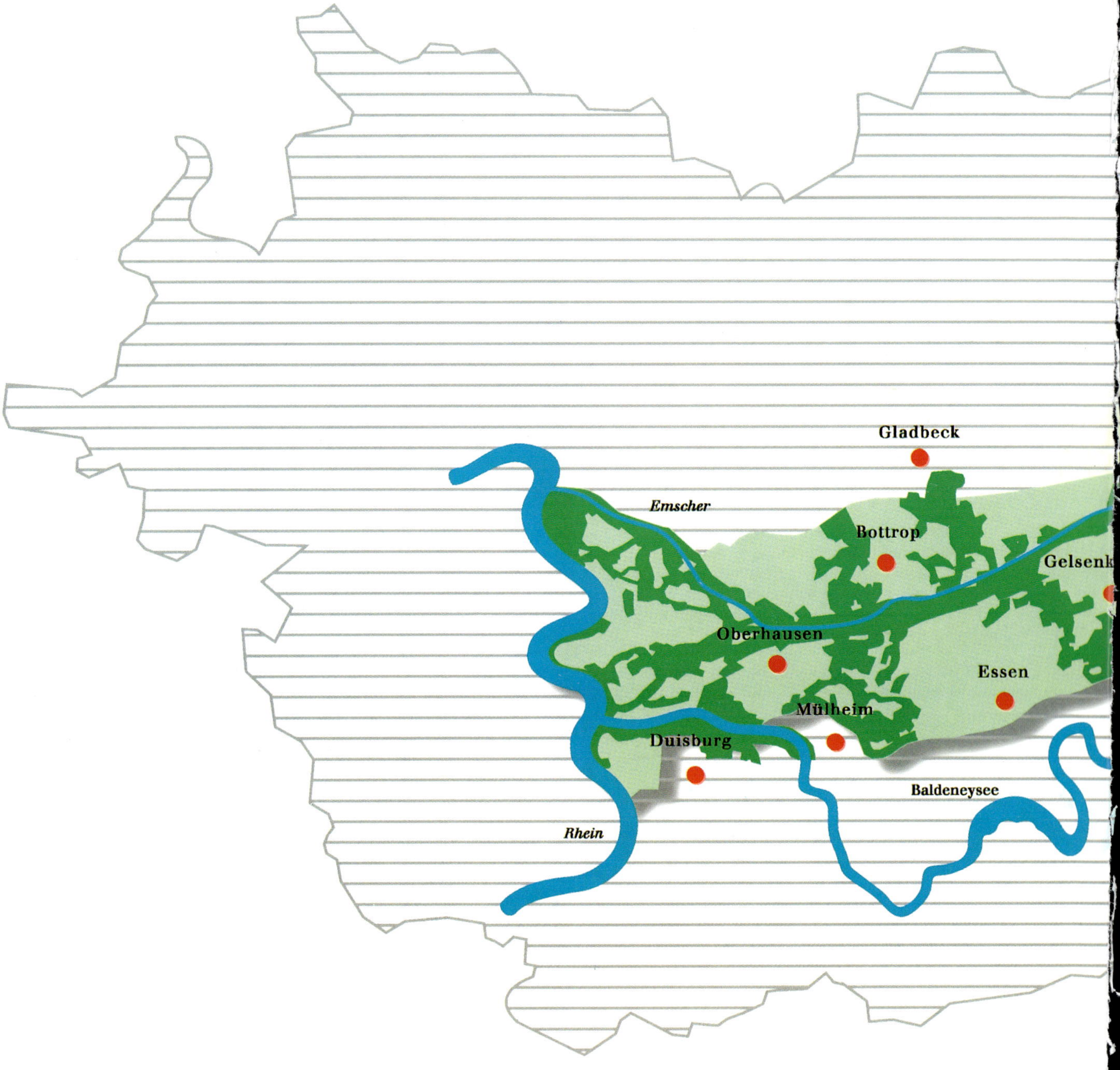

Planungsraum der IBA Emscher Park im Ruhrgebiet